U0673195

　　本书是北京高校中国特色社会主义理论研究协同创新中心（北京师范大学）的研究成果，得到北京师范大学马克思主义理论学科研究基金资助。

SHEHUI SHENGTAI SHIJIAOXIA
DANGDAI ZHONGGUO MAKESIZHUYI RENTONG YANJIU

社会生态视角下
当代中国马克思主义认同研究

杨增崟 ／ 著

人民出版社

目　录

自　序

马克思主义之所以称之为"主义"，被誉为"犹如壮丽的日出"，就在于一方面其有着深厚的理论基奠，马克思主义创始人不仅批判继承了德国古典哲学、英国古典政治经济学和英法空想社会主义，还从19世纪的自然科学领域特别是细胞学说、能量守恒与转化定律、达尔文进化论等学说中寻找理论支撑，充分吸收当时科学领域的积极成果，在新的历史条件下创造了崭新的思想理论体系；另一方面是其始终葆有不断发展和开放的状态，始终站在时代前沿，关切最广大人民群众包括全人类的前途和命运，回应社会发展现实问题，并且在实践中不断使其得到丰富和深化，实现了理论的与时俱进。正如习近平指出的，马克思的思想理论源于那个时代又超越那个时代，既是那个时代精神的精华又是整个人类精神的精华。

作为整个人类精神的精华，马克思主义具有跨时代的意义。集科学性、实践性、人民性和开放性于一体的马克思主义，在170多年的岁月里对人类产生了广泛、持久而深刻的积极影响。它不仅奠定了当今社会主义事业发展的理论和实践的整个基石，描绘了人类社会发展光明前景，而且在某种程度上也激发了资本主义社会的自我调适，为改善被压迫阶级生产生活状况、缓和资本主义社会矛盾也产生了积极的影响。不仅共产党人在学习和运用，资产阶级也在有意识地吸收和借鉴。可以说，正是立足时代前沿，紧紧把握时代脉搏，一切从客观实际出发，同时始终从最广大劳动人民和全人类的立场上思考和解决问题，马克思主义才实现了真理与价值的统一、逻辑与历史的统一、理论与现实的统一，成为时代精神和人类精神的整个精华，展现出旺盛生命力。

2018 年 5 月 4 日，在纪念马克思诞辰 200 周年大会上习近平发表了重要讲话，不仅高度概括了马克思的一生、凝练了马克思主义的理论品质、回顾了马克思主义的形成发展历程，还对新时代中国共产党人如何学习、践行、发展马克思主义提出了科学的见解，同时也是一种具体要求。讲话全文一万余字，可以说是新中国历史上由党和国家领导人专门针对马克思生平及其伟大思想和崇高精神所做的最全面、最系统、最深入的论述，可谓立意高远、思想深刻，体现了历史、理论、现实与未来的四维交汇融通，通篇闪烁着耀眼的真理光芒。这一重要讲话内在地贯穿着马克思主义的立场、观点和方法，本身就是纲领性、指导性极强的马克思主义经典文献，我们必须深入学习和研究。从内容而言，习近平的整个讲话缅怀和纪念马克思，透视着马克思完整而科学的思想体系，彰显着当代中国共产党人的成熟和智慧，包括了共产党人矢志不渝的初心、决心和信心，从整体上回答了今天如何坚持和发展马克思主义的重要问题，在马克思主义发展史上必定会产生深远意义。

中国共产党从诞生之日起就把马克思主义写在自己的旗帜上，把实现共产主义确立为最高理想。加强马克思主义理论教育，促进马克思主义认同，自觉以马克思主义为实践指南，是我们共产党人的必修课。学习习近平总书记的重要讲话精神，我们怎么更加坚定对马克思主义的信仰，在实践中自觉以马克思主义为指导，需要我们深入加以研究。而生态的思维、社会生态分析的方法，给我们提供了一个崭新的视角。

生态，本意是指生物有机体生存和发展所依赖的空间及其内部因子有序组合的状态，强调在一个生物群落生存的系统中各种因素的相互关联、相互制约而达到的相对平衡。现代生态学作为自然科学和社会科学之间的桥梁，正内在地蕴含着系统性、整体性、关联性和动态性的思维特征。人以独有的实践活动使自身从自然界分化而来的同时形成了一个属人的"自为世界"（社会），在对"自在世界"（自然）的超越中也赋予了社会之生态系统的特性及功能。人类与其环境所组成的生态系统，既表现为自然的生态，也表现为社会的生态，因为人所赖以生存的家园、被赋予人之意义的世界，本来就是一个具有自然性与社会性这样二重性质的客观存在物。社会本身的生态性"即在"与社会的生态化理解，蕴含了从生态出发理解社会的三重维度，即本体论维度、方法论维度和价值论维度。

从前两种维度来看，社会生态理论正是把社会视作一个生态系统，并用自然生态学的观点、思维和方法来考察社会，特别是社会组织及社会系统。这也与马克思考察社会及历史问题的重要方法论有相近之处，即坚持从社会整体方面动态联系地去审视、理解社会现实和人类历史。从这一视角探讨当代中国马克思主义认同与马克思主义理论教育问题，有着积极意义。马克思主义理论教育不纯粹是一般意义上的知识性教育，其既有一般知识教育的特点，又因为马克思主义及其理论形态本身的政治实践品格而具有特殊性。这就使得其教育有效性问题要比一般教育活动复杂。从社会生态理论来看，当代中国马克思主义的有效认同问题与整个社会生态直接相关，因为马克思主义大众传播及其认同的有效化，本身就是一种具有类似社会生态系统属性的平衡稳定状态。一方面，马克思主义理论宣传、教育和研究的组织机构具有类似于社会生态系统主体的"相征"，表现为其内在工作内容及其影响的彼此联系，其职能作用的良好发挥与外部社会系统之间存在着物质、能量与信息"三流"的交互关系；另一方面，公共权力、国际舆论、大众传媒、网络话语、社会心理、生活方式、文化环境、政策制度等背后承载、传导的不同观念，对马克思主义理论认知与价值认同产生着重要影响。

我们不妨思考几个问题，比如，为什么对马克思及马克思主义的直观感性评价具有对其思想及内容评价的"先在性"？为什么同样是思想家，但马克思比黑格尔、康德、尼采、萨特更容易被污名化？为什么马克思主义、社会主义会常常被附加上各种观点？马克思主义在当代中国从字面语义上几乎人尽皆知，但为何对其本真之意却乏人明理？当代中国是否存在"多元的马克思主义"？为什么"理论彻底"还是不能说服人等等。越是这样追问，越令人感到遵循"社会问题只能到社会之中寻找"这一"马克思式的告白"的重要性。同时，在现实生活中，大众认知层面至少对"马克思主义指导思想"的理解存在多种层次：如"作为中国共产党的指导思想""作为社会主义中国国家政治生活的指导思想""作为党员和某些公民的个人信仰""作为我国学术领域的主流思想""作为普通民众的社会意识"等，把握好其内在关系，是促进人们对马克思主义的认同，提升马克思主义理论教育与宣传的层次性、针对性的重要前提。在当代中国，马克思主义理论宣传教育是否有实效，并不能简单、表面地看教育对象一时听闻马克思主义的态度表情。许多情况下教育对象对马克思主义理论的消极情绪实际上是由某些政策性利益关系调整（改革）的不满"心理投射"到改革主导者（政府）身上，并进而"二次心理投射"为对我们党所坚持和发展的马克思主义的不满。因此，实际上马克思主义大众化传播及其认同的效果如何，除了与教育宣传活动直接相关，还与党和政府的施政行为与改革决策紧密相关。

在当代中国，"什么是马克思主义，如何对待马克思主义"，不单是一个理论问题，更是一个实践问题。同样，马克思主义认同与马克思主义理论教育，也不单是一个教学问题，更是一个社会问题。

马克思本人的"实践人生"——一生追求无产阶级和全人类的自由解放，与马克思主义理论本身的实践性（特别是强调社会生活在其本质上的实践性），都昭示了马克思主义理论不是形而上学，其教育实践状况只能在丰富的社会生活中呈现并得以确认。社会生态分析在讨论社会问题时所体现出的生态化系统理念及其动态、联系、平衡、共生等思维对理解马克思主义理论教育问题具有明显的方法论优势，因此构成了分析其有效认同及教育有效性的重要视角。

从我国实际出发，不断深化拓展的社会主义伟大事业的生动实践，是马克思主义理论之树常青的根脉支撑，也是马克思主义在中国能够得以充分发展、结出丰硕成果的必然。回顾近 100 年来中国共产党的奋斗历程，一代又一代的共产党人面对时代提出的不同课题，以科学严谨的态度和开拓进取的精神，从我国的历史和现实国情出发，既坚持了马克思主义，又发展了马克思主义，在实践中形成了毛泽东思想、邓小平理论、"三个代表"重要思想、科学发展观、习近平新时代中国特色社会主义思想等中国化的马克思主义理论成果，有力指导了中国的社会主义革命、建设、改革事业，指引中国实现了从站起来到富起来再到强起来的唯物主义历史逻辑的顺利演进。今天，习近平新时代中国特色社会主义思想站在了人民立场和时代前沿之上，是马克思主义在当代中国最具原创性、战略性的新成果，是当代中国马克思主义、21 世纪马克思主义。习近平新时代中国特色社会主义思想的形成，延续并彰显了马克思主义的宝贵品质，有力地开创了马克思主义发展的新境界，是马克思、恩格斯设想的人类社会美好前景不断在中国大地上完美实现的根本保障。作为理论工作者，我们应把自觉学习、宣传和实践习近平新时代中国特色社会主义思想作为当前的首要任务。

拙作是我从社会生态视角对当代中国马克思主义认同以及我国社会主流价值观建设的一些思考，写写放放，放放写写，前后跨度了很长时间，主要也是自觉不够成熟。直到近半年来才开始着手整理成书向学界推出，期待同行和读者批评指正。铭记我的博导张再兴教授的提点、勉励和要求："你博士毕业，你就应该成为这方面的专家"，自此学术道路上应该学会独立前行。我不恳请大家名师作序，一是自感学识和水平有欠，让长辈为难不说，恐多有辜负；二是不愿行某种意义上的"装裱门面"之事，不能借大家之名来提升拙书，"丑媳妇早晚要见公婆"，须正确对待批评意见。第一本书没有请名家名师作序，此第三本书也还是自己写序，权为自勉。损益之间，诚请同行评议。

这里，我特别想以习近平在纪念马克思诞辰 200 周大会上的讲话中的一句作为自序的结尾："今天，我们纪念马克思，是为了向人类历史上最伟大的思想家致敬，也是为了宣示我们对马克思主义科学真理的坚定信念。"

第一章　生态、社会生态与马克思主义

"生态"这一概念是伴随近代生物学的发展而产生的，其原意是指构成某种生物的个体种群或某个群落的各种生态因子的总和及其相互关系。作为标识一切生物的生存状态以及它们之间、它与环境之间环环相扣、相互制约、和谐共生之关系的概念，生态一词本身有着非常丰富的内涵。生态系统的概念则意味着，一个小的生态环境内部所有要素相互作用和相互依赖，从而构成了一个有机的整体。伴随着近代以来自然科学的深入发展和学科化研究的纵深推进，生态概念及理论逐步进入人文社会科学论域，对社会本身的"生态性"的关注与日俱增。如果从哲学上追问，当然我们可以确立如下观点，即"人类与其环境所组成的生态系统或生态关系，既表现为自然的生态，也表现为社会的生态，或者说它既是自然生态属性，也有社会生态属性。与人类息息相关的社会生态，原来是一个具有自然性、社会性这样二重性质的客观存在物"①。从这个意义来讲，社会生态的概念的产生和提出，既是"情理之中"的，又是"自然而然"的。

众所周知，生态学是研究生物与环境之间的相互关系及其作用机理的科学。生态学方法就是研究生态学的方法和通过对生态学涵盖的概念、原理、观点等提炼抽象得出的方法两方面的集合，当然，更多时候指的是后者。有学者指出，生态方法是"指生命现象领域的科学认识的生态学途径，或者科学的生态思维……在认识和解决与生命现象相关的问题时，运用生态思维，从生态学的角度来思考问题，考虑到生态系统

---

① 叶峻：《社会生态学与协同创新发展论》，人民出版社 2012 年版，第 5 页。

是一个有机整体，它的各种因素是相互联系相互作用的。这就是生态方法问题"①。简单说，生态分析方法实质就是系统、动态、联系、整体、协调、依存、平衡的思维方法。这种分析方法同我们看待当代中国马克思主义认同和思想政治理论教育问题，有着重要的现实意义。本章从梳理马克思主义经典作家对生态问题的相关论述开始，结合新时代的今天在习近平新时代中国特色社会主义思想指导下的当代中国生态文明建设的理论与实践，阐述作为社会生态之核心的政治生态与马克思主义认同、马克思主义大众化之间的内在联系，试图桥接起以社会生态分析马克思主义认同以及有效进行马克思主义理论教育的一种新视角。

第一节　生态、社会生态的理论认知基础

在马克思主义的理论框架下讨论生态、社会生态及其作为分析方法的问题，离不开对马克思主义经典作家本身对生态问题的相关论述的回溯与思考。在社会生态视角下研究当代中国马克思主义认同问题，应首先对生态、社会生态赋予马克思主义的理解。反过来，认知生态与社会生态问题也需要在对马克思主义经典作家相关重要论述中汲取丰富的理论滋养。

我们知道，马克思和恩格斯所处的时代，科学技术的发展相对今天而言比较缓慢，生产力水平比较低，人类的活动对自然环境的影响力有限，环境问题尚未全面暴露。因而在马克思和恩格斯的思想体系中，并没有专门对生态问题进行全面分析和系统论证。随着资本主义的发展，人与人、人与自然之间矛盾加剧，开始出现不和谐现象。作为以揭示自然界和人类社会发展规律为己任的马克思主义，开始探索人与自然、人与人的关系，形成了关于生态问题的相关思想。中国在发展过程中，坚持以马克思主义为指导，面对环境保护的问题日渐凸显，党和国

---

① 余谋昌：《生态文化论》，河北教育出版社2001年版，第79页。

家领导人适时提出了破解环境问题的生态文明思想。这既是对马克思主义经典作家生态思想的丰富和发展，也是对于当代中国的生态文明建设发挥着重要指导作用。

一、马克思主义经典作家关于生态的相关论述

马克思主义经典作家对生态问题有着较充分的论述，其相关思想散见于他们的经典著作中，其中最具代表性的有《1844年经济学哲学手稿》《英国工人阶级状况》《德意志意识形态》《资本论》《自然辩证法》等。在这些著作中，他们分析了资本主义生产条件下，生态环境的恶化，人与自然关系的对立和冲突等思想。但在马克思和恩格斯的思想体系中，"两个和解"的思想是其生态思想的核心。马克思在《1844年经济学哲学手稿》中指出："作为完成了的自然主义，等于人道主义，而作为完成了的人道主义，等于自然主义，它是人和自然之间、人和人之间矛盾的真正解决。"[①] 恩格斯也指出："我们这个世纪面临的重大转变，即人类与自然的和解以及人类本身的和解。"[②] 由此可知，实现人与自然、人与自身矛盾的和解是马克思恩格斯生态思想的最高价值目标。马克思恩格斯生态思想的基本内容主要包括以下几个方面。

（一）人与自然的和解

马克思认为，在人面前总是摆着一个"历史的自然"和"自然的历史"，这在工业社会中尤其如此。所谓"历史的自然"，是指自然不是与人无关的自然，人类的活动不断改造着自然。"历史本身是自然史的一个现实部分，即自然界生成为人这一过程的一个现实部分。"[③] 所谓"自然的历史"，是指人类的历史不仅仅是人类自身变化的历史，也是伴随着自然变化的历史。自然总是留下人类活动印记的自然。人类与自然不可分割，相互依存，二者是内在统一的。

---

① 《马克思恩格斯文集》第1卷，人民出版社2009年版，第185页。

② 《马克思恩格斯文集》第1卷，人民出版社2009年版，第63页。

③ 《马克思恩格斯文集》第1卷，人民出版社2009年版，第194页。

其一，人类离不开自然界，人源于自然。人本身是自然界的产物，是在自己所处的环境中并且和这一环境一起发展起来的。"我们连同我们的血、肉和头脑都是属于自然界和存在于自然界之中的。"① 自然界是人类赖以生存和发展的基础，自然界为人类提供了生存所必需的物质条件，人类的衣食住行都离不开自然界提供的物质基础。马克思指出："自然界，就它本身不是人的身体而言，是人的无机的身体。人靠自然界生活。这就是说，自然界是人为了不致死亡而必须与之不断的交往的、人的身体。"② 因此，自然界是人类的家园、生存和发展的条件和基础，也是社会发展的基础，人必须依赖自然，承认自然界的先在性，承认人对自然的依赖是一切唯物主义的共有特征。自然界在为人类提供物质条件的同时，还为人类提供精神食粮，人类对于美的认知和创作灵感都离不开自然界。

其二，自然依赖于人，自然向人而生。自然界是先于人的意识而存在的并且独立于人的意识之外，从这个角度来说，自然是客观的。但同时自然又是人类活动的对象，从这点说，自然的开发和利用又依赖人。"自然界是关于人的科学的直接对象。人的第一个对象——人——就是自然界、感性；而那些特殊的、人的、感性的本质力量，正如它们只有在自然对象中才能得到客观的实现一样，只有在关于自然本质的科学中才能获得它们的自我认识。思维本身的要素，思想的生命表现的要素，即语言，具有感性的性质。自然界的社会的现实和人的自然科学或关于人的自然科学，是同一个说法。"③ 人的发展和进步都依赖于自然作为前提和基础，也因自然而获得自身的丰富性。在这个过程中，自然也因人而摆脱了自身的原始与荒芜。马克思指出了旧唯物主义的缺陷："从前的一切唯物主义——包括费尔巴哈的唯物主义——的主要缺点是：对对象、现实、感性，只是从客体的或者直观的形式去理解，而不是把

---

① 《马克思恩格斯文集》第9卷，人民出版社2009年版，第560页。
② 《马克思恩格斯文集》第1卷，人民出版社2009年版，第161页。
③ 《马克思恩格斯文集》第1卷，人民出版社2009年版，第194页。

他们当作人的感性活动，当作实践去理解，不是从主体方面去理解。"①
这强调了旧唯物主义没有把人的活动理解为对象性的活动，只是把自然
界看成没有人的实践活动参与的纯粹客体。实际上，在人类改造自然的
过程中，自然演变成了人化自然，纯粹的没有和人类发生关系的自然对
人类来说没有任何意义。马克思认为，人通过实践作用于自然，使自然
打上人的烙印。人类具体的实践过程就是劳动，劳动是人和自然之间物
质变换的过程，人通过劳动把人的身体力量释放给自然，并把自然的力
量转化为人身上的力量，劳动实现了人与自然之间的物质变换。劳动是
一切财富的源泉，"整个所谓世界历史不外是人通过人的劳动而诞生的
过程，是自然界对人来说的生成过程"②。

随着人类实践活动的深入，人类对自然规律的认识和利用就越深
入。自然规律具有客观性，人应该在遵循自然规律的前提下发挥主观能
动性，违背自然规律的实践活动最终会受到自然的惩罚。恩格斯在《自
然辩证法》中提道："我们不要过分陶醉于我们人类对自然的胜利。对
于每一次这样的胜利，自然界都对我们进行报复。每一次胜利，起初确
实取得了我们预期的结果，但是往后和再往后却发生了完全不同的、出
乎意料的影响，常常把最初的结果又消除了。"③ 因此，人类在改造自然
的过程中，需要尊重并利用规律，使自然界在不遭受破坏的前提下造福
人类。只有这样，才能实现人与自然的共生共荣，才能实现"自然界的
真正复活"，从而实现人与自然的和解。

（二）人与自身的和解

从人与自然的关系中可知，人具有双重属性。一方面，人类离不
开自然界，依赖于自然，人也是自然界发展到一定阶段的产物，具有自
然属性。但同时人又是一种社会存在物，具有社会属性。因此，从另一
个角度上说，生态问题的实质是人与自身关系的问题，要实现人与自然

① 《马克思恩格斯选集》第 1 卷，人民出版社 2012 年版，第 137 页。
② 《马克思恩格斯文集》第 1 卷，人民出版社 2009 年版，第 196 页。
③ 《马克思恩格斯文集》第 9 卷，人民出版社 2009 年版，第 559—560 页。

的和解必须要实现人与自身的和解，二者是同步的、密不可分的。马克思恩格斯认为，人们在生产中不仅生产了物质产品，而且生产了生产关系。人类在自然界中获取必需品，必须要结成一定的社会关系才能克服自身力量造成的局限，社会关系伴随着人类与自然的关系而产生。

人与自身的关系包括人与人的关系和人与社会的关系，人与人的关系从根本上说是经济利益关系。在资本主义社会中，资本家从事生产的直接目的就是获取利润，生产关系表现为赤裸裸的金钱关系。在资本主义发展初期，科学技术还未得到快速发展，人们对自然的利用和改造还处于初步阶段，此时，人与自然的关系还比较缓和。随着资本主义的深入发展，资本的逐利本性逐渐暴露，人与自然的矛盾加剧，资本主义生产方式的生态破坏性日益明显。"西班牙的种植场主曾在古巴焚烧山坡上的森林，以为木灰作为肥料足够使最能赢利的咖啡树利用一个世纪之久，至于后来热带的倾盆大雨竟冲毁毫无保护的沃土而只留下赤裸裸的岩石，这同他们又有什么相干呢？"[①] 资本主义制度下的经济利益最大化会加剧人和人关系的紧张，人们之间只是剥削和被剥削的关系，除此之外别无其他，这就造成了人与人关系的异化。人与社会的关系本质上也是人与人的关系，人的本质在其现实性上是一切社会关系的总和。只有达到人的真正的自由自觉的活动，人与社会的关系才能实现和解。

"人同自然的和解"和"人同自身的和解"二者相互依存、互为映衬。人作为自然存在物，依赖于自然界，只有实现"人同自然的和解"才能为"人自身的和解"创造物质基础。人与人的关系是人与自然关系的延伸，是自然关系的特定表现形式，只有实现"人自身的和解"才能为"人类同自然的和解"提供社会前提。

（三）实现"两个和解"的路径选择

在马克思恩格斯的著作中，他们关注到很多因为资本主义生产方式而产生的生态问题，诸如英国河流污染状况、曼彻斯特周围的工业城市上空弥漫的煤烟、西班牙农场主焚烧古巴山坡上的森林等。这表明，

---

① 《马克思恩格斯文集》第9卷，人民出版社2009年版，第562页。

马克思恩格斯很早就认识到资本主义制度内生出来的一种"反生态性"，资本主义的发展造成了人与自然、人与人之间紧张关系的加剧。要解决这种矛盾，只有从根本上变革资本主义制度，最终实现共产主义，使物质财富极大丰富和人们的精神境界极大提高，能够满足大多数人的物质与精神的双重需求，才能实现人与自然、人与人的和解，最终实现人的自由解放。

马克思认为，在资本主义社会中，机器的采用和对自然力的征服，极大地提高了人类改造自然的能力，但这也导致了人类对自然界的破坏，技术的胜利似乎是以道德的败坏为代价换来的。由此可知，生态问题反映了人与人之间的矛盾关系及资本主义制度的弊端，要实现人与自然、人与人的和解，解决生态问题，根本出路在于从根本上建立一种新型的社会制度。这就需要对目前的生产方式乃至整个社会制度进行完全变革。只有用共产主义社会取代资本主义社会，生态危机才能真正消除。马克思认为："这种共产主义，作为完成了的自然主义，等于人道主义，而作为完成了的人道主义，等于自然主义，它是人和自然之间、人和人之间矛盾的真正解决，是存在和本质、对象化和自我确证、自由和必然、个体和类之间的斗争的真正解决。"① 共产主义社会消除了资本主义制度下异化劳动引发的人与自然关系对立的可能性，个人与个人、个人与集体的利益也达到了一致性，使得人与自然的和解、人与人的和解实现了。

从以上对马克思恩格斯生态思想的分析中可以发现，他们的生态思想具有自己鲜明的特点。首先，马克思恩格斯生态思想的显著特点是辩证性，主要表现就是人与自然的辩证关系。不同于"人类中心主义"和"生态中心主义"对人与自然关系中某一个侧面的强调，前者过分强调人的主体能动性，凸显人和自然的对立性；后者过分强调了自然的客观性，忽视了人在自然界中的主体性和主动性。马克思和恩格斯认为，人与自然是既对立又统一，二者的关系是辩证的。一方面，人离不开自

---

① 《马克思恩格斯文集》第 1 卷，人民出版社 2009 年版，第 185 页。

然，依赖于自然，并且受制于自然规律的制约；另一方面，虽然自然具有客观独立性，但是人类可以发挥主观能动性认识和利用自然，使自然造福于人类，也就是说，在人与自然的关系中，不能过分强调某一方面，而是要实现两者兼顾，相互依靠、共存共荣。其次，马克思恩格斯生态思想具有鲜明的批判性。关于造成生态危机的根源方面，法兰克福学派主要从技术批判的角度指出，科技成了统治人们，阻止社会进步的工具，突出了科技理性在人与自然关系恶化、生态危机中的负面作用。马克思则深入到问题的本质层面，进入到对资本主义生产方式的分析，指出资本主义生产方式是生态危机产生的根源。从而只有建立更合理的社会制度，才能彻底解决生态问题，实现人与自然和谐相处。

列宁继承和发展了马克思和恩格斯的生态思想，从系统视角考察人与自然的关系，对垄断资本主义加剧对自然资源的掠夺开发进行了批判。列宁坚持马克思和恩格斯关于人与自然的辩证关系，从系统论的视角出发，认为真正的唯物主义自然观研究的重点在于正确对待人类主体性与自然客观性之间的关系，并提出以实践作为二者的中介。

首先，自然界具有客观性，并不依赖于人的感觉而存在，也是不以人的意志为转移的，并且"人自己也只是他的表象所反映的自然界的一小部分一样"[1]。因而，必须按照自然界的一定规则去理解和认识自然界，这样才能客观反映自然界事物的基本特征。要尊重自然，重视人与自然的关系。"不能用精神的发展来解释自然界的发展，恰恰相反，要从自然界，从物质中找到对精神的解释。"[2] 其次，虽然自然界具有客观存在性，但列宁也强调了人对自然的积极能动性。恩格斯指出，动物只是简单地适应自然，虽然动物也生产，但其生产对周围自然界的作用在自然界面前等于零，只有人才能对自然进行能动的改造，支配自然。在坚持人对自然积极能动性的基础上，列宁论证了人在处理与自然的关系中并不总是像其他自然物那样是被动的，而是具有主观能动性的。列宁

---

① 《列宁全集》第 18 卷，人民出版社 2017 年版，第 118 页。
② 《列宁专题文集　论马克思主义》，人民出版社 2009 年版，第 54 页。

指出，人能够运用自己的主观能动性"接近"作为客体的自然，并在这一过程中不断努力实现观念与事物的一致，这也就是真理的实现过程。最后，实践是人与自然关系的中心环节。列宁强调主体与客体的统一要以实践为中介，在《唯物主义和经验批判主义》中，列宁站在唯物主义的立场上批判了唯心主义在人类主体性与自然客观性关系之间的错误立场，指出在认识到人的有限主体性的前提下，应进一步运用辩证法思想来处理人与自然的关系。人通过实践作用于自然，在实践中，作为主体的人和作为客体的自然由最初的互不联系，到逐渐地相互联系。主体正是通过实践才能正确地认识客体和改造客体。

总之，在处理人与自然的关系上，列宁从系统论角度所论证的人类主体性—实践—自然客观性这一逻辑过程，既克服了唯心主义对人的主体性的夸大，又克服了机械唯物主义对自然客观性的强调，将实践的观点作为马克思主义首要的和基本的观点。列宁关于实践范畴的理论理解具体落实在他关于资本主义对自然环境的破坏的批判性分析，以及社会主义条件下对自然环境保护的设想上。

列宁在批判资本主义破坏环境方面表现出与马克思恩格斯的完全一致性。他在《土地问题和"马克思的批评家"》一文中引用恩格斯的话表达了对资本主义大城市糟糕环境状况的厌恶和批评，"在大城市中，用恩格斯的话来说，人们都在自己的粪便臭味中喘息，所有的人，只要有可能，都要定期跑出城市，呼吸一口新鲜的空气，喝一口清洁的水"①。对资本主义生产方式导致的工人生存环境恶化，列宁一针见血地指出："说工人生活日益困难是由于自然界减少了它的赐物，这就是充当资产阶级的辩护士。"②在垄断资本主义时期，资产阶级对自然资源的开发和销售都进行了垄断的控制，极力获取超额利润，追求利益最大化，使人们的生存处境更加恶劣。列宁指出，正是这种腐朽的资本主义历史阶段，才使资产阶级不劳而获，最终形成新的食利者阶层，而食利

---

① 《列宁全集》第 5 卷，人民出版社 2013 年版，第 133 页。

② 《列宁全集》第 5 卷，人民出版社 2013 年版，第 90 页。

者阶层本身对人类社会的生存和发展是毫无意义的。这也是帝国主义国家腐朽的表现之一。因此，要真正认识到社会主义终将取代资本主义制度成为新的世界社会制度，就必须明白资本主义生产方式对自然资源的破坏，以及由此产生的恶劣影响。

总之，马克思主义经典作家充分告诉我们，人类本身从身体到生成方式、生活方式，都是从属于自然界、依赖于自然界，人类的经济活动和其他活动都必须遵循自然的规律，合理利用自然资源，保护和优化生态环境，遵循可持续发展，做到人与自然关系的平衡，这为社会主义生态文明观的确立与发展奠定了理论基础。

二、中国共产党人对经典作家生态思想的丰富与发展

马克思恩格斯生态思想的实践特性决定了它不会仅停留在理论层面，更需要走向实践。我国在取得社会主义革命胜利后，寻求持续的、有效的、稳态的生态文明发展之路，成为摆在新中国面前的重要任务。中国共产党人立足新的时代条件对此进行了积极的尝试和不懈努力，在实践中创造性地拓展、深化、丰富和发展了马克思主义经典作家的生态思想，形成了富有中国特色的生态文明思想。

新中国成立初期，针对社会主义建设自然环境大大制约着经济发展的情况，毛泽东运用辩证的思维着重强调了对自然环境的利用、治理和保护。当时生态文明的概念虽然没有明确、直接且完整地出现在毛泽东思想体系中，但是在他的思想中蕴含着丰富的关于生态文明的相关论述，特别是在社会主义建设时期。比如，为调动国内外一切积极因素推动社会主义建设，1956年，毛泽东在《论十大关系》中指出，建设社会主义要统筹兼顾各个方面的利益。处理好重工业与轻工业、农业的关系，经济建设与国防建设的关系，积极推进社会主义工业化。在1957年《关于正确处理人民内部矛盾的问题》的讲话中，毛泽东指出，要正确对待两类不同性质的矛盾，在建设方针上坚持"以农业为基础，工业为主导"，做到"统筹兼顾、适当安排"，这成为社会主义建设的基本指导思想。其生态文明思想主要体现在以下几个方面：一是关于水利建设

与人口控制思想。面对数次大规模的洪涝灾害带来的重大损失，党的第一代领导集体坚定治水兴农的决心，在毛泽东的领导下开展各项水利工程建设。毛泽东指出："水利是农业的命脉，我们应予以极大的注意。"[①]这些探究是对中国传统治水经验的继承和创新发展，为当今我国水利事业的发展和建设提供了历史借鉴。党对人口控制问题的关注始于20世纪50年代后期，发展于20世纪60年代，并提出了"有计划地生育"的论断。这不仅使人民体质更加健康，使人民的生活水平得到提高，而且对国家经济建设也有作用。二是关于环境保护思想。"绿化祖国"这个口号是毛泽东在1956年3月提出来的，其内含包括："在十二年内，基本上消灭荒地荒山，在一切宅旁、村旁、路旁、水旁，以及荒地上荒山上，即在一切可能的地方，均要按规格种起树来，实行绿化"[②]；"要做出森林覆盖面积规划"；"真正绿化，要在飞机上看见一片绿"；"用二百年绿化了，就是马克思主义"。[③]1957年9月，中共中央、国务院出台《关于今冬明春大规模地开展兴修农田水利和积肥运动的决定》，专门提到"开展造林运动，对于水土保持和保护农田水利甚为密切"[④]。1958年8月，毛泽东强调："要使我们祖国的河山全部绿化起来，要达到园林化，到处都很美丽，自然面貌要改变过来。"[⑤]这些论断为探索中国特色环境保护道路奠定了良好的发展基础，但此时也存在着单纯追求生产力发展而造成的人与自然关系紧张的矛盾。

20世纪80年代初，保护环境已成为我国基本国策。进入21世纪节约资源又成为基本国策。一代又一代中国共产党人在接力探索中逐步形成了中国特色社会主义生态文明建设理论与制度，为推动当代中国生态文明建设提供了思想指引和制度保障。

改革开放新时期，党和国家的工作重心转移到了经济建设上来，

---

① 《毛泽东选集》第一卷，人民出版社1991年版，第132页。
② 《毛泽东文集》第六卷，人民出版社1999年版，第509页。
③ 《毛泽东文集》第七卷，人民出版社1999年版，第362页。
④ 《建国以来重要文献选编》第10册，中央文献出版社1994年版，第572页。
⑤ 《毛泽东论林业》，中央文献出版社2003年版，第51页。

社会主义现代化建设风生水起，中华大地呈现一片只争朝夕的经济社会发展观景。伴随着经济建设中不可避免地出现的日趋严峻的资源环境形势，以邓小平同志为主要代表的中国共产党人高度重视，长远规划，把自然环境资源的保护提上重要的国家战略层面，强调必须处理好人与自然资源的关系。从中国实际出发，邓小平提出的"三步走"的发展战略，在此过程中充分蕴含着促使人口、资源、环境、社会的协调发展的总体设计。合理利用自然资源，为经济建设服务，从而由经济的发展带动人的全面发展，实现社会的进步。人与自然的协调发展是生态文明的重要标志，使用新技术，合理开发自然资源，主张在能源开发问题上把节约使用和合理开发统一起来，走可持续发展道路。在经济全球化、信息化和城镇化加速扩展的浪潮中，可持续发展战略在生态领域逐步推广。这种发展策略是对以往工业文明时代建立在以牺牲环境为代价、大量消耗资源能源的基础之上的人与社会、自然逐渐相异化的过程的否定，是引导经济和生态协调发展，注重人与自然统一的发展。

随着改革开放进程加快，工业化和城市化高速发展与有限的资源能源、生态环境平衡形成较大的矛盾，国内生态环境恶化加剧。面对这一发展不平衡的严峻形势，必须正确处理经济建设与环境保护的关系，坚持在发展中治理，决不能走先污染后治理的老路，遵循正确的发展观。党的十七大报告中提出科学发展观的核心观点：科学发展观第一要义是发展，核心是以人为本，基本要求是全面协调可持续，根本方法是统筹兼顾。这标志着中国共产党对人与自然的和谐、生态文明的建设的认识更加科学和深化，要求把大自然的协调发展和人的自身发展相结合，实现人与自然的和谐统一。以人为本、全面协调可持续的发展观，对"什么是发展""靠谁发展"和"为谁发展""怎样发展"等发展观的基本问题做出了科学回答，极大地深化了对人类社会发展规律、社会主义建设规律与共产党执政规律的认识，对马克思主义的发展理论与中国特色社会主义理论做出了重大理论创新，是马克思主义中国化的最新成果。党的十七届五中全会指出："把建设资源节约型、环境友好型社会作为加快转变经济发展方式的重要着力点，提高生态文明水平。"① 在庆祝中国共产党成立 90 周年大会上的讲话中，胡锦涛进一步强调，"不断在生产发展、生活富裕、生态良好的文明发展道路上取得新的更大的成绩"②。这些认识深化的结果就是生态文明建设上升为中国特色社会主义事业总体布局的重要组成部分。

党的十八大以来，习近平准确把握时代发展潮流和生态国情特征，从中国特色社会主义事业"五位一体"总体布局的战略高度，对生态环境问题和生态文明建设提出了一系列新论断、新观点和新要求，丰富和发展了马克思主义的生态思想，形成了习近平生态文明思想，对于中国进行生态文明和美丽中国建设具有重要的指导意义。习近平强调要维护生态安全、建设生态文明，"像保护眼睛一样保护生态环境，像对待生命一样对待生态环境"③。党的十八届五中全会提出创新、协调、绿色、开放、共享的发展理念，是以习近平同志为核心的党中央在总结我国改革发展经验、科学分析国内国外经济社会发展规律基础上提出的面向未来的发展理念，是对中国及世界发展规律的新认识。绿水青山就是金山银山，尊重自然、顺应自然、保护自然和绿色发展、循环发展、低碳发展等基本理念的普遍确立，在中国大地上形成了方兴未艾的生动的生态文明建设实践。

首先，将生态文明纳入"五位一体"总体布局的系统生态论。党的十八大将生态文明建设纳入"五位一体"中国特色社会主义事业总体布局，要求把生态文明建设摆在更加突出的战略位置，融入经济建设、政治建设、文化建设、社会建设各方面和全过程，在"四位一体"的基础上，增添了生态文明建设。作为"五位一体"总体布局的组成之一，生态文明建设不仅要发挥重要的动员功能，还要与其他"四大建

---

① 《中国共产党第十七届中央委员会第五次全体会议公报》，人民出版社 2010 年版，第 6 页。

② 胡锦涛：《在庆祝中国共产党成立 90 周年大会上的讲话》，人民出版社 2011 年版，第 20 页。

③ 《习近平谈治国理政》第二卷，外文出版社 2017 年版，第 209 页。

设"融为一体，共同发展，齐力推进中国特色社会主义现代化建设和中华民族伟大复兴。这是习近平对人类文明发展规律的深刻总结，也是其生态文明思想提出的现实逻辑。第一，要以系统工程的思路抓好生态文明建设。生态文明建设既是经济发展方式的转变，更是思想观念的一场深刻变革。生态环境问题并非是孤立存在的，它总是与经济、政治、文化和社会问题互为因果。以牺牲生态环境为代价的粗放发展固然可以换来一时的经济利益，但却会引发一系列的民生问题，甚至会严重影响社会的和谐稳定，而这本身就是一个很大的社会问题。"不能把加强生态文明建设、加强生态环境保护、提倡绿色低碳生活方式等仅仅作为经济问题。这里面有很大的政治。"① 基于生态文明建设涉及方方面面问题这一特点，习近平提出了要按照系统工程思路推进生态文明建设。抓好生态文明建设重点任务的落实，切实把能源资源保障好，把环境污染治理好，把生态环境建设好，为人民群众创造良好生产生活环境。牢固树立生态红线观念。生态红线是国家生态安全的底线和生命线，这个红线不能突破，一旦突破必将危及生态安全、人民生产生活和国家可持续发展。全面促进资源节约、实施重大生态修复工程等措施，推进经济社会发展与生态环境保护共同发展。第二，把生态文明建设融入其他各方面建设的全过程，推进生态文明发展。融入经济建设，关键是着力推进绿色发展、循环发展、低碳发展。融入政治建设，就是要加快制定和修订同生态文明相关的环境和生态保护法规。注重用法律明确政府、企业、公民以及社会组织在环境与生态保护方面的责任、权利和义务，相关的法律规定应在环境保护和资源开发利用上体现社会公平正义。融入文化建设，关键是思想观念的转变，树立节约资源、保护环境的生态意识，推进可持续生产和消费。融入社会建设，就是要运用社会的力量，发挥社会组织的作用加强监督、参与决策，更好地发现和解决环境问题。总之，把生态文明建设融入其他各项建设中去，意味着其他各项建设都要贯彻和落实生态文明的基本理念、原则和制度，都要体现生态文明建设

---

① 《习近平关于全面深化改革论述摘编》，中央文献出版社 2014 年版，第 103 页。

的要求。第三，建立严格的制度体系促进生态文明建设。制度具有根本性、全局性、稳定性和长期性，是把生态文明理念落到实处的重要保障。习近平指出："只有实行最严格的制度、最严密的法治，才能为生态文明建设提供可靠保障。"① 他先后提出了关于完善经济社会发展考核评价体系、健全生态环境责任追究制度和环境损害赔偿制度、建立健全资源生态管理制度等，凸显了制度在生态文明建设中的约束作用，明确了生态文明建设的着力点。

其次，形成了保护环境就是保护生产力的生态生产力论。生态环境日益成为生产力发展的重要源泉和保障，马克思主义的生产力理论表明，生产力不仅包括作为劳动者的人及其创造力，还包括外部生态环境。对此，习近平提出"保护生态环境就是保护生产力，改善生态环境就是发展生产力"的观点。"良好的生态环境本身就是生产力，就是发展后劲，也是一个地区的核心竞争力。"② 因此，要努力处理好发展经济与保护环境的关系，在经济发展中，决不能以牺牲环境为代价，要两手抓，两手都要硬。建设生态文明是关系人民福祉、关乎民族未来的大计，是实现中华民族伟大复兴的中国梦的重要内容。习近平指出，我们追求人与自然和谐、经济与社会和谐，就是要"两座山"，"我们既要绿水青山，也要金山银山。宁要绿水青山，不要金山银山，而且绿水青山就是金山银山"③。发展固然是硬道理，但不考虑生态环境的发展就是不讲道理。如果片面追求经济指标的增长而置环保于不顾，这样的高增长必然带来资源消耗和污染物排放总量剧增，造成严重的环境问题，反过来也会制约社会的持续发展。不能再走先污染后治理，用牺牲环境换取经济增长的老路，反对简单的以 GDP 论英雄。因此，生态环境问题归根到底是经济发展方式问题。要正确处理好经济发展同生态环境保护的

---

① 《习近平关于全面深化改革论述摘编》，中央文献出版社 2014 年版，第 104 页。

② 《十八大以来重要文献选编》（上），中央文献出版社 2014 年版，第 463 页。

③ 《习近平总书记系列重要讲话读本（2016 年版）》，学习出版社、人民出版社 2016 年版，第 230 页。

关系，切实把绿色发展理念融入经济社会发展各方面，推进形成绿色发展方式和生活方式，协同推进人民富裕、国家富强、中国美丽。

最后，彰显出了一切为了人民、一切依靠人民的生态民生观。民生问题不仅包括人民基本物质生活资料的满足和基本生存权利的保障，更是一个与人民的生存条件和生存环境要求密切相关的问题。生态问题本身也是一个生态民生问题。生态民生致力于从生态维度解决人民的生计，着力于改善人民的生存和生活，推动社会生产和经济发展的生态文明建设，为广大群众创造优良的生态环境，促进人与自然的和谐相处。习近平指出："良好的生态环境是最公平的公共产品，是最普惠的民生福祉。"[①] 我国生态文明建设的价值目标就是要努力增进民生福祉，充分保障人民的生存权和发展权。建设生态文明，是关系人民福祉、关乎民族未来的长远大计，强调增进民生福祉与保护人文环境，这是中国共产党秉持以人为本执政理念的集中体现。党的十八大以来，习近平针对生态文明建设，特别提及要充分理解人民对美好生活的殷切期待。2013年，习近平在海南考察时说："头顶着蓝天白云，在清洁的河道里畅快游泳，田地里盛产安全的瓜果蔬菜……这些是人民群众对生态文明最朴素的理解和对生态环境保护最起码的诉求。"[②] 但是近年来，某些地区过度追求 GDP 的增长，忽视了对生态环境的保护，导致了很多环境问题，雾霾天气、饮用水污染、食品安全等问题不断出现。为此，习近平特别强调，要关注和重视人民的生态诉求，着力解决损害百姓健康的环境问题，为百姓创造良好的生产和生活环境。实际上，"发展，说到底是为了社会进步和人民生活水平不断提高，强调经济增长不等于经济发展，经济发展不单纯是速度的发展，经济的发展不代表着全面的发展，更不能以牺牲环境为代价。以人为本，其中很重要的一条就是不能在发展过程中摧残人自身生存的环境"[③]。这就深刻阐明了保护生态环境的民

① 《习近平关于全面深化改革论述摘编》，中央文献出版社 2014 年版，第 107 页。

② 《习近平关于全面深化改革论述摘编》，中央文献出版社 2014 年版，第 107 页。

③ 黄浩涛：《生态兴则兴生态衰则衰——系统学习习近平总书记十八大前后关于生态文明建设的重要论述》，《学习时报》2015 年 3 月 30 日。

生本质，进一步深化了我们对生态文明建设价值取向的认识，即以增进人民福祉为旨归，加快推进生态文明建设，切实改善人民群众的生存环境。

历史地看，生态兴则文明兴，生态衰则文明衰。生态环境保护是功在当代、利在千秋的事业。从"五位一体"总体布局到创新、协调、绿色、开放、共享"五大发展理念"，从"两山"理论再到保护生态环境就是保护生产力及生态与民生息息相关等，这些重要论述为实现中华民族永续发展和中华民族伟大复兴的中国梦绘制了蓝图，也为建设美丽中国提供了根本遵循。以习近平同志为核心的党中央，一方面继承和坚持马克思主义经典作家关于生态的重要论述，依循着马克思主义生态思想；另一方面也随着时代和实践的发展丰富、深化和拓展了中国共产党人的生态文明思想，创造性地提出了许多重要的思想和观点。从哲学的维度看，习近平生态文明思想坚持、发展和创新了马克思主义生态思想，在哲学本体论、思维方法论、认识论与价值论上实现了对马克思主义经典作家生态思想的继承和超越。"坚持马克思主义人化自然本体论，提出'人与自然是生命共同体'的论断，坚持马克思主义人与自然之间的唯物辩证法，主张用系统的方法推进生态文明建设，坚持马克思主义从自然到社会的认识论路线，实事求是地建设生态文明，坚持马克思主义自然内在价值与外在价值相统一的价值原则，提出了'人与自然和谐共生'的价值目标。"① 作为习近平新时代中国特色社会主义思想的重要组成部分，习近平生态文明思想既是对马克思主义关于人与自然关系的坚持和发展，又是对当代环境问题的深刻思考，为中国保护生态环境、加强生态文明建设指明了方向。

---

① 彭曼丽：《习近平生态文明思想对马克思主义生态哲学思想的继承与创新》，《思想理论教育导刊》2019 年第 9 期。

第二节　中国特色社会主义生态文明建设的新时代意蕴

党的十九大报告指出："坚持人与自然和谐共生。建设生态文明是中华民族永续发展的千年大计。"[①] 这深刻阐明了生态文明的核心，即人与自然的和谐共生。建设人与自然和谐共生的生态文明，关系人民福祉、关乎民族未来。生态文明建设是指人类在利用和改造自然的过程中主动保护自然，积极改善和优化人与自然的关系，建设健康有序的生态运行机制和良好的生态环境。在中国特色社会主义进入了新时代的重要历史阶段，实际上，我国社会主义生态文明建设在取得明显成效的基础之上，着力加快建成生态文明制度体系，大力建设美丽中国，也正"努力开创社会主义生态文明新时代"[②]，对生态文明及其建设不论在理论认识上还是实践上都进入了新阶段，呈现出新的发展水平和境界，可以说，也是迈进了新时代。

一、中国特色社会主义生态文明建设迈入"新时代"

在古代汉语中，"时"的本义是指季节、季度，"代"的本义是代替、更迭，将二者结合起来，时代本义是指季节的更替变化，随后人们赋予了时代社会性的内涵，指历史或人类社会的更迭与变换。时代有两类划分标准，一类是通过社会发展形态的变迁划分时代，一类是以标志性重大事件和具有重大意义的工具的出现为标识划分时代。

以马克思主义关于社会发展的五形态理论为代表，人类社会经历了原始社会、奴隶社会、封建社会、资本主义社会和共产主义社会，每一个社会对应着一个时代，因此人类历史的时代就可以划分为原始时

---

① 习近平：《决胜全面建成小康社会　夺取新时代中国特色社会主义伟大胜利——在中国共产党第十九次全国代表大会上的报告》，人民出版社 2017 年版，第 23 页。

② 《党的十九大报告学习辅导百问》，党建读物出版社、学习出版社 2017 年版，第 56 页。

代、奴隶时代、封建时代、资本主义时代以及共产主义时代。我们现在所处的时代，"从总体上看，仍然是从资本主义向社会主义转变的时代"①。这样的划分能够大致把握人类社会发展的方向，从宏观上把握社会发展的历史方位。

以标志性重大事件和具有重大意义的工具的出现为标识划分时代，赋予时代更加丰富的内涵，诸如旧石器时代、新石器时代、网络时代等。这一划分同时伴随着人类文明的演进历史，因此也有观点认为人类社会经历了农业文明时代，工业文明时代，现在正是从工业文明向生态文明转型的时代，并最终将走向生态文明时代。我们现在正处于由工业文明向生态文明的转型时代，生态问题已经成为一个全球性的问题，工业文明时代经济的迅速增长是以破坏生态环境为代价的，全球性的生态危机在不同的国家和地区纷纷上演，制约着各国发展的可持续性，人们越来越意识到，良好生态环境是生产力持续发展的重要保障，生态文明建设被提到了党和国家重要战略任务的高度。走向生态文明的新时代是人类文明发展的必然趋势和各国实现可持续发展的必然选择，"保护生态环境是今天的全球共识，但把生态文明建设作为执政党的行动纲领，我们党是第一个"②。

中国特色社会主义生态文明建设迈进新时代，集中体现为党的十八大以来中国特色社会主义生态文明建设呈现出的新变化、新特点、新态势。宏观上看，"生态文明建设纳入'五位一体'总体布局和'四个全面'战略布局，中央审议通过了40多项生态文明和环境保护具体改革方案，生态文明体制改革的制度架构基本形成，一系列重大工作全面推进，一场关系人民福祉、民族永续发展的深刻变革渐次展开，美丽中国建设生机勃发"③。具体来看，主要有几个鲜明特点：一是全局性。

① 肖前等主编：《历史唯物主义原理》，人民出版社1991年版，第186页。

② 《党的十九大报告学习辅导百问》，党建读物出版社、学习出版社2017年版，第56页。

③ 《砥砺奋进的五年——十八大以来党和国家事业的历史性成就和历史性变革》，《学习参考》2017年第6期。

党的十八大提出要将生态文明建设贯穿于中国特色社会主义经济建设、政治建设、文化建设、社会建设的全过程和各方面，随后又在阐释"四个全面"战略布局时，提出全面深化改革和全面建成小康社会的目标包含着生态文明建设的内容，党的十九大又强调绿色发展作为新发展理念之一，是建设富强、民主、文明、和谐、美丽的社会主义现代化强国的必然选择，强调生态文明体制改革要更加注重顶层设计，这样就将生态文明建设史无前例地摆在了党和国家事业全局的战略高度。二是制度的体系化与法治化。自党的十八届三中全会提出要加快建立系统完整的生态文明制度体系，党的十九大报告中再次重申了解决突出环境问题和加大生态系统保护力度要健全环境保护信用和惩处制度，建立生态补偿机制，改革生态环境监管体制，用制度保护生态环境，都将中国特色社会主义生态文明建设推向了制度化、法治化的轨道。三是主体性。中国特色社会主义生态文明建设的主体是全体中国人民，"以人民为中心"是贯穿十九大报告的核心观点，以人民为中心就意味着生态文明建设要以满足人民日益增长的对美好生态环境的需要作为归宿，意味着要紧紧依靠人民推动中国特色社会主义生态文明建设，意味着生态文明建设的成果要由人民共享。

中国特色社会主义生态文明建设迈入新时代，意味着我们正向着实现中华民族伟大复兴的"生态梦"的奋斗目标不断迈进。习近平在多个场合提到我们站在全面建成小康社会的决胜期，全面建成小康社会，一个非常重要的目标就是生产发展、生活富裕和生态良好。无论是经济发展，人民生活水平提高，还是良好的生态环境，都需要进一步加强生态文明建设。从经济发展的角度来看，强大的经济基础和物质文明是实现中华民族伟大复兴的根基，而单一的经济增长方式在创造奇迹的同时，也严重破坏了生态环境，我们因此付出了不小代价，没有经济的可持续发展，就不可能实现民族复兴的"生态梦"；从人民生活水平进一步提高的角度来看，实现中华民族伟大复兴的"生态梦"，意味着新时代人民多样化的需要，人民对良好的生态环境、新鲜的空气、安全的生态产品等的需要，都体现了人民的新期待，这是实现"生态梦"必不可少的条件；从进一步构建良好的生态环境的角度来看，实现中华民族伟大复兴的"生态梦"不是一蹴而就的，需要一代又一代人的努力，生态文明建设是一项系统性的工程，需要一代又一代人的接力，这是实现中华民族伟大复兴"生态梦"的重要保障。

中国特色社会主义生态文明建设迈入新时代，意味着中国特色社会主义生态文明建设道路越走越宽广。中国特色社会主义生态文明建设道路是改革开放以来中国特色社会主义道路一面鲜明的旗帜，是生产发展、生活富裕、生态良好的文明发展之路。新时代，建设生态文明是中国特色社会主义道路的题中应有之义。"中国特色社会主义生态文明发展道路，是中国特色社会主义道路不可缺少的重要组成部分。"①中国特色社会主义道路的特色首先体现在将以经济建设为中心与统筹推进其他各方面建设有机结合起来，正确认识和妥善处理经济建设与生态环境保护之间的关系，因此，中国特色社会主义生态文明建设道路是经济效益与生态效益相统一的道路；其次体现在它既坚持四项基本原则，又坚持改革开放，中国特色社会主义本质还是社会主义的，社会主义的生态文明必然与资本主义的生态文明有本质的不同，但不可否定资本主义国家迄今为止对改善环境所做的努力和取得的成果，中国特色社会主义生态文明建设道路是在国家内对市场经济活动的生态调节，是对资本主义国家生态治理实践的创新；最后还体现在它不但强调解放和发展生产力的重要作用，同时实现全体人民的共同富裕，中国特色社会主义生态文明建设道路亦是强调良好的生态环境是生产力和人民福祉。同时，生态文明建设的实践也为探索中国特色社会主义道路提供了有益的尝试和契机。生态文明建设会带动产业结构的优化升级，催生新兴产业，为中国新型工业化、信息化、绿色化道路搭建平台。

中国特色社会主义生态文明建设迈入新时代，意味着中国特色社

---

① 刘思华：《中国特色社会主义生态文明发展道路初探》，《马克思主义研究》2009 年第 3 期。

会主义生态文明的实践为应对全球性的生态危机提供了中国智慧和中国方案。随着资本的全球扩张，全球气候变化问题、经济能源安全问题、能源资源分配问题越来越成为大国之间冲突的焦点，全球生态危机关系到人类生存前景和大国之间利用环境保护干涉别国内政的矛盾是否能够解决，中国以强烈的责任意识和大国担当面对和解决全球生态危机，积极推动促进全球环境治理的新局面，对全球的生态文明建设作出重要贡献。中国是人口大国，人口总数约占世界的五分之一，我国生态文明实践不仅会使经济社会民生面貌焕然一新，而且会大大加快全球生态文明建设的进程，同时为发展中国家在工业化进程中的生态文明建设提供了可以借鉴的经验。

二、理论意蕴：生态文明建设新时代体现着"本土"与"舶来"的新理念

中国传统文化中蕴含着丰富的生态智慧，给生态文明建设以重要启示。习近平生态文明思想中体现着诸多中国优秀传统文化中的生态。中国特色社会主义生态文明建设进入新时代，不仅是党和国家生态文明实践的新成果，更是新时代生态文明思想"本土"与"舶来"的重要体现，是对中国传统文化中的生态智慧和马克思主义生态观的继承、发展和创新。

中国特色社会主义生态文明建设的新理念与中国传统文化中的生态智慧一脉相承。中国自古以来重视人与自然和谐共处，中国传统文化中蕴含着丰富的生态思想。例如，道家学说中将"道"作为万物的本原，庄子更是提出"以道观之，物无贵贱"，肯定了自然的内在价值，尊重自然是人存在和发展的必然选择；儒家学说中关于"敬畏天命"，遵循自然规律办事，人与自然的最高境界"天人合一"的思想，突出了人应当顺应自然，实现人与天地的统一；众生平等是佛教的一个重要观念，将善和对生命的关切扩展到整个自然界，强调了保护自然是个体实现自身价值的应有之义。在党的十九大报告中，习近平强调指出："人

与自然是生命共同体，人类必须尊重自然、顺应自然、保护自然。"① 这
与道家、儒家和佛教的生态智慧有一定的相近之处。中国特色社会主义
生态文明建设的新理念又是与时俱进的。无论是儒家学说倡导"入世"，
还是道家学说提倡"出世"，都表达出了在生产力不发达的时代自然的
神秘主义色彩，但新时代科技的迅猛发展已经使人们对生活的世界有了
新的认识，呈现在人们面前的，是一个经过工业文明的、鲜活的自然，
人们对于从古代的仰视自然转向了以平等的姿态看待自然界万事万物；
道家在强调自然的内在价值的同时，忽视了人改造自然的主动性，而儒
家则过于强调"人合于天"，忽视了"自然合于人"，佛家过度重视因果
报应，带有迷信色彩，而新时代的生态文明建设更加注重人通过实践活
动，在遵循自然规律的基础上积极改造自然，改造自然的目的也是为了
实现每个人的自由全面发展。

　　首先，从马克思主义生态思想形成时代来看，是马克思恩格斯站
在反思资本主义生产方式的角度，提出必须要用革命的方式变革资本主
义，这种变革是蕴含人与人、人与自然、人与社会全方面的变革。革命
就是马克思主义生态思想"初创时代"的主要社会运动形式，新时代与
马克思主义生态思想形成时代最大的不同在于时代主题发生了根本性的
转变。由于新时代社会主义国家的国际地位逐渐增强，资本主义国家的
改革也使得国家不断创造出新的奇迹，无论是社会主义国家，还是资本
主义国家，此时的问题应是如何实现自身更好的发展。发展就成为新时
代最重要的主题。时代主题的转变是新时代中国特色社会主义生态文明
理论和实践的基础。在以革命为时代主题的 19 世纪，马克思恩格斯等
提出资本主义的生产方式是生态危机的根源，想要解决这一问题就要变
革资本主义的生产方式，因此马克思在《资本论》中提出，要通过扬弃
"异化"，实现人的自由全面发展的共产主义社会。在以发展为时代主题
的今天，生态危机呈现出多元化、全球化的特点，不同的国家采取了不

---

① 习近平：《决胜全面建成小康社会　夺取新时代中国特色社会主义伟大胜利——在
　　中国共产党第十九次全国代表大会上的报告》，人民出版社 2017 年版，第 50 页。

同的方式予以应对，但都离不开发展的时代主题，生态危机只有在更高层次的发展中才能有所缓解，发展的一个重要任务是应对当前的生态危机。因此在新时代不仅是对"异化"的扬弃，更要紧贴发展的主题，满足发展的需要。

其次，从马克思主义生态观的内容来看，人与自然的和谐共生是马克思主义生态观的主要内容。党的十八大提出："面对资源约束趋紧、环境污染严重、生态系统退化的严峻形势，必须树立尊重自然、顺应自然、保护自然的生态文明理念，把生态文明建设摆在突出地位。"[1] 在党的十九大报告中，习近平强调指出"必须树立和践行绿水青山就是金山银山"[2] 的理念。按照马克思在《资本论》第 1 卷中关于劳动价值论的思想，劳动是社会财富的唯一源泉，自然资源进入到人的生产生活实践中，也能够创造财富，"保护生态环境就是保护生产力，改善生态环境就是发展生产力"[3] 的理念正是对马克思主义生态经济学的深刻阐释。

中国特色社会主义生态文明的理论和实践是马克思主义生态思想的当代表达。一是马克思恩格斯认为存在一个"人化的自然"，并伴随着"自然的人化"。"人化的自然"强调自然作为人的生存发展的前提，始终是包含着人的活动的自然，而"自然的人化"则更加侧重人在自然中的主体性作用，强调人对自然的改造作用。二是马克思恩格斯在指出自然必然包含着人类活动的同时，也没有否认自然界的相对独立性，强调"自然界的优先地位仍然保持着"[4]。三是马克思恩格斯认为人与生态问题的根本解决依赖于人与人、人与社会问题的解决，因为这三者是相

---

[1] 胡锦涛：《坚定不移沿着中国特色社会主义道路前进 为全面建成小康社会而奋斗——在中国共产党第十八次全国代表大会上的报告》，人民出版社 2012 年版，第 39 页。

[2] 习近平：《决胜全面建成小康社会 夺取新时代中国特色社会主义伟大胜利——在中国共产党第十九次全国代表大会上的报告》，人民出版社 2017 年版，第 23 页。

[3] 《习近平关于社会主义生态文明建设论述摘编》，中央文献出版社 2017 年版，第 4 页。

[4] 《马克思恩格斯选集》第 1 卷，人民出版社 2012 年版，第 175 页。

互影响，相互交融的，他明确指出："这种共产主义，作为完成了的自然主义＝人道主义，而作为完成了的人道主义＝自然主义。"①党的十九大报告中，习近平强调要以遵循自然规律为前提，充分发挥人的主动性、创造性。报告通篇的一个主题就是"以人民为中心"，恰好印证了马克思主义生态观是人道主义与自然主义的有机统一；中国特色社会主义生态文明的基本要求是经济、社会和环境和谐发展，与马克思主义生态思想中实现人与自然、人与人和谐发展一脉相承。

最后，从马克思主义生态观的最终价值旨归来看，实现人的自由全面发展是马克思主义生态观的价值追求。在《共产党宣言》中，马克思恩格斯指出，未来的共产主义社会，是这样一个"自由人的联合体"，在那里，"每个人的自由发展是一切人自由发展的条件"②。党的十九大报告开篇就指出"中国共产党人的初心和使命，就是为中国人民谋幸福，为中华民族谋复兴"③，深刻诠释了中国共产党人的内在使命和旨归，这也决定了我国生态文明建设必定落脚于生态文明建设为了人、服务和满足于人的全面发展、为了实现人与自然和谐共生。在报告的后文中结合生态文明建设，明确阐明"要建设的现代化是人与自然和谐共生的现代化，既要创造更多物质财富和精神财富以满足人民日益增长的美好生活需要，也要提供更多优质生态产品以满足人民日益增长的优美生态环境的需要"④，强调"生态文明建设功在当代、利在千秋"⑤，等等，这些重要论述无不彰显着马克思主义生态观的最终价值旨归。

中国特色社会主义生态文明建设的新时代，是在坚持了中国传统

---

① 《马克思恩格斯文集》第 1 卷，人民出版社 2009 年版，第 185 页。

② 《马克思恩格斯选集》第 1 卷，人民出版社 2012 年版，第 422 页。

③ 习近平：《决胜全面建成小康社会　夺取新时代中国特色社会主义伟大胜利——在中国共产党第十九次全国代表大会上的报告》，人民出版社 2017 年版，第 1 页。

④ 习近平：《决胜全面建成小康社会　夺取新时代中国特色社会主义伟大胜利——在中国共产党第十九次全国代表大会上的报告》，人民出版社 2017 年版，第 52 页。

⑤ 习近平：《决胜全面建成小康社会　夺取新时代中国特色社会主义伟大胜利——在中国共产党第十九次全国代表大会上的报告》，人民出版社 2017 年版，第 50 页。

文化中的生态智慧和马克思主义生态观的基本生态理念，又实现了随着时代和实践变化发展而变化发展的生态文明思想的与时俱进的时代。

三、现实意蕴：生态文明建设的新时代立足于当下具有新的特点的生态问题

问题是时代的先声。生态文明的新时代与工业文明时代所面临的问题有着很大的不同：一是从观念上来看，生态文明理念已经逐渐深入人心，但在具体的落实中依然存在很多问题；二是节约资源和保护环境的政策进一步得到落实，但环境保护工作长期而又艰巨；三是生态文明体制改革的顶层设计更加合理，但是随着改革的不断深化，涉及的利益冲突也会越来越多，越来越尖锐；四是全球性的生态危机让人们反思如何摆脱危机，但是一些发达资本主义国家以保护环境的名义干涉别国内政，生态问题出现了跨地区、跨国家蔓延的态势。

中国特色社会主义生态文明建设迈入新时代，具有许多新的特点。一是生态问题的积累效应明显。生态环境最初的细微变化不易被人察觉，但经过日积月累，就会产生不可逆转的后果。人们往往对长期存在的、范围较广的、短期内难以察觉的生态破坏问题没有足够的重视，由此这些生态问题就发展成为不可逆转的生态衰退。二是环境问题的放大效应显著。环境污染、生态破坏的跨地区性、跨物种性是放大效应最显著的表现。对于环境污染而言，放大效应表现为污染物的传播范围更广和对整个生态系统产生了重大影响，例如温室气体的排放对于个体生产生活的影响较小，但对于全球气候变化影响巨大；对于生态破坏而言，这种放大效应表现为局部的、关键地区的生态破坏通过全局的、更大的生态破坏表现出来。三是环境问题、生态破坏的滞后效应强烈。与积累效应相对应，环境问题和生态破坏的滞后效应是指环境污染、生态破坏的后果需要经过一定的时间才能显现出来，使人们忽视了发展过程中环境污染问题和生态破坏的后果，同样因为滞后效应强烈，环境保护和生态修复工作未必能马上产生效果，各国治理和保护环境、保护和修复生态的积极性难以调动。

生态环境问题这些新的特点，导致了新时代解决生态环境问题必须要采用符合这些特点的方式和手段。为了解决这些带有新特点的问题，也迫切需要一个新时代，需要生态文明理念从理论走向现实；需要一代又一代人承担起环境保护的责任，接力完成环境保护工作；需要不断深化生态文明体制改革，更要考虑到人民群众的切身利益，将全面深化改革的最终目标与满足人民需要和实现人民利益联系起来；需要积极引导气候变化的国际合作，遇到问题不逃避、不推卸责任。

中国特色社会主义生态文明建设的新时代，是这样一个时代，是在分析和解决当前具有许多新的特点的生态环境问题基础上，在全面深化改革的推动下，实现生态良好与人民需要和利益一致的新时代。良好的生态环境关乎中华民族永续发展的大计，人民对于美好生活特别是对美好生态环境的需要，是推动社会向前发展的内在动力，只有将中国特色社会主义生态文明建设与人民群众的需要和利益联系起来，才能不断开创中国特色社会主义生态文明的新境界。可以说，中国特色社会主义生态文明建设迈入的新时代，不仅是历史的选择，更是人民的选择。

四、历史意蕴：生态文明建设的新时代预示着生态文明的光明前景

中国特色社会主义生态文明的理论与实践为全球生态文明建设提供了中国智慧和中国方案。纵观世界发展历史，农业文明向工业文明的转变有些国家经历了近百年的艰难转型，而中国却用几十年的时间完成了发达国家上百年才能完成的目标，中国的生态文明的理论和实践为世界上其他国家和地区谋求自身发展提供了路径选择。

首先，新时代中国特色社会主义生态文明的理论和实践充分展现了生态与经济政治文化社会的良性互动。将"生态文明建设"纳入中国特色社会主义"五位一体"总体布局以来，生态文明就贯穿于中国特色社会主义经济建设、政治建设、文化建设和社会建设的始终。第一，生态经济，国家大力实施创新驱动发展战略，加快转变经济发展方式，以可循环高科技企业代替了高污染高能耗的大工业，通过生态保护为经济的持续健康发展提供保障，通过经济的持续健康发展，加大对生态文明

建设的投入，推进生态文明建设不断迈向一个新台阶，从而实现了生态保护与经济发展的良性互动。第二，生态政治。生态危机虽然产生于生态领域，但与政治领域密不可分。新时代，通过加强生态文明建设，保障生态安全，为政治稳定和发展提供了丰富的生态基础，从而加快了社会主义民主与法治的进程，进一步推进社会主义民主与法治进程，为生态文明建设保驾护航。第三，生态文化。生态文化是从人对自然的统治文化到人与自然和谐文化的转变，是人们价值观念的根本转变。生态文化是生态文明建设和文化建设的重要内容，建设生态文明离不开生态文化，而生态文化也是文化建设的一部分。生态文明在建设良好的人与自然关系的同时，建设良好的人与社会关系，在此基础上促进社会文明的发展。文化建设的推进反过来会推动生态文明建设。第四，生态社会。生态文明建设是促进民生改善和社会和谐的重要条件。新时代，党和国家通过营造一个良好的生态环境，切实提高了人民的生活质量，人民生活水平的提高对生态文明建设提出了新要求，推动着生态文明建设向前发展。

其次，新时代中国特色社会主义的理论和实践完美践行了人民日益增长的对美好生态环境的需要不断满足的目标。习近平指出，新时代中国社会的主要矛盾已经转化为"人民日益增长的美好生活需要和不平衡不充分的发展之间的矛盾"①。"美好生活"很重要的一个方面就是生态良好。随着人民生活水平的提高、政治更加民主，人民精神世界更加丰富，人民对于美好生态环境的需要也随之增长。新时代，党和国家为满足人民群众日益增长的美好生态环境需要，坚持以人民为中心，提升发展的质量和效益，大力发展生态产品，这些不仅反映了人民对于美好生活的新期待，更反映了党和国家始终将人民的利益和需要放在首位，推进生态文明建设。

最后，中国特色社会主义生态文明的理论和实践完美阐释了有担

---

① 习近平：《决胜全面建成小康社会　夺取新时代中国特色社会主义伟大胜利——在中国共产党第十九次全国代表大会上的报告》，人民出版社 2017 年版，第 11 页。

当的中国要为世界生态做贡献的信心和决心。2013年9月，习近平在哈萨克斯坦纳扎尔巴耶夫大学发表演讲谈到环境保护问题时指出："我们既要绿水青山，也要金山银山。宁要绿水青山，不要金山银山，而且绿水青山就是金山银山。"① 这就是著名的"两山论"。在党的十九大报告中，习近平重申要"像对待生命一样对待生态环境""实行最严格的生态环境保护制度"②，生动表明了我国对推动生态文明建设的信心和决心。2015年在巴黎气候变化大会的开幕式上，习近平提出应对全球气候的挑战，应摒弃"零和博弈"和对立思维，开创一个合作共赢、共同发展的生态文明之路。2017年1月，习近平在联合国日内瓦总部发表以《共同构建人类命运共同体》为题的重要演讲，明确提出了"构建人类命运共同体，实现共享共赢"③ 的中国方案。构建人类命运共同体是中国特色社会主义生态文明建设理论和实践在国际社会的拓展，也为解决全球生态环境治理提供了新思路和创新性示范。

总而言之，中国特色社会主义生态文明的新时代，是在中国共产党的领导下，中国发展与世界繁荣辩证统一的时代，是实现中国与世界共赢、解决全球生态问题的新时代，中国绿色发展的道路一定会越走越宽广。中国特色社会主义生态文明的新时代，是中国特色社会主义新时代的重要内容和体现，它不仅意味着我国的生态文明建设和生态体制改革迈向了一个新的台阶，更意味着我们对中国特色社会主义道路更加坚定，还意味着我们一定能够在中国生态文明建设的新时代，实现中华民族伟大复兴的宏伟目标。

---

① 《习近平总书记系列重要讲话读本（2016年版）》，学习出版社、人民出版社2016年版，第230页。

② 习近平：《决胜全面建成小康社会 夺取新时代中国特色社会主义伟大胜利——在中国共产党第十九次全国代表大会上的报告》，人民出版社2017年版，第24页。

③ 《习近平主席在出席世界经济论坛2017年年会和访问联合国日内瓦总部时的演讲》，人民出版社2017年版，第22页。

第三节 从"社会有机体"到"社会生态体"：社会认知的新视角

马克思主义经典作家运用辩证唯物主义和历史唯物主义考察人类社会，把社会视为一个系统、有机的整体。社会有机体的内部组成要素相互联系、相互作用，推动社会系统的发展，由此又形成了不同的社会形态。一定社会形态通过社会制度表征出来，马克思还把一定的社会制度的结构形象地比喻为一座建筑大厦，提出了"经济基础"和"上层建筑"的概念。"社会有机体"的思想及其对人类社会予以历史唯物主义的考察，这一新的视角"扬弃"了欧洲古老的社会哲学传统对社会本身、对人与社会的关系的认识，拓展和丰富了对社会之内在结构与自身性质的认识。作为一个初步尝试性提出并使之区别于形成于18和19世纪的"社会有机体"概念，"社会生态体"的概念提出并认为应实现从"社会有机体"到"社会生态体"概念之间的认知转换，实际上包含着对当今时代和人类前途命运特别是人与自然、人与社会、人与人之间关系问题的关切，也为认知当今人类社会问题带来了一种更立体、更综合的视角。

一、关于"社会有机体"的内涵

"有机体"，通常指人和动植物这类有生命的物质实体，它以自身内部不同组成部分的紧密联系和不间断的新陈代谢为基本特征。马克思将这个概念用于社会，着重强调的也是社会系统不同组成要素之间的相互联系和变化发展，强调社会在其长期发展中同样表现为一种有生命的物质实体。

把社会同生物有机体相类比可以追溯到古代社会。一定意义上说，欧洲哲学传统一直存在把社会看成一个整体的思想"习惯"。第一次较为明确地用"有机体"的概念来说明社会的是19世纪法国哲学家、社会学家孔德和英国哲学家、社会学家斯宾塞。孔德认为社会如同生物体，是一个各部分相互联系的整体。如家庭是社会的细胞，阶级或种族是社会的组织，城市和社区是社会的器官，社会像生物界一样，是一个连续进化的过程。斯宾塞则用生物进化论解释社会现象，认为社会和国家如同生物一样，是一个由简单到复杂、不断发展进化的有机体。社会有机体同生物有机体一样，由营养系统、循环系统和调节系统三个部分组成；社会有机体与生物有机体之间有一系列相似之处，如都具有对外扩张性，日益复杂化，伴随着集体结构分化而出现功能分化，等等。

孔德和斯宾塞等提出的社会有机体理论的合理性在于，他们反对用机械论的观点看待社会，强调把社会作为一个有机整体来看待，把社会看作一个活的有机体。应该说，这些思想是合理的，但是他们的社会有机体理论也存在根本错误，即在于"把生物进化规律照搬到社会发展领域，实际上是一种用生物有机体概念来分析社会的观点与方法。这种方法只看到社会有机体的整体和谐与稳定，而无法理解现代社会的实际矛盾与利害冲突；社会有机体的历史性消失了，他们的有机体类比只强调共时分析而忽略了历史分析的作用"①。把生物进化规律照搬到社会历史领域，抹杀了社会有机体和生物有机体的本质区别。如斯宾塞把社会有机体简单比拟为生物有机体，用生物体的营养、循环和调节三大系统论证资本主义社会劳动阶级、商人阶级和资本家阶级等级的划分，并论证资本主义的永恒合理性。

马克思在这一问题的思想比孔德和斯宾塞更符合现实，也更能诠释清楚社会本身自在的合理特性，这在社会哲学上是一个"创举"。"人、自然和社会是一体，所谓一体，是指它们处于内在的联系之中，共同构成一个互相作用和影响的整体。在某种意义上，这个整体可以称之为'人类社会有机体'，其中任何一个环节都离不开其他环节，每一个环节都是建立在与其他环节的联系中的。毫无疑问，说社会是一个系统，人是这一系统中最重要的因素，或者说自然也是一个系统，或者说

---

① 刘怀玉：《马克思哲学中的社会有机体概念》，《学术研究》2007 年第 10 期。

人类社会和自然共同构成一个大的生态或生存系统，这些说法都是正确的。"① 把人类社会看作一个有机体，这是马克思主义社会观的一个重要观点。

二、马克思的社会有机体思想

马克思对社会有机体思想的阐发同他对自然、社会及人的关系乃至社会历史问题是高度同构的。甚至在马克思的思想中对社会的有机的理解，不免于是一种"常识"，以至于马克思在一些论述中更多是"旁及性"论述而非"专题性"论述。或许这种观点在当时已经有了较为广泛的认识，以至于马克思对其着墨虽有但不多，而更多地集中着墨于资本主义社会现实、内在运行机理与社会历史发展逻辑等的阐发。"'社会有机体'是对社会整体'生命'的理论把握和具体表达，而历史唯物主义实质上就是对人类社会有机体运动发展的一般规律和历史过程的理论再现。"② 这里，我们不妨先回顾下马克思的社会有机体思想。

从文献上看，马克思关于社会有机体的论述，较早可以追溯到1842 年。明确提出"社会机体"概念则是在 1847 年的《哲学的贫困》著作中。马克思曾在 1842 年 12 月 1 日写的《评奥格斯堡〈总汇报〉第335 号和第 336 号论普鲁士等级委员会的文章》中指出："……在有生命的有机体中，各种元素作为元素本身的任何痕迹全都消失。在这里，差别已经不在于各种元素的彼此分离的存在，而在于受同一生命推动的不同职能的活生生的运动。所以，这些职能的差别本身不是现成地发生在该生命之前，而是相反，不断地从生命本身发生，同样不断地在生命中消失和失去作用。""离开某些被任意划出的等级差别，人民就作为原生无机体存在于现实的国家中。因而，他根本不知道国家生活的有机体本身，只知道国家表面地机械地包括着的那些不同部分的共存。""这些差别是环节，不是部分，它们是运动，不是固定状态，它们是统一体中的

---

① 林泰主编：《唯物史观通论》，高等教育出版社 2001 年版，第 21 页。

② 郭湛、王文兵：《构建和谐的社会有机体》，《中国人民大学学报》2006 年第 4 期。

差别，不是具有差别的几个统一体。""……我们要求人们不要突然离开现实的、有机的国家生活，而重新陷入不现实的、机械的、从属的、非国家的生活领域。我们要求国家不要在应当成为它内部统一的最高行为的行为中解体。"① 在《哲学的贫困》中，马克思说："谁用政治经济学的范畴构筑某种思想体系的大厦，谁就是把社会体系的各个环节割裂开来，就是把社会的各个环节变成同等数量的依次出现的单个社会。其实，单凭运动、顺序和时间的唯一逻辑公式怎能向我们说明一切关系在其中同时存在而又互相依存的社会机体。"②

马克思对社会有机体的理解和论述除了和孔德、斯宾塞等一样看到了社会的整体性和有机性外，他"反对孔德和斯宾塞等人将社会有机体简单地类比为生物有机体，反对他们将社会有机体理解为一种静态的、预成的社会结构和功能分化，从而将资本主义社会天然化、永恒化"③。正是在这个意义上，马克思从人类社会与自然界的对立统一的角度延伸出了关于人类社会的发展是一种"自然历史过程"命题，明确提出"我的观点是把经济的社会形态的发展理解为一种自然史的过程"④，认为"现在的社会不是坚实的结晶体，而是一个能够变化并且经常处于变化过程中的有机体"⑤。同时强调社会有机体是在劳动的基础上通过个人与社会之间的相互作用而实现的自我生成的系统。

马克思指出："全部社会生活在本质上是实践的。"⑥ 实践既是人的存在方式，又是社会生活的基础。正是在社会实践，也就是物质生产劳动的基础上，人开始学会了掌握和使用工具，渐渐脱离了动物，成为真正的人自身，并在此基础上构筑起人与人、人与自然之间的各种关系，进

① 《马克思恩格斯全集》第 1 卷，人民出版社 1995 年版，第 333—334 页。
② 《马克思恩格斯选集》第 1 卷，人民出版社 2012 年版，第 223 页。
③ 郭湛、王文兵：《构建和谐的社会有机体》，《中国人民大学学报（社会科学版）》2006 年第 4 期。
④ 《马克思恩格斯选集》第 2 卷，人民出版社 2012 年版，第 84 页。
⑤ 《马克思恩格斯选集》第 2 卷，人民出版社 2012 年版，第 84 页。
⑥ 《马克思恩格斯选集》第 1 卷，人民出版社 2012 年版，第 12 页。

而构成了复杂的社会有机体，产生了人与社会之间的各种关系。正是在这个意义上，恩格斯在《劳动在从猿到人的转变中的作用》一文中说，"劳动创造了人本身"[1]，"手不仅是劳动的器官，它还是劳动的产物"[2]，"人类社会区别于猿群的特征在我们看来又是什么呢？劳动"[3]。"一句话，动物仅仅利用外部自然界，简单的通过自身的存在在自然界中引起的变化；而人则通过他所作出的改变来使自然界为自己的目的服务，来支配自然界。这便是人同其他动物的最终的本质的差别，而造成这一差别的又是劳动。"[4]因此，正是基于实践劳动，社会有机体才与纯粹的生物有机体相区别，社会内部的诸要素才得以在相互作用、矛盾与协调中推动社会的发展。

马克思反对把社会生活的发展简单归结为生物现象，但认为马克思主义经典作家把社会作为一个复杂的有机系统来研究，在运用唯物史观分析社会问题时，常常直接把社会称为"社会有机体"。马克思所说的社会有机体，是指以生产实践为基础的各个社会层次、各社会构成要素有机联系而又相互制约构成的社会整体。社会有机体形成于人的实践和交往活动中，是一种具有自我意识的有机体，其再生和更新的内在机制是物质生产、精神生产和人自身生产的统一。

马克思在《哲学的贫困》一书中指出："谁用政治经济学的范畴构筑某种意识形态体系的大厦，谁就是把社会体系的各个环节割裂开来，就是把社会的各个环节变成同等数量的依次出现的单个社会。其实，单凭运动、顺序和时间的唯一逻辑公式怎能向我们说明一切关系在其中同时存在而又互相依存的社会机体呢？"[5]马克思在这里第一次使用了社会有机体的范畴。他认为，社会是一个一切关系同时并存又互相依赖的有机体。这是一个不言而喻的事实，并以此来批判那种只取某一类范畴，

---

① 《马克思恩格斯选集》第3卷，人民出版社2012年版，第988页。

② 《马克思恩格斯选集》第3卷，人民出版社2012年版，第990页。

③ 《马克思恩格斯选集》第3卷，人民出版社2012年版，第993页。

④ 《马克思恩格斯选集》第3卷，人民出版社2012年版，第998页。

⑤ 《马克思恩格斯选集》第1卷，人民出版社2012年版，第104页。

而将社会各环节割裂开来，或将它们视为孤立的实体机械相加的形而上学方法。

社会有机体所包括的互相联系和变化发展着的社会要素，大体包括如下方面：人口和自然地理环境是社会有机体的物质基础，生产力和生产关系是社会有机体经济生活的构成要素，包括政治制度、政治机构和社会意识形态构成的社会的上层建筑要素。在社会有机体中，生产力起决定作用，是社会有机体存在和发展的决定性因素；生产关系的总和构成社会的经济基础，是社会有机体的骨骼；而构成社会有机体血肉的，则是政治上层建筑和思想上层建筑的诸因素。这些构成要素相互联系、相互制约，使社会系统成为一个具有内在结构和自身形态，并具有自我调节、自我控制、自我发展能力的有机整体。

综上所述，马克思对社会有机体的论述具有以下三个特点：一是所强调的社会是具有"生命属性"的有机整体，这个整体不是"结晶体"，而是始终处于运动变化过程当中的机体。二是社会有机体包含着人与社会和人与自然之间的互惠关系；这一点，有如马克思说到的"自然界的人的本质只有对社会的人来说才是存在的；因为只有在社会中，自然界对人来说才是人与人联系的纽带，才是他为别人的存在和别人为他的存在，只有在社会中，自然界才是人自己的合乎人性的存在的基础，才是人的现实的生活要素。只有在社会中，人的自然的存在对他来说才是人的合乎人性的存在，并且自然界对他来说才成为人。因此，社会是人同自然界的完成了的本质的统一，是自然界的真正复活，是人的实现了的自然主义和自然界的实现了的人道主义"①。三是社会有机体的形成是自然界长期发展的产物。人和社会都来自自然，都是自然界的一部分，但自然界本身不会自发地产生出人类社会，社会的生成是人与自然"对话"的结果，是人的劳动实践的产物，因而人类社会的历史是一种自然史，人类社会历史的发展则是自然历史过程。

---

① 《马克思恩格斯文集》第 1 卷，人民出版社 2009 年版，第 187 页。

三、关于"社会生态体"的初步阐释

马克思对社会有机体的理论阐释同他对人、自然与社会相互关系的认识是高度统一的，已经完全超越了把社会机体同生物机体作简单类比，以支配生物机体的运动规律来取代社会运动规律，使社会生物学化的传统社会有机体论。尽管从时间上看马克思对社会有机体的理论阐发也较早，在一定意义上讲马克思对社会有机体的认识也是科学理解人与自然、人与社会以及人与人的关系的认知基础。在此基础上，随着时光的推移和整个人类生态文明实践的演进发展，特别是在当今人类共同面临的生态环境危机面前，任何富有远见卓识和责任担当的人都需要在更高的站位上考量当今人类社会生活与自然界之间的深层关系问题，这时，马克思主义所深刻蕴含着正确对待人与自然、人与社会、人与人之间关系的思想和理论就必定成为重要的现实依据。

如果说"有机"是一种初步的对社会之属性的某种诠释，是对社会属性的一种拟物化表达，那么"生态"则是一种更立体、更复合也更贴切的本质性阐释。有机更为强调内在联系与牵制均衡，更多是事实性、实体性的描述，而生态在强调内在联系与牵制均衡的同时更为凸显人与自然的和谐共生，既是事实描述、状态描述，又是本质描述、动态描述。

当今哲学界或知识界，有必要发展肇始于西欧思想界的"社会有机体"的概念，将其认识提升为"社会生态体"。社会生态是人类社会和自然环境相互作用的生活状态，其蕴含着比社会有机体更为丰富的理论、思维和价值层面的滋养。从"社会有机体"到"社会生态体"的说法的转变，蕴含着对当今社会更为理性、文明的理解和认识。这在哲学层面可以展开较为多维的阐释。当今人类社会已经事实性地成为一个生态体，人、社会、自然的高度统一应成为整个生命哲学、社会发展哲学等立论的基础。习近平生态文明思想，充分彰显了中国共产党在新的时代背景下破解人类生态环境问题所作出的重大理论创新与实践突破，集中显示了中国共产党和中华民族的责任担当和实践智慧。

党的十八大以来，习近平对生态文明建设高度重视，明确提出坚

持人与自然和谐共生，并将其作为新时代坚持和发展中国特色社会主义的基本方略之一。人与自然和谐共生中的"共生"一词，表明正是人类的生产活动不仅使人与自然发生了关系，而且也使人和自然发生了变化，这种关系与变化使人与自然构成了"生命共同体"。将人与自然和谐共生融入社会生活的各方面，是构建一个各方面共同发展、协调发展、全面发展的"社会生态体"的必然。

2018 年 5 月 18 日至 19 日，在全国生态环境保护大会上，习近平将人与自然和谐共生作为新时代生态文明建设的重要原则之一提出来，在阐释新发展理念时再次强调人与自然和谐共生的理念，随后又提出生态文明建设的目标是实现人与自然和谐共生，将生态文明建设的原则、理念、目标融入社会各方面、全过程就是把人与自然和谐共生融入全部社会生活。其突出强调的是：一是将生态文明建设的原则、理念、目标融入社会经济生活。人与自然和谐共生强调的是，人类的经济活动要在自然的承载力范围内进行，任何超出自然承载力的经济活动最终都会伤害人类自身。习近平在 2013 年 5 月 24 日中央政治局第六次集体学习时强调："要正确处理好经济发展同生态环境保护的关系，牢固树立保护生态环境就是保护生产力、改善生态环境就是发展生产力的理念，更加自觉地推动绿色发展、循环发展、低碳发展，决不以牺牲环境为代价去换取一时的经济增长。"① 表明过去"唯 GDP 论"时代已经宣告结束，我们不但要看到经济增长的速度，更要看到经济增长的质量。二是将生态文明建设原则、理念、目标融入社会政治生活。人与自然和谐共生从一个侧面反映了人对保护和改善自然环境的责任和义务。习近平指出："我们不能把加强生态文明建设、加强生态环境保护、提倡绿色低碳生活方式等仅仅作为经济问题。这里面有很大的政治。"② 在全国生态环境保护大会上提出生态环境是关系党的宗旨使命的重大政治问题，中国共产党的宗旨就是全心全意为人民服务，全体共产党员要树立正确的政绩

---

① 《习近平谈治国理政》第一卷，外文出版社 2018 年版，第 209 页。
② 《习近平关于全面深化改革论述摘编》，中央文献出版社 2014 年版，第 103 页。

观，以治污染、求环保、抓生态作为一项重要的职责和使命。三是将生态文明建设的原则、理念、目标融入社会文化生活。人与自然和谐共生作为习近平生态文明思想的核心要义，内在地包含着尊重自然、顺应自然、保护自然的生态文明理念。将生态文明建设的原则、理念、目标融入社会文化生活，是一项需长期坚持、持之以恒的战略工作。习近平指出："全党全社会要坚持绿色发展理念，弘扬塞罕坝精神，持之以恒推动生态文明建设，一代接着一代干，持而不息，久久为功，努力形成人与自然和谐发展的新格局。"① 四是将生态文明建设的原则、理念、目标融入社会民生。生态环境问题也是重大的社会问题。满足人民对美好生活的需要，不仅是物质的富足、政治的民主、文化的丰富、社会的稳定，清新的空气、清洁的水源、健康的食品也已经成为人民群众美好生活需要的重要标志。

此外，"社会生态体"所指代的"社会"实际是一个更为广义的人类社会的概念，并不仅仅是中国社会。当今人类所共同面对的问题早已变成世界各国必须结合密切的合作共赢的关系才能破解的世界性难题。这一点，当代中国共产党人作出了令人信服的努力，如构建人类命运共同体和新型国与国之间关系处理原则的提出。以构建人类命运共同体为例，这一理念一定意义上拓展和丰富了对当今人类社会的总体性认识，也把人类社会视为了一个"生命共同体"。面对国际形势的风云变幻和当今人类共同面临的突出问题，以习近平同志为核心的党中央站在人类历史发展的战略高度，提出了国际社会日益成为一个"你中有我、我中有你"的"人类命运共同体"的重大战略判断。在这一思想指导下，中国提出了"一带一路"倡议，受到世界各国的普遍欢迎，显示了人类命运共同体思想作为全球治理理念的强大的生命力和广阔的发展空间。人类命运共同体思想是马克思主义唯物史观的理论创新和实践创新，对于指导中国特色社会主义的发展具有重大而深远的意义。②

---

① 《习近平谈治国理政》第二卷，外文出版社 2017 年版，第 397 页。
② 赵可金：《人类命运共同体思想的丰富内涵与理论价值》，《前线》2017 年第 8 期。

人类命运共同体思想的丰富内涵深化了人们对世界性质的认识。人类命运共同体思想是习近平对当今世界性质和时代主题的重要思考，从人类文明发展战略高度对当今时代特征作出了创新性思考。"习近平同志多次强调牢固树立人类命运共同体意识，倡导在和平发展中与世界各国命运休戚与共，构建以合作共赢为核心的新型国际关系，弘扬共商共建共享的全球治理理念，这些得到国际社会普遍赞誉的观念体现了马克思主义哲学中国化的时代品格。树立人类命运共同体意识，体现了马克思共同体思想的时代精神，也体现了中国传统文化的天下观念。在深入理解马克思所提出的理想共同体的过程中，我们应当意识到社会存在对社会意识的决定作用，充分认识当今时代世界历史的走向和全人类的共同价值。"①

总之，"社会生态体"的概念是笔者初步尝试性提出的一个概念，这是当今生态社会来临之时我们可以据此致思的方向，用于表征和区别于二三百年前的"社会有机体"概念。从"社会有机体"到"社会生态体"的概念提法的转变，蕴含着一种对当今人类社会更为理性、愈加文明且符合现实的理解和认识。

第四节　构成和影响社会生态的关键：政治生态及其现实启示

政治生态，与"社会生态"概念一起近年来频频出现在有关文献中，但通常可将"政治生态"归属于"社会生态"的范畴。2016 年 6 月 28 日，中共中央政治局曾就严肃党内政治生活、净化党内政治生态进行第三十三次集体学习，习近平强调："严肃党内政治生活、净化党内政治生态是伟大斗争、伟大工程的题中应有之义，是我们党坚持党的

---

① 臧峰宇：《马克思的共同体思想与人类命运共同体意识》，《中国社会科学报》2016年 2 月 25 日。

性质和宗旨的重要法宝，是我们党实现自我净化、自我完善、自我革新、自我提高的重要途径。抓住了这个点，我们党就能更好凝心聚魂、强身健体。"① 应该说，习近平曾多次在讲话中谈到"政治生态"。在此之前，2014 年 6 月 30 日，习近平在第十六次中央政治局集体学习时就提出了"政治生态"的概念，与"从政环境"一并提出来，形象化地要求"政治生态要山清水秀"②。

一、理解"政治生态"的内涵

从学理上讲，"政治生态"是 20 世纪下半叶以来运用生态学方法研究政治问题而形成的概念，是指一定政治系统内部各要素之间以及政治系统与其他社会系统之间相互作用、相互影响、相互制约所形成的生态联动。政治生态就是各类政治主体生存发展的环境和状态，是政治制度、政治文化、政治生活等要素相互作用的结果。

为什么要提"政治生态"？应该说，这绝不是用个新概念新名词的问题。讲生态，其实强调的就是事物间的内在联系、共生与牵制，就是要树立生态哲学思维。从当下我国改革发展事业来看，全面深化改革注重顶层设计，增强改革的系统性、整体性和协同性，正是生态思维的体现。从全面从严治党的战略来讲，生态思维也正是现实层面的客观要求。因为在我国，党员干部是培育良好政治生态的主体。政治生态是党风、政风、社会风气的综合反映，影响着党员干部的价值取向和为政行为，社会风气的渐变又深受党员干部自身言行的影响。可以讲，加强党的先进性建设，推进全面从严治党，是习近平提出和强调政治生态的一个直接动因。

习近平总书记关于政治生态的重要论述，给我们马克思主义宣传教育研究特别是关于如何更有效地促进马克思主义大众化问题提供了重

---

① 《习近平关于全面从严治党论述摘编》，中央文献出版社 2016 年版，第 38 页。

② 《习近平总书记系列重要讲话读本（2016 年版）》，学习出版社、人民出版社 2016 年版，第 122 页。

要的方法论启示，因为马克思主义理论教育、马克思主义认同的有效性生成离不开良好社会生态（政治生态作为其核心范畴之一）的支撑和浸润，是包括价值观教育在内的所有教育实践活动的天然"土壤"。既依系于其而存在，又深植于其而发生，更托借于其而可能。只有良好的政治生态，马克思主义大众化传播才有根基，也才有人民"立信"的基础。那么，如何来营造良好的政治生态进而促进当代中国马克思主义的有效认同，笔者以为，两个方面最关键。

一是以强化主体建设带动整个政治生态的优化。所说的主体就是党员干部。干群党群关系，构成了我国政治生态的"基本面"。密切干群关系，强化党风政风建设至关重要。刘云山在中央党校 2015 年春季学期第二批进修班开学典礼讲话时也指出，各级领导干部是营造良好政治生态的"关键少数"，强调建设良好政治生态，应该"人人是环境，个个是生态"。要求每一名党员领导干部以身作则、当好表率，以信念、人格、实干立身，坚守共产党人的政治理想和精神家园，以模范行为引领党风政风，为实现政治生态"山清水秀"贡献光和热，其实，讲的正是这个道理。作为以马克思主义为理论武装的中国共产党，其每位党员就像马克思主义的张张"名片"，时时处处都反映着马克思主义的理论形象。现实生活中，广大人民群众就是通过认识我们的党员，尤其是通过党的干部来认识党，来认识马克思主义的。没有良好的党群关系，也就没有好的执政业绩，党就必然会失去群众的信任，马克思主义也就失去说服力，就有可能陷入"塔西陀陷阱"。习近平深刻指出："我们党九十五年的奋斗历程充分表明，严肃认真的党内政治生活、健康洁净的党内政治生态，是党的优良作风的生成土壤，是党的旺盛生机的动力源泉，是保持党的先进性纯洁性、提高党的创造力凝聚力战斗力的重要条件，是党团结带领全国各族人民完成历史使命的有力保障，是我们党区别于其他非马克思主义政党的鲜明标志。抓好了党内政治生活，全面从严治党就有了重要基础。"[①] 通过党的政治生态的优化，就能为党的优良

---

① 《习近平关于全面从严治党论述摘编》，中央文献出版社 2016 年版，第 42 页。

作风建设、密切党同人民群众的血肉联系奠定坚实基础，也进而能够带动整个社会生态的优化和改善。

二是以强化"外围"的社会生态建设带动"内核"的政治生态建设，通过营造社会公平正义，创新社会管理，改善民生，来持续带动政治生态的向好与优化。政治生态优化的关键还在于全社会公平正义的实现。在当代中国，实现良好政治生态，核心之举是改善民生，缩小贫富差距；创新社会管理，保障平等权利。"改善民生要做到尽力而为、量力而行。改革愈是深化，愈要重视平衡社会利益；发展愈是向前，愈要体现到人民生活的改善上。"① "民生工作离老百姓最近，同老百姓生活最密切。要持之以恒把民生工作抓好，发扬钉钉子精神，有坚持不懈的韧劲，推出的每件事都要一抓到底，一件事情接着一件事情办，一年接着一年干，锲而不舍向前走，做到件件有着落、事事有回音，让群众看到变化、得到实惠。"② 在当代中国，社会主义意识形态建设、中国特色社会主义制度认同不简单地是一个理论问题，更是一个实践问题，不是抽象的而是现实的具体的，因为通常情况下民众对社会主流价值观的理解和认同离不开自身生活之中的真实体验，对社会主义制度优越性和主流价值观正当性合理性的体认，也是在现实生活状态的提升之中去感受、去实现的。这就是邓小平当年所说的"不发展经济，不改善人民生活，只能是死路一条"，只有坚持以经济建设为中心，"人民才会相信你，拥护你"③。因此，实际上马克思主义大众化传播及其认同的效果如何，除了与教育宣传活动直接相关，还与党和政府的施政行为与改革决策紧密相关。从生态的角度来看，促进马克思主义有效认同，需要改善民生，创新社会服务，优化政治生态。

可以说，加强政治生态建设，全面从严治党，不断推进当代中国

---

① 《习近平总书记系列重要讲话读本（2016年版）》，学习出版社、人民出版社2016年版，第214页。

② 《习近平谈治国理政》第二卷，外文出版社2017年版，第361页。

③ 《邓小平文选》第三卷，人民出版社1993年版，第370—371页。

马克思主义大众化，正是内在的一个整体，一项系统工程。政治生态的优化，离不开全面从严治党，形成良好的党群干群关系。要促进马克思主义的有效认同，离不开良好政治生态的支撑。

二、从政治生态看当代中国的马克思主义大众化实践

习近平在党的十九大报告中强调："必须推进马克思主义中国化时代化大众化，建设具有强大凝聚力和引领力的社会主义意识形态，使全体人民在理想信念、价值理念、道德观念上紧紧团结在一起。"[1] 推动当代中国的马克思主义大众化，是社会主义意识形态建设的根本任务，是增强党和人民群众坚定道路自信、理论自信和制度自信，实现中华民族伟大复兴中国梦的重要思想保证。"任何科学理论和制度，必须本土化才能真正起到作用。马克思主义也好，社会主义也好，能够在中国取得胜利，关键是我们党不断推进其中国化，紧密结合中国实际加以运用。"[2] 政治生态的思维，对于推动当代中国的马克思主义大众化有着积极的现实启示。

其一，牢记党的宗旨，密切联系群众，保持风清气正，以辉煌的业绩赢得群众的广泛认可和信赖，是推动马克思主义大众化的根本要求。中国共产党是用马克思主义武装起来的政党，马克思主义是中国共产党人理想信念的灵魂。中国共产党既是马克思主义的武装者，也是马克思主义的传播者、践行者。密切联系群众，全心全意为人民服务是党的宗旨，也是对党组织及其每个党员的必然要求。党的执政能力高低，执政业绩、执政作风的好坏，直接影响甚至决定着马克思主义对群众的感召力、吸引力和说服力。一个政党的执政能力和业绩，最根本的体现是在经济、政治、文化和社会建设的不断进步和发展上，体现在人民群

---

①　习近平：《决胜全面建成小康社会　夺取新时代中国特色社会主义伟大胜利——在中国共产党第十九次全国代表大会上的讲话》，人民出版社2017年版，第41页。

②　《习近平总书记系列重要讲话读本（2016年版）》，学习出版社、人民出版社2016年版，第33页。

众的物质生活和精神生活不断得以改善上，体现在人民群众的满意度和幸福指数不断得以提高上。群众是听其言观其行的。思想理论的科学性和说服力最终要靠事实来说话，靠实践效果来证明。作为马克思主义中国化的理论成果，毛泽东思想、邓小平理论、"三个代表"重要思想、科学发展观和习近平新时代中国特色社会主义思想之所以能够引起广大群众的热爱、学习和信服，从根本而言，就在于它们始终代表了广大人民群众的根本利益，切实反映了人民群众追求美好生活的愿望。以毛泽东同志为主要代表的中国共产党人带领人民群众"打土豪，分田地"，推翻"三座大山"，实现了"翻身做主人"的夙愿。以邓小平同志为主要代表的中国共产党人带领人民群众实行改革开放，推行家庭联产承包责任制，解放生产力，发展生产力，解决了人民的温饱问题，开启全面建设小康社会的征程。改革开放以来特别是党的十八大以来，我国经济获得了快速发展，已成为世界第二大经济体；人民生活不断改善，一大批惠民举措落地实施，人民获得感显著增强；民主法治建设迈出新步伐，生态文明建设成效显著；等等。在改革开放和社会主义现代化建设的历史性成就面前，中国特色社会主义道路、理论和制度不仅得到了人民群众的广泛认同和支持，在国际上也产生了举世瞩目的影响，引起了人们对"中国道路""中国方案"的广泛关注，这极大地增强了人民群众对党和政府的信任与信心，增强了对马克思主义的信仰与信念，为有力推动马克思主义大众化奠定了坚实基础。

　　群众是党的生存之基和力量之源。与群众保持密切联系，切实为广大群众谋利益，是中国共产党的优良传统和传家宝，是党永葆生机和活力的根本所在。1945年4月，毛泽东在《论联合政府》的报告中指出："二十四年的经验告诉我们，凡属正确的任务、政策和工作作风，都是和当时当地的群众要求相适合，都是联系群众的；凡属错误的任务、政策和工作作风，都是和当时当地的群众要求不相适合，都是脱离群众的。"①脱离了群众，就会失去群众的支持，必然就会受到历史的惩罚。

---

① 《毛泽东选集》第三卷，人民出版社1991年版，第1095页。

回顾曾经风云变幻的历史，国际上一些大党老党的政治垮台，根本原因就在于严重的脱离群众，不能广泛代表群众的利益，不能满足群众的利益需求，逐渐失去了群众的信任，没有群众的根基，自然也就不可避免地走向分崩离析。"历史经验深刻说明，一个政党、一个政权，其前途命运最终取决于人心向背，不能代表最广大人民根本利益，不能赢得人民群众拥护和支持，迟早都要垮台。"①

"以人为本、执政为民是马克思主义政党的生命根基和本质要求。"② 作为以马克思主义为理论武装的中国共产党，其每位党员就像马克思主义的张张"名片"，时时处处都反映着马克思主义的理论形象。现实生活中，广大人民群众就是通过我们的党员，尤其是通过党员干部来认识和评价我们党，来看待马克思主义的。党风连着政风民风，党风直接影响政风民风。每位党员，尤其是干部，如果说一套做一套，对别人要求马克思主义，对自己采取自由主义，势必会严重败坏党的形象，影响马克思主义在人们心目中的地位。每位党员干部都应保持高度的政治责任感，时时刻刻保持务实清廉的作风，做坚定理想信念的模范，做践行社会主义核心价值观的模范，始终与群众心连心，切实关心群众的疾苦，帮助群众解决现实困难，才能不断增进与群众的感情，密切同群众的联系，增进群众的信任，从而更加有力地推动马克思主义大众化。可以说，加强党的建设和推进从严治党是习近平提出和强调政治生态建设的一个直接动因。③

其二，树立战略思维，牢牢坚持马克思主义在我国意识形态领域的指导地位，勇于同各种错误思潮作斗争。马克思主义是在吸收了人类历史上优秀思想文化成果的基础上形成的科学理论体系，它揭示了人类社会发展的普遍规律和必然趋势，反映着无产阶级和广大人民群众的根

---

① 《胡锦涛文选》第三卷，人民出版社 2016 年版，第 475 页。

② 《论群众路线——重要论述摘编》，中央文献出版社、党建读物出版社 2013 年版，第 112 页。

③ 唐海潇：《习近平关于政治生态重要论述的系统思维》，《行政与法》2016 年第 2 期。

本利益，饱含着马克思和恩格斯对所处的时代和世界的深入洞察。马克思主义之所以是科学的理论，离不开马克思认真、细微、严谨的科学研究，离不开"站在巨人的肩膀上"。这一点，就像列宁所说的那样，"凡是人类社会所创造的一切，他都有批判地重新加以探讨，任何一点也没有忽略过去。凡是人类思想所建树的一切，他都放在工人运动中检验过，重新加以探讨，加以批判，从而得出了那些被资产阶级狭隘性所限制或被资产阶级偏见束缚住的人所不能得出的结论"①。从"人类最伟大的哲学家"评选活动中马克思高票荣登榜首的现象，到资本主义金融危机中《资本论》一度畅销甚至脱销的事实，我们足以看出马克思在当代的重要影响力，看出马克思主义持久的理论魅力。坚持和信仰马克思主义，是中国历史和现实国情的必然选择。没有马克思主义的正确指导，我们就不可能取得革命、建设和改革的伟大胜利。新时代的今天，我们推进中国特色社会主义伟大事业，仍然必须坚持马克思主义的根本指导地位不动摇。

从人的思维规律来看，外部世界的规律和思维规律在本质上是同一的，但这种同一是通过实践的中介达到的，通过人们长期的、无数次的社会实践的重复使外部世界的规律反映至人的意识之中并内化为思维的规律固定下来。人的思维规律属于人的主观逻辑的形式表现，其以客观的外部世界的规律为基础的同时，又有其相对独立性，既可以反映客观的规律，也会受制于主观意识的影响而背离客观的外部世界规律。所以，人的大脑不被正确的真理性内容所支配就定然为不正确的谬误性内容所影响。也正因此，人的大脑任何时候都不是空白的，它不被这种思想占领，就会被那种思想占领。作为思想内容的真理或谬误，二者往往是相比较而存在，相斗争而发展。因此，这就决定了作为思想教育、理论传播主渠道的宣传思想阵地也同样如此。马克思主义不去占领，非马克思主义、反马克思主义的思想就去占领。当前，这种争夺思想阵地的过程，就是各种社会思潮相互较量、相互斗争的过程。

---

① 《列宁选集》第4卷，人民出版社2009年版，第284—285页。

从政治思想的发展规律来看，每一个社会都有占统治地位的意识形态。这是阶级社会必然存在的政治现象。统治阶级为了维护和巩固其政治统治，必然要在全社会乃至全世界大力推行本阶级的意识形态。西方资本主义国家对我和平演变、西化分化的图谋从来就没有停止过。在意识形态领域的这种较量和斗争将依然是长期的、复杂的，有时甚至是非常尖锐的。要巩固马克思主义指导地位，增强社会主义意识形态的吸引力和凝聚力，必须有力抵制各种错误和腐朽思想的影响。在当前严峻的国际形势面前，如果我们放弃马克思主义在意识形态领域的指导地位，实行指导思想的多元化，就必然会掉入资本主义的陷阱。苏联的解体和苏共的垮台，已经为我们敲响了警钟。因此，"在事关政治方向和根本原则的问题上，我们一定要旗帜鲜明，理直气壮，毫不含糊"①。

从马克思主义的发展规律来看，每个时代有每个时代的根本任务，每个时代有每个时代的理论和文化烙印。只有在坚持马克思主义基本原理的基础上不断在实践中总结群众的新经验，推进理论创新，用发展着的马克思主义指导实践，才能使马克思主义永远保持强大的生命力和影响力。我们党之所以能够取得革命、建设和改革的胜利，就在于她能够随着时代的发展而不断总结人民群众的实践经验，进一步丰富发展马克思主义理论，逐步形成了中国化的马克思主义，并不断推进马克思主义大众化。从整个马克思主义发展史来看，马克思主义就是在不断总结群众实践经验基础上而不断创新和发展的思想理论体系。我们党近百年的历史，也是坚持马克思主义与中国实际相结合，并在实践中不断使马克思主义得以丰富发展和创新的历史。

随着我国社会经济成分的多样化，社会组织形式、社会生活方式也必然出现多样化，这也必然导致思想领域的多样化。国际国内形势的变化，历史现实的变化，都对马克思主义提出了诸多挑战。这就迫切需要我们的理论工作者必须深入实际，贴近群众，不仅能够用马克思主义的立场、观点和方法对群众关心的现实问题进行研究分析，还要能够通

---

① 《江泽民文选》第三卷，人民出版社 2006 年版，第 88 页。

俗易懂地予以解疑释惑，对待错误思潮，要有足够的理论勇气，敢于进行批评和斗争，不断提高用当代中国马克思主义引领社会思潮的能力和水平。"既要着力于工作理念、运行机制、解释框架、传播手段层面的'变'，以求实效和水平，又要把握住根本任务、根本立场、基本方针、基本职责层面的'不变'，以确保方向和导向。"①

其三，增强系统与协同思维，加强和改进宣传思想工作，增强马克思主义大众化的实效性。宣传思想工作，是推动马克思主义大众化的基本途径。党的历史经验和现实实践证明，没有好的宣传思想工作，也就没有马克思主义的大众化。宣传思想工作，在手段和方法上必须与时俱进，必须贴近实际，贴近生活，贴近群众，才能为群众喜闻乐见，从而为群众容易接受。当今社会，移动互联信息技术的发展使宣传媒介及其形式更加丰富多样，这一方面为宣传思想工作提供了更多更好的手段，但另一方面也为宣传思想工作带来了前所未有的诸多挑战。网络信息技术日新月异，全面融入社会生产生活，深刻改变着社会生活的方方面面。可以说，今天移动互联网在现代中国人的工作生活中扮演着至关重要的角色，互联网与各行业正在不断深入融合进而产生出极大变革力量，但互联网作为一种开放性、即时性的信息交往媒介，在提供大量有益信息的同时，也易被不法分子当作传播色情、暴力、不良信息的平台和途径。在我国经济社会深刻变革、利益格局深刻调整背景下，西方有些国家更为重视互联网传播资本主义意识形态的工具属性，频频传导错误和落后的精神和文化价值观，"妄图挑战马克思主义指导地位，攻击否定党的领导和我国政治制度、发展道路，竭力争夺意识形态话语权"②。因此，在推动马克思主义大众化过程中，我们既要在利用好课堂培训、组织宣讲、理论研讨、在职学习等传统的理论宣传教育形式的基础上，又要善于结合新的形势，充分利用好网络、手机等新兴媒体，以

---

① 李宗建：《新形势下宣传思想工作应把握住"变"与"不变"》，《学术论坛》2016年第4期。

② 《习近平新时代中国特色社会主义思想三十讲》，学习出版社2018年版，第215页。

及电视、广播、报纸等各种传统媒体广泛开展宣传工作。在宣传方式上，在原则问题、大是大非问题上要采取直截了当、旗帜鲜明的表达，特别是对网络中形形色色的非马克思主义、反马克思主义，诋毁中国共产党和中国人民的错误言论，以及西方反华势力的意识形态宣传要理直气壮地批判和反对。此外，还要注意日常工作中思想理论教育的渗透性，要善于将马克思主义理论精髓渗透于文化艺术之中。要积极引导和鼓励更多的艺术家经常深入群众，联系实际，写出更多脍炙人口的力作，奉献更多的精品。为广大群众提供丰富的精神食粮，使群众能够在精神享受、文化娱乐之中潜移默化地接受思想理论的感染和熏陶。

宣传思想工作中文风的好坏直接影响着马克思主义大众化的实效。文风问题实际上是对待马克思主义的态度问题。毛泽东要求写文章要做到鲜明、准确、生动，坚决反对空洞无物的八股文风。他在马克思主义教育方面善于采用普通百姓所熟悉的语言，善于把抽象深刻的道理融入生动的故事，善于联系中国的实际和贴近群众的生活，从而把马克思主义基本原理有效地转化为广大干部和群众都能够掌握和运用的科学思想方法与工作方法。同样，邓小平历来注重务实，反对不实风气，粉碎"四人帮"以后他带头恢复党的实事求是的思想路线，针对党的优良文风在"文化大革命"中遭到严重破坏的现状，大力倡导并率先垂范开短会、讲短话、讲实话、讲新话。他强调："我们开会，作报告，作决议，以及做任何工作，都为的是解决问题。"[1] 在中国共产党历史上，中央领导同志都一贯积极倡导并身体力行地坚持清新朴实、生动活泼、深入浅出、言简意赅的优良文风，坚决反对"长、空、假"的现象。

与党员干部和知识分子不同，广大群众侧重于"从自身生活经验出发来理解马克思主义"[2]，更多地是从衣食住行这些方面直接感性地认

---

[1] 《毛泽东周恩来刘少奇朱德邓小平陈云思想政治工作方法文选》，中央文献出版社1990年版，第458页。

[2] 谢加书：《日常生活理论视域下的马克思主义大众化传播》，《教学与研究》2010年第5期。

识马克思主义的。马克思主义的宣传教育必须贴近群众的生活，反映群众的心理需求，关注群众的现实问题，才能引起群众的兴趣和关注。这就提醒我们的党员干部、理论工作者、宣传教育者，要善于进行调查研究，及时了解群众的所思所想，努力为他们排忧解难。只有这种深入群众，广接地气的务实作风，才能增强宣传者的可信度，增强马克思主义对群众的吸引力和说服力。近年来，新闻界开展的"走基层，转作风，改文风"的活动，要求新闻工作者深入基层，深入群众，深入实际，倡导清新朴实、生动鲜活的文风，取得了很好成效，受到广大群众的欢迎，对增强党的理论路线方针政策的亲和力与感召力，对推动当代中国马克思主义大众化产生了很好的作用。

其四，把推动马克思主义大众化与培育践行社会主义核心价值观相融合，更好构筑中国精神、中国价值、中国力量。从深层逻辑上来看，马克思主义大众化与社会主义核心价值观具有内在的逻辑联系；从外在实践上来看，推动马克思主义大众化与培育践行社会主义核心价值观是一个整体。习近平指出，用社会主义核心价值观凝魂聚力，更好构筑中国精神、中国价值、中国力量，为中国特色社会主义事业提供源源不断的精神动力和道德滋养，必须通过教育引导、舆论宣传、文化熏陶、行为实践、制度保障等，使社会主义核心价值观内化于心、外化于行。① 文化是一个国家赖以生存和发展的精神家园，同时也是一个国家综合实力的重要组成部分。"文化自信是一个国家、一个民族的灵魂。文化自信是更基础、更广泛、更深厚的自信，是一个国家、一个民族发展中更基本、更深沉、更持久的力量。"② 当前国际社会文化软实力竞争激烈，如何在文化交流、交锋中保持中华文化的独立性、增强人民群众的民族文化自信心，是当前我们党治国理政面临的一个重大课题。笔者以

---

① 《习近平总书记系列重要讲话读本（2016 年版）》，学习出版社、人民出版社 2016 年版，第 190 页。

② 《习近平新时代中国特色社会主义思想学习纲要》，学习出版社、人民出版社 2019 年版，第 138 页。

为，中华文化主体意识的培育是提升文化软实力的主要途径之一。培育中华文化主体意识，要指向构筑中国精神、中国价值和中国力量，要把推动马克思主义大众化与培育和践行社会主义核心价值观相融合。一方面，要用马克思主义大众化的成果为培育和践行社会主义核心价值观提供理论支撑和现实内容。马克思主义的真理性决定了它能为培育和践行社会主义核心价值观提供全方位的理论支撑。马克思主义中国化时代化大众化的具体实践过程中所形成的诸多思想文化资源、结合中国实际开展理论宣传的丰富经验与方法，能够为新时代的今天培育和践行社会主义核心价值观提供现实内容。另一方面，要用培育和践行社会主义核心价值观为马克思主义大众化提供有效途径。社会主义核心价值观依循、体现和反映了马克思主义的要求，培育和践行社会主义核心价值观需要落实到具体的教育宣传和行为规范中，融入和贯穿于法律法规之中，这些工作能够潜在推进马克思主义的认同，为马克思主义大众化提供积极途径。

其五，优化网络舆论生态，依法加强网络社区管理，打造清朗网络空间，加强网络阵地建设。互联网的迅猛发展，深刻改变着舆论生成方式和传播方式，改变着媒体格局和舆论生态。截至 2019 年 6 月，我国网民规模达 8.54 亿人，较 2018 年底增长 2598 万人，互联网普及率达 61.2%。纵观中国的移动通信运营商，已经从 2G、3G 时代的跟随者，彻底转变为 5G 时代世界领先的角色和地位。早在 4G 时代就已经可以看出，中国的移动生态系统相对更加完整，形式也更加丰富，而中国在 5G 领域所作出的突出贡献，目前已经成为世界上其他国家非常羡慕并且看好的项目，同时也在不断向中国进行学习。今天中国人用手机上网已经是非常普遍的现象。习近平深刻指出："根据形势发展需要，我看要把网上舆论工作作为宣传思想工作的重中之重来抓。宣传思想工作是做人的工作的，人在哪儿重点就应该在哪儿。"① 互联网已经成为舆论斗争的主战场，也是扎实推进马克思主义大众化的主阵地

① 《习近平关于全面深化改革论述摘编》，中央文献出版社 2014 年版，第 83 页。

之一。

习近平指出:"要依法加强网络社会管理,加强网络新技术新应用的管理,确保互联网可管可控。正能量是总要求,管得住是硬道理。"①新时代打造清朗网络空间,要在充分认识网络媒体传播规律基础上创新工作方法。首先,要积极使用新媒体形式来包装马克思主义的内容。新媒体具有传播速度快、互动性强、受众广等特点,是当前进行理论宣传工作的重要载体。近年来,党和国家高度重视网络媒体工作,积极使用新媒体等传播形式,利用"两微一端"等载体,广泛建立宣传马克思主义的网络阵地,在宣传教育实践中总结出丰富经验,取得了可喜成果。其次,要注重马克思主义的通俗化表达。以往党的理论教育工作采用的理论说教等形式,理论性虽强,但人民群众接受效果差。把马克思主义理论通过人民群众喜闻乐见的方式展现出来,促进理论在实践中落地生根,能够更加有效地实现先进理论的指导作用。再次,要实现网络舆论的上下互动,保证群众合理诉求的表达。当前,网络已经成为人民群众表达舆论诉求的重要渠道之一。党和政府通过网络渠道密切与群众的联系,回应群众的合理诉求,有助于进一步提升党和政府的形象,密切党和政府与人民群众之间的关系,促进马克思主义大众化和社会主义核心价值观的培养和践行。最后,要加强网络舆论监督和治理,构筑网络意识形态防线。从整体上来说,我们党的网络舆论治理是卓有成效的,弘扬了社会主旋律和社会主义核心价值观。但也要注意到,一些"非马""反马"的思想和拜金主义、享乐主义、宗教极端思想等利用互联网的便捷性和虚拟性在网络空间中找到滋生的土壤。网络舆论监督和治理还存在一些漏洞。当前加强网络舆论监督与治理,一方面要推动立法,完善网络舆论监督的法律法规体系,坚持依法治网;另一方面要加快现代网络技术的研发与使用,利用"大数据""云计算"等技术实现网络舆论监督体系的大范围、全方面覆盖。

---

① 《习近平总书记系列重要讲话读本(2016年版)》,学习出版社、人民出版社2016年版,第204页。

其六，营造更加公平正义的社会生态，创新社会治理，改善民生，创设马克思主义中国化的良好社会环境。政治生态优化的关键还在于全社会公平正义的逐步实现。在当代中国，实现良好政治生态，核心之举是改善民生，缩小贫富差距；创新社会治理，保障平等权利。"改革愈是深化，愈要重视平衡社会利益；发展愈是向前，愈要体现在人民生活的改善上。"①要想进一步推动马克思主义大众化，使马克思主义得到人民群众的认可，必须要保证人民利益和社会效益，保证社会的公平正义，为推进马克思主义大众化创设良好的社会环境。

公平正义是社会主义的本质要求，也是中国特色社会主义民生建设的重要内容。社会主义社会的本质是解放生产力，发展生产力，消灭剥削，消除两极分化，最终达到共同富裕。在新时代营造更加公平正义的社会生态，有几个重要要求：第一，要从我国社会主要矛盾出发，以问题为导向，实现更加平衡、更加充分的发展。习近平在党的十九大报告中指出："中国特色社会主义进入新时代，我国社会主要矛盾已经转化为人民日益增长的美好生活需要和不平衡不充分的发展之间的矛盾。"②我国社会生产力水平总体上显著提高，社会生产能力在很多方面进入世界前列，更加突出的问题是发展不平衡不充分，这已经成为满足人民日益增长的美好生活需要的主要制约因素。准确理解新时代我国社会的主要矛盾，既要深刻认识主要矛盾发生了新变化，又要深刻认识我国仍处于并将长期处于社会主义初级阶段的基本国情没有变，我国仍是世界最大发展中国家的国际地位没有变。"两个没有变"说明了我们的社会民生还需要进一步的改善，我们要实现更加平衡更加充分的发展。第二，要保证人民群众的权利公平和义务公平。公平的原则要求任何人都有平等参与政治、经济、文化等活动的权利，都有平等分享社会发展

---

① 《习近平总书记系列重要讲话读本（2016年版）》，学习出版社、人民出版社2016年版，第204页。

② 习近平：《决胜全面建成小康社会　夺取新时代中国特色社会主义伟大胜利——在中国共产党第十九次全国代表大会上的报告》，人民出版社2017年版，第11页。

成果的权利。党和政府要依法保障公民所享有的就业、教育、医疗、居住、养老等权利的平等，对群众在纳税、遵守法律法规、服兵役等方面的义务无差别要求，创新社会治理，保障人民群众信息获取、规则运用、利益分配等方面的公平正义。对公平正义的追求是我们党和政府基本的价值取向，但是我们也要认识到，公平正义不是绝对的，公平具有历史性，是一个逐渐发展的过程。我们要正视当前社会发展的一些现象，尽最大努力推动公平的实现，为马克思主义大众化创造良好的社会环境。

总之，坚持马克思主义指导是前提，密切联系群众是根本，宣传思想工作是保障。没有良好的党群关系，也就没有好的执政业绩，党就必然会失去群众的信任，马克思主义也就失去说服力；不牢牢坚持马克思主义的指导地位，各种错误思潮就势必泛滥成灾；没有生动活泼的宣传思想工作，马克思主义也就不能有效地为广大群众所理解、接受认同，马克思主义大众化也就无从谈起。

第二章　当代中国社会生态与马克思主义认同的内在关联

马克思主义为中国革命、建设、改革提供了强大思想武器，使中国这个古老的东方大国创造了人类历史上前所未有的发展奇迹。作为我们党和国家的根本指导思想，马克思主义始终是我们认识世界、把握规律、追求真理、改造世界的强大思想武器。马克思主义诞生之后，马克思和恩格斯要求对其原理的运用"随时随地都要以当时的历史条件为转移"①。马克思主义发展170多年的历史证明，它只有与本国国情相结合、与时代发展同进步，才能焕发出强大的生命力、创造力。正如恩格斯所说："一个民族要想站在科学的最高峰，就一刻也不能没有理论思维。"②学习和实践马克思主义，就是中国共产党人提升理论思维、增强改造世界能力的根本路径。中国特色社会主义进入新时代的今天，"中国共产党人仍然要学习马克思，学习和实践马克思主义，不断从中汲取科学智慧和理论力量，在统筹推进'五位一体'总体布局、协调推进'四个全面'战略布局中，更有定力、更有自信、更有智慧地坚持和发展新时代中国特色社会主义，确保中华民族伟大复兴的巨轮始终沿着正确航向破浪前行"③。发展当代中国马克思主义和21世纪马克思主义，不断推进马克思主义的中国化、时代化、大众化，直接影响着群众对马克思主义

---

① 《马克思恩格斯全集》第28卷，人民出版社2018年版，第531页。

② 《马克思恩格斯全集》第26卷，人民出版社2018年版，第500页。

③ 习近平：《在纪念马克思诞辰200周年大会上的讲话》，人民出版社2018年版，第15页。

认同的效果。

第一节　马克思主义认同的内涵、层次及意义

在当今社会生态中，马克思主义认同有着多样的内涵和层次。其中既有着对马克思主义的世界观和方法论的真切认可及自觉赞同，也有着对马克思主义的信仰，在精神世界中构建起马克思主义深层次精神结构。深入学习马克思主义，就要把信仰建立在对马克思主义的认同基础上，就需要厘清马克思主义认同和信仰的内涵，辨明马克思主义认同和信仰的特征。这也是对中国特色社会主义发展、实现中华民族伟大复兴大有裨益且必须践行的。而在这个过程之中，当代青年显得格外重要和关键，习近平在党的十九大报告中也强调过："中华民族伟大复兴的中国梦终将在一代代青年的接力奋斗中变为现实。"① 故此，推动当代青年一代认同马克思主义是马克思主义理论教育和思想宣传工作中的重点和难点，具有更为迫切和现实的意义。

一、马克思主义认同的内涵及特征

提及"认同"，人们通常会想到政治认同、情感认同、理论认同等，实际上对马克思主义的认同同样包含这三个维度。对"马克思主义认同"的概念界定，不同学者有不同的看法，但总体上较为一致。简单说，马克思主义认同就是广大民众对马克思主义指导地位的坚持和运用马克思主义的世界观和方法论指导现实实践的过程。从社会主义国家的政治实践来看，马克思主义认同最首要的主体是全体党员，其次是最广大的人民群众。从一般意义上理解，马克思主义认同包含了从马克思主义认知到马克思主义认可，最后到践行马克思主义的过程，因此马克思

---

① 习近平：《决胜全面建成小康社会　夺取新时代中国特色社会主义伟大胜利——在中国共产党第十九次全国代表大会上的报告》，人民出版社 2017 年版，第 70 页。

主义认同的内涵也可以从这三个阶段来阐释和理解。

第一是马克思主义认知阶段。这是马克思主义认同的初始阶段。认知是认同的基础，正如对于刚出生的婴儿来说，世界对他来说是陌生的，但在平时他凭借自己感知到的让他逐渐对这个世界有所认识，到青年或者中年时期，他才会想到要去通过自己的努力改变这个世界。对于马克思主义的认同也经历了这样一个过程。认知，顾名思义，就是认识和知道，对于马克思主义认知来说，就是学习和理解马克思主义的基本原理和方法论等基本理论知识。了解什么是马克思主义，对马克思主义的三个组成部分即马克思主义哲学、政治经济学和科学社会主义理论有一个整体上的把握，在此基础上，深刻理解马克思主义科学内在的逻辑发展过程。这一阶段强调原原本本地学习马克思、恩格斯、列宁等马克思主义经典作家的思想，学习中国共产党人开创的马克思主义中国化的理论成果。

第二是马克思主义认可阶段。这是认知阶段的进一步深化，同时是下一阶段践行马克思主义的"催化剂"。对马克思主义的认可划分为情感认可、信念或信仰认可。对于情感上认可马克思主义而言，就是在学习马克思主义基本理论知识后，个体产生的对理论知识肯定和满意的情绪体验。马克思和恩格斯写作的主要对象是工人阶级，也就使得他们要充分调动起工人阶级的喜悦与愤怒，大量的著作中充满了饱含情感的话语，在当下也能激起阅读者的强烈的情感共鸣。对于信念或信仰认可则是指个体将这些主观情绪体验内化为内心的强大精神动力和精神支柱，成为心中坚定而又长期的理想信念。从情感认可到信念或信仰的认可是一个将主观情感内化、渐进的持续不断的过程。

第三是马克思主义践行阶段。这是马克思主义认同的最高阶段，践行马克思主义也成为马克思主义认同的最终目标。真懂、真信到真用，所谓活学活用，是马克思主义认同的生动体现。践行就是将理论运用于实践，将马克思主义的基本原理和方法转化为自觉的行动。在全面掌握了马克思主义基本结论的基础上，加之情感意志和信念的催化作用，运用马克思主义理论分析和解决现实问题，这才能说是对马克思主义认同的一个环节的结束，但这并不意味着对马克思主义认同的结束，这一阶段是新的马克思主义认知阶段的开始，正是在践行马克思主义的过程中，根据变化了的实际情况，马克思主义的理论内涵也会更加丰富，对马克思主义的认识也会更加深刻。

从认知、认可到践行三个阶段的阐述中也可以看出，马克思主义认同不仅是个人马克思主义知识文化素养的提高过程，还是情感不断升华、共产主义信念更加坚定的过程，更是把马克思主义理论知识内化为自觉的行动的过程。

结合马克思主义认同的内涵，马克思主义认同的特征可以概括为主体性、渐进性和反复性。第一，主体性。马克思主义认同的主体性主要表现为个体是自主的和有创造性的。首先是个体的自主性。精神世界的满足是马克思主义认同的目标。马克思主义认同的自主性就集中表现为自主地选择认同对象，马克思主义作为一个整体的理论体系，其中的有些内容必然会随着时间地点的改变而发生改变，因此选择符合时代潮流的马克思主义就成为认同马克思主义的题中应有之义；自主地控制认同过程，认同过程的每一阶段的时间和方式都是由个体自己做出的，有时是认知与认可结合在一起，有时是在践行阶段才有了明显的情感体验；自主地完善认同行为，这其中包含着一个重要的反馈机制，在认同马克思主义的过程中及时修正自己的理论。再是个体具有创造性，即能够对马克思主义理论作出新诠释，在马克思主义认同的过程中探索新形式、新方法，构建自身的马克思主义认同体系。第二，渐进性。对马克思主义的认同从认知到认可再到践行的过程不是一蹴而就的，每一个阶段都为下一个阶段打下基础。这种渐进性不可理解为对马克思主义的认同必须从认知起到实践结束，而是在每一环节可能都包含了这三个基本阶段，要是从马克思主义认同的全过程来看，对马克思主义的认同就是一个日积月累、循序渐进的过程。这才是渐进性的真实含义。第三，反复性。马克思主义认同的渐进性强调的是认同的阶段性，反复性强调马克思主义认同的连续性。从马克思主义认知到认可再到践行的过程是一个循环往复，无限发展的过程。马克思主义认同最高阶段践行的完成又是一个新的马克思主义认知阶段的开始。只有在不断的循环往复的发展中，马克思主义认同才能真正内化于心、外化于行。

二、马克思主义信仰的内涵及特征

关于"马克思主义信仰是什么"这一问题，同对马克思主义认同的内涵的研究一样，学术界有时有着不同的看法。刘建军教授对此曾做过深入考察。信仰一词本身不具有褒贬色彩，在马克思主义的学术范围内，信仰的内涵是对马克思主义和共产主义的信奉和追求，有的学者甚至否认马克思主义信仰这一说法，而代之以理想或信念。根据这一说法，刘建军教授提出："信仰不只是马克思主义宗教观方面的概念，更是一般哲学层面的概念：它不是一个具有贬义色彩的概念，而是一个中性的学术概念。信仰概念可以用来指称人们对马克思主义或共产主义的信奉和追求。信仰、信念、理想、理想信念是同一序列的概念，其中信仰是上位概念。"① 这里笔者特别赞同并继续沿用刘建军教授对于马克思主义信仰的理解，并在此基础上对马克思主义信仰作出了更进一步的阐释。

什么是信仰？在《简明不列颠百科全书》中对信仰的定义是："在无充分的理智认识足以保证一个命题为真的情况下，就对它予以接受或同意的一种心理状态。"② 在这里，信仰一词更多的与宗教联系在一起，是人们盲目的不够理智的行为。而在《现代汉语词典》中对信仰的解释是"对某人或某种主张、主义、宗教极度相信和尊重，拿来作为自己行动的榜样和指南"③。因此有人就把马克思主义信仰认为是对马克思主义的极度崇拜和过分标榜，这样就很容易陷入宗教信仰的误区。马克思主义是科学真理，和让人相信有彼岸世界的宗教有着明显的区别。马克思和恩格斯在其著作中也曾把宗教表述为"人民精神的鸦片"，而对于马

① 刘建军：《马克思主义学术视野中的信仰概念》，《教学与研究》2007年第8期。
② 《简明不列颠百科全书》第8卷，中国大百科全书出版社1986年版，第659页。
③ 《现代汉语词典》，商务印书馆1981年版，第1273页。

克思主义的重要组成部分的共产主义信仰在不同的著作中也有表达。鉴于与宗教信仰本质的区别，马克思主义信仰的科学内涵，我们应该从两方面考虑。

第一是对马克思主义世界观和方法论的真理性坚定不移。马克思主义的世界观和方法论包括辩证唯物主义和历史唯物主义，这两部分涵盖了自然、社会和人类思维三大领域，回答了自然、思维和人类社会发展的基本规律。辩证唯物主义和历史唯物主义是马克思和恩格斯在充分的实践的基础上提出的，是经过实践验证了的真理，其被列宁称为"科学思想中的最大成果"[①]。马克思主义信仰首先就表现为对马克思主义基本原理的真理性保持坚决的认可态度，并运用这些理论指导现实生活中的实践。

第二是对共产主义理想的坚定不移。实现物质生活资料极大丰富和精神世界极大满足的共产主义社会是马克思和恩格斯一生追求的最高理想和最终奋斗目标。马克思在《1844年经济学哲学手稿》中阐明："共产主义是私有财产即人的自我异化的积极扬弃，因而是通过人并为了人而对人的本质的真正占有，因此它是人向自身，向社会的人的复归，这种复归是完全的自觉的并且保存了以往发展的全部财富的。"[②] 马克思把共产主义理想建立在对人的本质的深刻理解上。在《关于费尔巴哈的提纲》中马克思指出："人的本质并不是单个人所固有的抽象物，在其现实性上，它是一切社会关系的总和。"[③] 马克思主义把人的全面发展作为共产主义社会要追求的目标，从人的本质出发阐释共产主义未来的美好愿景，是为实现共产主义而不懈奋斗的实际行动指南。对马克思主义信仰最集中的体现就在于人们对共产主义社会终将到来的信心和决心。

马克思主义信仰不是宗教信仰。正如陈先达所说："马克思主义信

---

① 《列宁选集》第2卷，人民出版社2012年版，第311页。
② 《马克思恩格斯文集》第1卷，人民出版社2009年版，第185页。
③ 《马克思恩格斯选集》第1卷，人民出版社2012年版，第135页。

仰是批判世界、改造社会的，是治河换水、治水救鱼的；宗教信仰是自救自赎的，不是改变世界、改变社会的，是救鱼的。""马克思主义作为信仰和宗教信仰有本质区别。马克思主义的信仰，是以事实为依据的信仰，是建立在规律基础上的信仰；宗教信仰是建立在'信'的基础上的信仰，我'信'因而我信仰。宗教信仰不追问'为什么可信'，而是'信'；科学学说不是问'信什么'，而是要问'为什么可信'。不能回答'为什么信'，'可信'的科学根据和事实根据是什么，就没有科学；而穷根究底地追问为什么信，为什么可信，信仰的科学根据和事实根据是什么，就没有宗教信仰。马克思主义是救世的，是改造社会的，是认识世界和改造世界的学说；而宗教是救心的，宗教信仰是自救自赎的。"①

对马克思主义世界观和方法论、马克思主义的真理性和共产主义理想的坚定不移，是马克思主义信仰的基本内容。但是我们不能把两者割裂来看，因为马克思主义的世界观和方法论在理论上为共产主义的实现提供指导，实践共产主义的过程中又要坚持马克思主义世界观和方法论，马克思主义信仰是理论和实践的统一，只有把二者结合起来，我们才能正确理解马克思主义信仰的科学内涵。

从马克思主义信仰的科学内涵可以看出，马克思主义信仰构筑在科学的理论和崇高的理想的基础之上，是理论和实践的统一、真理与价值的统一。

第一，理论和实践的统一。对马克思主义的信仰不能仅仅停留在理论或者心理层面，更多的是在情感意志还有行动层面。坚定对马克思主义理论的信仰，并在实践中运用理论解决实际问题。马克思主义的世界观和方法论是理论，共产主义理想是实践，马克思主义世界观和方法论是实现共产主义理想的指南，实现共产主义的理想的行动是马克思主义世界观方法论的检验标准和最终归旨。

第二，真理与价值的统一。马克思主义的世界观和方法论是经过实践证明了的真理，体现了马克思主义的真理性。同时，实现共产主义

① 陈先达：《马克思主义信仰和宗教信仰不同在哪里》，《理论建设》2017年第4期。

理想是全人类共同的价值追求，对马克思主义的信仰体现了真理性与价值性的统一。马克思主义信仰既是对马克思主义理论真理性的认识和追求，更是对实现人的价值的认识和追求。马克思在《共产党宣言》提道："代替那存在着阶级和阶级对立的资产阶级旧社会的，将是这样一个联合体，在那里，每个人自由发展是一切人自由发展的条件。"① 从这里也可以看出，马克思把个人的全面发展，个人价值的实现看作社会发展和进步的标志。

三、促进当代青年认同马克思主义的重要意义

青年一代有理想、有担当，国家就有前途，民族就有希望，而青年的理想信念和担当作为都离不开马克思主义的支撑与指导，离不开对马克思主义的认同和信仰。习近平到北京大学考察时提出广大青年"要扣好人生的第一粒扣子"，就是鼓励青年要树立坚定的理想和信念，打牢正确的价值观的根基。因此，青年一代怎样对待马克思主义，这是一个至关重要的根本性全局性战略性课题。我们党始终高度重视培育和塑造青年的马克思主义认同和信仰的工作，在长期的实践工作中也形成了诸多宝贵经验，突出体现在：一是始终将青年人才培养视为高校一项根本性战略任务置于各项工作之首，坚持育人为本、德育为先；二是以理想信念教育为核心，把确立坚定的理想信念作为培养的基础和前提；三是注重运用科学理论和先进文化来武装和熏陶青年，着力提升马克思主义理论素养；四是在培养过程中坚持全面发展与造就某一方面完整胜任能力的统一，重在提升综合素质；五是注重在党团组织和群众组织中考察锻炼，有重点地选拔培养一批骨干；六是重视培养教育的制度机制建设和方法路径创新，充分调动和发挥青年的主体性，坚持系统性长期性。② 新时代的今天，继承这些成功经验，进一步随着时代的变化而不

① 《马克思恩格斯选集》第 1 卷，人民出版社 2012 年版，第 422 页。
② 王雯姝、杨增崒：《论高校"青年马克思主义者培养工程"实施的成功经验》，《思想理论教育导刊》2014 年第 2 期。

段深化学理认识和创新方法方式，是一项重要课题。

在 2016 年 12 月 7 日至 8 日召开的全国高校思想政治工作会议上，习近平针对当代大学生群体强调指出："高校思想政治工作关系高校培养什么样的人，如何培养人以及为谁培养人这个根本的问题。"① 这三个问题回答不仅是高校思想政治工作的根本问题，也是核心问题，同时也阐明了促进当代青年认同马克思主义、坚定马克思主义信仰的重大现实意义。对此，我们需要深刻予以理解和认识。

其一，促进当代青年认同马克思主义有利于培养社会主义事业的建设者和接班人。对"培养什么样的人"问题的回答指出了青年在新时代责任与使命的历史定位。对德智体美劳全面发展的社会主义事业的建设者和接班人的培育，是高校人才培养的使命与职责所在。高校是为青年的成长成才发展提供了有利的思想启迪的场所，高校思想政治工作的根本任务就在于坚定青年对马克思主义的认同和对共产主义事业的信仰。

促进当代青年认同马克思主义是造就社会主义事业建设者和接班人的本质要求。认同马克思主义就是要求当代青年以马克思主义为指导，认真学习马克思主义的世界观和方法论，提高用马克思主义的立场、观点和方法分析和解决实际问题的能力，积极投身于社会主义建设的伟大事业。信仰共产主义就是要求当代青年将实现共产主义的远大理想作为最终的奋斗目标，在实现目标的过程中注重自身的全面发展。马克思所阐明的理想社会，是人的自由全面发展的社会。所谓自由全面发展，是相对于片面发展、畸形发展、不自由发展、不充分发展而言的，体现着人的活动、人的素质、人的社会关系、人的个性乃至整个人类的全面发展的要求。因此，当代青年增强对马克思主义的认同和对共产主义事业的信仰，需要多方面提升自己的能力和素质，加强多方面的社会实践锻炼，只有这样，才能成为中国社会主义事业坚定的建设者和接班人。总而言之，"青年一代的理想信念、精神状态、综合素质，是一个

---

① 《习近平谈治国理政》第二卷，外文出版社 2017 年版，第 376 页。

国家发展活力的重要体现，也是一个国家核心竞争力的重要因素"①。

其二，促进当代青年认同马克思主义有利于传播马克思主义理论，培育社会主义核心价值观。对"培养什么人、如何培养人"问题的回答规定了青年的职责与任务。培养什么样的人是党和国家特别是高校首先要解决的主要问题，在确定了培养什么样的人后，就要寻找培养一批德智体美劳全面发展的青年的方法与途径。在全国高校思想政治工作会议上，习近平把对人的培养归结为"四个坚持不懈"，其中就包括了坚持不懈传播马克思主义科学理论和坚持不懈培育社会主义核心价值观。

传播马克思主义科学理论是促进青年认同马克思主义的第一阶段，也就是马克思主义认同的第一阶段即认知阶段。马克思主义从根本上揭示了自然、社会和人类思维发展的一般规律，通过对马克思主义哲学，政治经济学以及科学社会主义的传播，增强当代青年学习领会马克思主义的科学内涵，运用辩证唯物主义和历史唯物主义的世界观和方法论解决现实问题，能够帮助学生奠定一生成长成才的科学理论基础。因此，传播马克思主义科学理论是高校培养德智体美劳全面发展的时代青年的必要途径，也是促进青年认同马克思主义重要的一步。

培育社会主义核心价值观是青年在学习和掌握马克思主义科学理论的基础上，进一步强化在情感意志信念和实践方面的马克思主义认同。每个时代都有每个时代的精神，每个时代都有每个时代的价值观念。"核心价值观，承载着一个民族、一个国家的精神追求，体现着一个社会评判是非曲直的价值标准。"②24个字的社会主义核心价值观回答了我们要建设什么样的国家、建设什么样的社会、培育什么样的公民的重大问题。确立反映全国各族人民共同认同的价值观的"最大公约数"关乎国家前途命运，关乎人民幸福安康。社会主义核心价值观就是凝聚

---

① 《当代青年要与时代主题同心同向———论"在激情奋斗中绽放青春光芒"》，《人民日报》2017年5月5日。

② 《习近平谈治国理政》第一卷，外文出版社2018年版，第168页。

全体人民认同的最大公约数。2014 年 5 月 4 日青年节之际习近平考察北京大学，在师生座谈会上对青年树立和培育社会主义核心价值观提出了四点希望。一是要勤学，下得苦功夫，求得真学问；二是要修德，加强道德修养，注重道德实践；三是要明辨，善于明辨是非，善于决断选择；四是要笃实，扎扎实实干事，踏踏实实做人。① 这四点希望，蕴涵着青年大学生养成和践行社会主义核心价值观的重要性，是对青年如何养成和践行社会主义核心价值观的基本要求，符合青年马克思主义者的基本要求。青年坚持树立和培育社会主义核心价值观，增强对社会主义核心价值观的认同，是增强对马克思主义认同的重要一环，因为社会主义核心价值观是中国特色社会主义的深刻表达。"社会主义核心价值观正是中国特色社会主义道路的价值表达，是中国道路在价值领域的体现，是以价值目标、价值取向、价值准则的形式表达、展示出来的中国道路。社会主义核心价值观的内容与中国特色社会主义道路的内容是根本一致的。"② 在当代中国，认同马克思主义必然蕴含着、也必然要求认同中国特色社会主义、认同社会主义核心价值观。在一定程度上讲，马克思主义科学理论的传播和社会主义核心价值观的弘扬培育都主要涉及特定主体的行为，都同当代中国年轻的一代高度相关。广大青年人认同和信仰马克思主义，必定有益于社会主义核心价值观的培育和践行，有利于良好社会思想文化得以代代相传，能够直接带动全社会思想文化的向好发展。一个人缺乏对马克思主义的正确理解和深刻认同，也难以牢固地树立起社会主义核心价值观的深厚理念进而做到"内化于心、外化于行"。还需要指出的是，当代青年是最能适应时代发展变化的，从而也最能成为马克思主义这一科学理论的传播者和社会主义核心价值观的弘扬者。只有促进青年对马克思主义的认同，马克思主义科学理论才能源源不断地传播出去，社会主义核心价值观才能在更大范围内得到更多

① 习近平：《青年要自觉践行社会主义核心价值观——在北京大学师生座谈会上的讲话》，《人民日报》2014 年 5 月 5 日。

② 董振华主编：《中国梦与中国精神》，人民出版社 2015 年版，第 202 页。

人的认同与践行。

其三，促进当代青年认同马克思主义有利于提高青年的政治素养和为人民服务的本领。对"为谁培养人"的问题的回答直接表明了青年应当追求的价值所在。关于这个问题的回答也是习近平在全国高校思想政治工作会议上的一个重要论断，即提出"我国高等教育发展方向要同我国发展的现实目标和未来方向紧密联系在一起，为人民服务，为中国共产党治国理政服务，为巩固和发展中国特色社会主义制度服务，为改革开放和社会主义现代化建设服务"①，这"四个为"明确阐明了高校培养人才的最终目标。实际上，这不仅是高校培养人才应该遵循的基本原则，同时也是青年认同马克思主义的必然要求。

青年对马克思主义的认同与信仰，不仅包括学习马克思主义理论获得认识世界解决问题的思维，还应当通过学习提高自身的思想政治素质。思想政治素质是青年政治素养的重要内容，并且集中表现在青年对国家大政方针，国际形势和经济形势的关切，对党的路线政策的坚持，对自身应当承担的历史使命和社会责任的认识与行动。青年思想政治素质是在青年对马克思主义的认知、认同到实践的过程中，对马克思主义真理性认识和共产主义的坚定信仰中形成和确立的，在认同和信仰马克思主义的实践中发展提高的。同时，通过践行马克思主义提高青年为人民服务的本领。"为人民服务"不仅是我们党的根本宗旨，也是青年践行马克思主义的主导原则。青年认同马克思主义和信仰马克思主义，是提高自身思想政治素质，增强为人民服务的本领的必然选择。

也正因此，"教育是培养人的事业，事关培养什么人、怎样培养人、为谁培养人的根本问题。教育是关乎意识形态的上层建筑，是培育年轻一代世界观、人生观和价值观的重要舞台，是公民道德建设的重要阵地。作为培育和践行社会主义核心价值观的主阵地，我国教育事业的根本任务是立德树人，即培养德智体美劳全面发展的社会主义事业合格建

---

① 《习近平谈治国理政》第二卷，外文出版社 2017 年版，第 376—377 页。

设者和可靠接班人"①。对大学生而言，高校马克思主义理论教育在促进他们对马克思主义的认同，奠定和夯实其一生成长的科学理论基础等方面，发挥着至关重要的作用。我们必须锲而不舍地加强和改进大学生的马克思主义理论教育工作，让每位高校马克思主义理论工作者成为青年学子健康成长的指导者和引路人。

第二节 当代青年群体心态与主流价值观建设

青年，往往是朝气、阳光、使命等正能量的代名词。习近平指出："青年是引风气之先的社会力量。一个民族的文明素养很大程度上体现在青年一代的道德水准和精神风貌上。"②1939 年 5 月，毛泽东在延安庆贺模范青年大会上发表讲话标题就是《永久奋斗》。2018 年 5 月 2 日，习近平在北京大学师生座谈会上引用了《永久奋斗》中的话语激励青年，他号召当代青年："在奋斗中释放青春激情、追逐青春理想，以青春之我、奋斗之我，为民族复兴铺路架桥，为祖国建设添砖加瓦。"③"今天，新时代中国青年处在中华民族发展的最好时期，既面临着难得的建功立业的人生际遇，也面临着'天将降大任于斯人'的时代使命。"④青年的精神关乎着时代的精神，青年的心态代表着时代的心态，青年的道德体现着时代的道德。进入新时代以来，我国社会主要矛盾发生了变化，这一关系全局的历史性变化也一定程度上带来了我国青年一代的思想状况、精神风貌和道德品行等的变化。

认识和把握青年群体的心态特征及其变化动因，加强青年群体的

---

① 教育部课题组：《深入学习习近平关于教育的重要论述》，人民出版社 2019 年版，第 67 页。

② 《十八大以来重要文献选编》（上），中央文献出版社 2014 年版，第 280 页。

③ 习近平：《在北京大学师生座谈会上的讲话》，人民出版社 2018 年版，第 3 页。

④ 习近平：《在纪念五四运动 100 周年大会上的讲话》，人民出版社 2019 年版，第 6 页。

思想引领与价值观教育，对于建设富强民主文明和谐美丽的社会主义现代化强国、实现中华民族伟大复兴的中国梦具有重要意义。

一、青年群体心态的总体特征及突出问题

当前，我国青年群体心态总体上呈现出积极向上、乐观自信的气象，这得益于改革带来的物质生活的富足以及当今社会开放的环境和氛围。改革开放 40 多年来，党和政府团结带领全国广大人民解放思想、实事求是、锐意进取，开展中国特色社会主义建设，实现了中国历史的创造性转变。成长于当代的青年一代，是沐浴着改革开放阳光的一代人，随着国家富强、社会进步，他们在社会心态方面呈现出客观理性、敢于担当、开放包容、自信乐观等特点。

当代青年勇于承担时代使命，广大青年积极把个人梦想融入到时代发展之中，踊跃地参与到社会主义建设和人类命运共同体的构建之中，展现出朝气蓬勃的精神面貌；当代青年在认识历史问题和社会问题上，更加客观理性，运用多元视角和批判性思维，以更加积极自信的姿态捍卫中国特色社会主义的信仰信念；当代青年对时代发展表现出积极乐观的态度，时代的发展给青年人提供了更多实现梦想的机会，广大青年也精神饱满地参与到社会主义现代化建设和中华民族伟大复兴中国梦的实现之中；当代青年更加具有国际视野，对国际问题更加关注，对国家交往持开放、平等、尊重、包容心态，青年们的国际使命感和责任感与日俱增。可以说，在当代青年一代的思想和行为的群体性表现中体现着他们乐观积极、昂扬向上、开放包容、自立自信的总体心态。习近平评价道："当代青年思想活跃、思维敏捷，观念新颖、兴趣广泛，探索未知劲头足，接受新生事物快，主体意识、参与意识强，对实现人生发展有着强烈渴望。这种青春天性赋予青年活力、激情、想象力和创造力，应该充分肯定。"①

---

① 习近平：《在纪念五四运动 100 周年大会上的讲话》，人民出版社 2019 年版，第 13 页。

除此之外，不同的青年群体也表现出不一样的心态特征。比如，当代大学生接受了较高水平的教育，普遍具有时代责任感和使命感，他们视野更加开阔，知识更加丰富，不仅希望实现自身价值，也希望为时代、国家建功立业。又如，当代城市白领是青年中的一个独特群体，受社会转型、全球化、市场化、信息化最为深刻和直接，他们具有较高的收入和社会声望，在职业上也更加充分发挥个人能力，但在价值观层面存在多元化的趋势，在职业发展更容易陷入焦虑情绪之中。再如，青年农民工是新一代农民工，他们熟悉并经常使用互联网，具有相对较高的文化水平，有机会接受一定的职业培训，对自身发展也有比父辈们更高的要求，但是在城乡发展差异性背景下以及独特的成长经历之下，他们自身的身份认同一直在城市与农村中摇摆不定，相对其他群体显得较为迷茫。大学生、城市白领和青年农民工只是青年群体中有代表性的三个群体，认识青年群体的心态特征，要坚持统一与多样并存的原则，实事求是分析不同群体的各自特点。

当代青年群体也受到一些不良社会心态的影响，部分青年心态中存在的突出问题亟待解决。随着全球化的高度发展，多元的文化理念、价值观念相互碰撞交流导致我国多种社会思潮并存，这极大地冲击了成长于市场化和全球化背景之下青年的思想意识，由此而带来部分青年主流价值观念薄弱，片面追逐物质利益，极端个人主义等消极社会心态。从社会问题评价上来看，部分青年不能用历史性思维和发展的眼光看待社会现象，不能正确把握社会、时代发展的历史阶段以及自身定位，容易从个人立场去解读和分析社会问题，容易情绪化、片面化、极端化地看待某种历史现象。从个体心理和"亚文化"表现来看，一些青年中急功近利现象盛行、浮躁焦虑感滋生；一些人热衷于"一夜暴富""一夜成名"，既缺乏前瞻性的目标，又缺乏踏踏实实的努力；一些人悲观颓废，丧失奋斗精神，热衷于"转发锦鲤"，沉迷"丧文化"，甘当"佛系青年"。这里面，所谓"大学生'转发锦鲤'或祈愿、或抽奖，不是一种偶然行为，其背后蕴含着大学生对成长'太慢'的时间焦虑、对学校文化的仪式抵抗、实用主义教育过度的潜移默化和移动端互联网驱动的群体行为"①。所谓的"'丧文化'是当前中国社会正在兴起的一种青年亚文化,'丧'是它区别于其他类型青年亚文化的显著风格,通过拼贴鸡汤段子重新进行意义改写,表达了青年群体的利益诉求"②。所谓"'佛系青年'表面上反映了当代青年看淡一切、不争不抢、怎么都行的生活态度,实则透露出社会转型期青年一代理性与随性并存的精神特质,进取与焦虑共生的心理状态,务实与逃避交织的价值取向"③。从社会行为倾向方面来看,一些青年面对社会问题不能客观正确辩证地看待,在一些复杂社会风险因素的影响下,容易滋生并放大冷漠、仇恨等极端心理,进而导致出现一些过激行为。

林林总总,个别青年表现出来的消极性,并不是一种极其普遍的、常态意义上的消极性,更多是一种阶段性、境遇性的消极性,我们要看到当代青年的心态从主流是正向、乐观、积极、向上的。为此,我们需要历史、辩证和具体地看待,需要深入了解青年、关心和倾听青年,助力他们成长成才。正如习近平曾深刻指出的:"青年人阅历不广,容易从自身角度、从理想状态的角度来认识和理解世界,难免给他们带来局限性。这是青年成长的规律,我们要尊重这个规律。信任是理解的前提。要尊重青年天性,照顾青年特点,经常到青年中去,同青年零距离接触、面对面交流,了解他们的思想动态、价值取向、行为方式、生活方式,倾听他们对社会问题和现象的看法,对党和政府工作的意见和建议。即便听到了尖锐的甚至是偏颇的批评,也要有则改之、无则加勉,成为青年愿意讲真话、交真心、诉真情的知心朋友。"④面对青年一代的心态及诸种表现,我们应善于倾听,主动走近青年,关心青年,解答他

---

① 王翔、苏鹏:《大学生"转发锦鲤"行为透视及引导》,《青少年学刊》2019年第5期。

② 董扣艳:《"丧文化"现象与青年社会心态透视》,《中国青年研究》2017年第11期。

③ 袁文华:《"佛系青年"社会心态的现实表征与培育路径》,《当代青年研究》2019年第2期。

④ 习近平:《在纪念五四运动100周年大会上的讲话》,人民出版社2019年版,第13页。

们的心结，做青年的知心朋友。

二、个别青年消极心态背后的深层原因

一切社会意识问题，都可以在社会存在中找到答案。个别青年的消极心态问题并不是无源之水、无本之木，其不断出现的背景，一定程度上讲，是我们面临着的社会转型过程中物质文明建设与精神文明建设的不平衡及发展不充分的问题。

青年成长阶段过程中特定阶段自身认知的客观局限。青年时期虽然是人生中最富精力和创造能力的阶段，但相对也是心态不稳定、不成熟的阶段。由于身心发展规律的制约，青年心理发育还不够成熟，思维方式还在发展之中，再加之知识储备、社会阅历等的不足，青年群体对于复杂事物的判断能力相对较弱，自制力和抗挫折能力相对缺乏。在多元意识形态的冲击面前，一些青年由于不容易识破形形色色思潮中的本质内容，容易被这些思潮所左右，因此，各种错误思潮才会在个别青年头脑中有市场。青年人自我意识较强，容易导致个人主义、竞争观念、自尊心的增强，而无序的、错误的竞争容易引起攀比现象，容易造成浮躁、焦虑等心理。当代青年人成长的环境和条件相对较为优越，学习成长经历顺风顺水，抗挫折能力和心态均较欠缺，一旦遭遇挫折，个别人就会容易陷入悲观主义和颓废心态之中。

转型时期社会发展暂时存在的突出问题带来的心理影响。当前我国正处于发展的重要机遇期，也处于社会矛盾凸显期。由于经济发展模式转换、体制深层次改革和全方位对外开放正在加速转型，我国社会管理的风险和难度加大，社会管理领域存在的问题还不少。关系到青年人切身利益问题的反复出现，一定程度上影响了青年人的社会心态。

西方资本主义国家的意识形态渗透是重要诱因。改革开放以来，我国逐渐融入到经济全球化体系下，经济全球化加快使得全球更为紧密融为一体，新兴技术的发展使得全球各国各地区各民族的人们联系日益频繁，但同时也给西方国家意识形态渗透提供了方便之门。经济基础决定上层建筑，西方国家具有强大的经济实力，由经济实力决定的意识形

态话语权在世界上也占有主导性地位。西方国家充分利用先进的传媒渗透资本主义意识形态，同时用尽各种手段对社会主义意识形态进行围攻，力求"不战而屈人之兵"，使年轻人丧失对马克思主义、共产主义的信仰和信念。在这样的背景下，个别青年对西方的意识形态渗透认识不清，把西方话语体系下的民主、自由、平等、宪政等理念当成"普世价值"，盲目崇拜西方的价值观念和崇尚西方的生活方式，甚至把西方的价值标准作为圭臬，用来思考和评判一切事物和社会现象。

互联网在给人们带来便捷的同时，也有时成了不良心态的"扩音器"。中国的互联网发展与社会转型存在历史上的重叠，而这种重叠助长了社会不良心态的传播。互联网具有平等性、便捷性、交互性、即时性、跨地域等特点，随着网络社会的发展，公众参与社会治理的主动性不断增强，同时，互联网让公众的话语权表达更加便捷和顺畅，网络无疑推动了社会的透明度，也为生活带来了巨大的便捷。然而，互联网的特点使其也在不知不觉中充当了社会不良心态的"扩音器"，使得中国社会转型过程中的问题与矛盾被成倍放大，影响着互联网最大的用户群——青年们的健康心态的形成。

三、青年群体健康心态培育的进路

个别青年不良社会心态的产生，既是由青年自身身心发展规律所决定的，又是时代发展、社会转型的产物，是社会整体心态在青年群体中的缩影。为了调适个别青年的消极社会心态，培育青年健康心态，我们需要认清青年不良心态产生的原因，要在正本清源上下功夫。具体来说，应着力以下面几点为主要进路。

全面深化改革，营造良好社会生态。改革开放 40 多年来，中国发生了翻天覆地的变化，经济发展迅速，文化更加繁荣，科技水平、交通、国防军事等方面发展越来越强盛。但是在改革过程中，我们的一些问题也暴露出来。在社会分配领域的收入分配仍存在差距，在民生领域的医疗、住房、教育、就业等问题及城乡之间的现实差异，在生态领域存在环境污染和资源浪费，在社会治理领域的治理水平和能力仍相对不足等问题，无一不影响着人们特别是青年人的心态。"当前，一些潜在的矛盾容易发酵、激化，从而引发社会情绪波动；很多人因工作、生活、前程往往表现出一种焦虑、浮躁、紧张的情绪，表现出急功近利、盲目攀比、迷茫失落等消极行为。随着改革进入深水区，转型发展进入关键期，引导公民具备自尊自信、理性平和、积极向上的健康国民心态十分重要。"①"实践发展永无止境，解放思想永无止境，改革开放也永无止境"②，新时代新阶段，唯有以发展眼光看待问题、以问题意识导向，攻克这些阻碍公平正义、损害人民权益的顽瘴痼疾，营造更加良好的社会环境，才能从根本上解决青年群体中不良心态产生的社会根源。

筑牢思想防线，增强意识形态引领力。意识形态安全是国家安全重要组成部分，青年的思想意识防线更是意识形态安全的重中之重。在西方资本主义国家加紧意识形态渗透、国内思想价值观念复杂多样的背景下，引导广大青年坚定树立马克思主义信仰，树立为共产主义、社会主义奋斗的理想信念需要有战略思维、系统思维、底线思维和辩证思维，各项措施都要围绕筑牢思想防线增强意识形态吸引力凝聚力感染力下功夫。要大力引导青年认清各种诋毁歪曲中国特色社会主义的错误言论，坚定"四个自信"和做到"五个认同"，坚定中国特色社会主义共同理想。要引导青年热爱祖国和人民，树立为人民服务的意识，甘于奉献，积极投身实践，把国家利益、社会利益、集体利益置于个人利益之上，树立在实现中华民族伟大复兴中国梦和社会主义现代化建设过程中建功立业的雄心壮志，发扬以爱国主义为核心的民族精神和以改革创新为核心的时代精神，展现出当代青年的责任担当与使命精神。要大力弘扬社会主旋律，传播正能量，引导青年树立社会主义核心价值观、培育良好的社会主义道德风尚，既注重以当代青年风采引领社会道德发展，又坚持营造风清气正的社会生态和全社会道德风尚。总之，应通过多渠

---

① 《〈新时代公民道德建设实施纲要〉印发　专家解读〈纲要〉主要内容》，2019 年 11 月 4 日，见 http://china.cnr.cn/yaowen/20191104/t20191104_524843235.shtml。

② 《习近平谈治国理政》第一卷，外文出版社 2018 年版，第 71 页。

道来立体化构筑思想防线，增强社会主义意识形态引领力。

加强网络治理，构建良好的网络秩序。互联网的飞速发展为青年成长发展提供了更多便利支撑条件的同时也为做好青年的思想政治教育工作不同程度地提出了一定的挑战。今天的青年群体无疑都是互联网的原住民，伴随着我国互联网和信息技术的普及发展，网络上的"风吹草动"都能或大或小、或直接或间接地同青年人发生联系。如果说阵地是意识形态工作的基本依托，那么针对青年群体加强网络治理，最重要的就是要通过加强网络"黑色地带"的治理，营造风清气正的网络空间。所谓"黑色地带"即主要是网上和社会上一些负面言论构成的，还包括各种敌对势力制造的舆论。首先，应依法加强网络空间治理，对那些利用互联网传播错误思想、极端思想、低俗信息、虚假信息的言行依法予以管控，严厉打击各种违法行为，进一步规范网络秩序。按照《网络信息内容生态治理规定》加强网络信息内容生态治理，建设良好网络生态。其次，加强网络内容建设，打造网络正面宣传阵地。大力宣传网络优秀文化，通过构筑网络文化阵地，满足不同青年群体的精神文化需求。最后，加强对网络"意见领袖"的挖掘和引导。充分发挥"意见领袖"的积极引导作用，对其进行规范引导并加强主流价值观教育，主动引导舆论走向。

正视青年诉求，构建社会情绪疏导机制。个别青年不良心态的消除，宜疏不宜堵，应该通过疏导的方式把青年的消极心态转化为社会主义现代事业贡献力量的精神动力。为了调适青年的消极社会心态，政府部门应重视青年的心理诉求，构建社会情绪疏导机制。一方面，要开拓渠道，构架起多座联系青年群体的桥梁，充分发挥群团组织联系青年的作用，充分深入青年群体内部调研，通过这些方式拉近与青年群体之间的距离，倾听青年心声、了解青年诉求、关心青年成长。另一方面，在心理健康医疗方面，政府也应支持建立相关的心理疏导咨询部门，聘用专业的心理培训师对青年群体的心理问题进行治疗与帮助，强化心理健康教育，确保其形成积极向上的社会心态。

总之，青年兴则国家兴，青年强则国家强。当代青年积极进取、朝气蓬勃，对国家和社会发展充满信心和希望，展现了当代青年的应有风貌，但同时我们也要注意到青年群体中一些不良心态蔓延的现象，这些不良心态既不利于青年个人的成长，也不利于国家和社会的长远发展。我们要加强对青年的研究，及时了解青年所思所想，坚持关心厚爱和严格要求相统一、尊重规律和积极引领相统一，营造全社会关心爱护青年的良好氛围，悉心教育和引导青年，做青年人的引路人。

四、青年大学生社会主义核心价值观的培育之维

党的十九大报告指出，培育和践行社会主义核心价值观，要以培养担当民族复兴大任的时代新人为着眼点。"面对新时代新要求，落实好这一重大战略任务，必须强化教育引导、实践养成、制度保障，发挥社会主义核心价值观的引领作用，使之融入社会发展各方面，转化为人们的情感认同和行为习惯。"[1] 社会主义核心价值观培育，不论对大学生个人，还是整个国家而言，其重要意义都是不言而喻的。从长远来看，加强大学生社会主义核心价值观的培育是最具有全局性、战略性的重要任务。2013 年 12 月，中共中央办公厅印发的《关于培育和践行社会主义核心价值观的意见》，从指导思想、基本原则、主要任务、路径方法等方面非常全面、系统地作了阐释，实际上也是对大学生思想政治教育提出的新要求。具体结合到大学生群体，如何在他们中更合理有效地培育社会主义核心价值观，尽管有许多方面的因素要考虑，但从目前具体实践来看，有四个方面是最需要着力坚持的。

首先，大学生社会主义核心价值观培育，要把理想信念教育始终贯穿始终。众所周知，核心价值观是一定社会形态性质的集中体现，在社会思想观念体系中处于主导地位，决定着社会制度、社会运行的基本原则，制约着社会发展的基本方向。一定社会的个体树立其社会的核心价值观，他就能够获得相应社会的认同尊重，并赢得自身发展。价值观支配人的行为、态度、信念、意志等，看似"弹性"，实则决定一个人

---

① 《习近平新时代中国特色社会主义思想三十讲》，学习出版社 2018 年版，第 197 页。

一生所能达及的"高度"。一个人核心价值观能否真正树立起来，最根本的是要将其内化为政治信仰、理想追求。因此，培育社会主义核心价值观，并不应简单地理解为"24个字"的内容的一般性宣传教育，仅就字面意义进行介绍并引导行为践履。其实，透过这24个字，最能起到统领作用、最能反映其精神实质的，乃是中国特色社会主义的内在要求。而这一内在要求，无论形式上还是内容上，都是理想信念，其从根本上保证了社会主义核心价值观认同及践行的持久性、稳定性，是世界观、人生观和价值观的"总开关"。若脱离了共产主义理想、社会主义信念，我国社会的核心价值观必定是苍白和虚无的；同样若脱离了共产主义理想、社会主义信念，社会主义核心价值观培育同样是软弱和无力的。在当代中国，任何一名大学生只要有坚定的中国特色社会主义的理想信念，其行为一定会自然而然地体现出这24个字的要求来。因此，要将理想信念教育，置于大学生社会主义核心价值观培育的核心位置，贯穿于全过程，只有这样才能做到"形"与"魂"的统一。

其次，大学生社会主义核心价值观培育，要把准确认知对象特点作为前提。把握大学生价值观形成发展的一般规律和大学生成长成才的规律，在实践中多半是从把握大学生的实际特点为起点的。在全球化、市场化、信息化、网络化等时代境遇下，大学生看问题的视角往往是多角度的，大学生价值观形成发展过程同时也是自我认知和价值判断的不断否定之否定的过程。他们价值评判的参照系并非单维的，而是多维的；作为价值评价主体，他们之间是具有差异性的。因此，在大学生群体中培育社会主义核心价值观，一方面，要求我们积极研究大学生群体，准确认识大学生群体的思想行为特点，进而才把握其价值观形成发展的一般规律和大学生成长成才的规律。另一方面，在实践过程中，我们面对的不是抽象的群体，而是具体的个体，是活生生的人，因此主动了解学生实际，区别对待、有针对性地进行教育引导，实际上是大学生社会主义核心价值观培育的惯常方式。从目前各高校将培育践行社会主义核心价值观融入大学生教育全过程的实践探索来看，科学分析、准确把握大学生的实际特点，讲求在群体教育中主动关注个体以增强整体性，在个体教育中辐射影响群体以突出示范性的方法思维，由此从点到线、从线到面，把工作做实做细做透，是最重要的前提。

再次，大学生社会主义核心价值观培育，要把两支教师队伍建设作为牵引。高校因其完备的德育课程体系、强大的师资力量以及多样的文化活动而在培育社会主义核心价值观方面具有得天独厚的条件。高校教师与大学生价值观的形成发展产生着直接影响，而在所有教师当中，思想政治理论课和辅导员班主任这两类教师的影响是主要，也是最积极的，其对大学生价值观的塑造和培育分别从主导性、日常性两个方面起着牵引作用。培育大学生社会主义核心价值观，当前一项非常重要的工作就是要着力加强这两支教师队伍的建设。一方面，在课堂主渠道方面，思想政治理论课程建设的中心是教学建设，而教学建设的重中之重是师资建设，因为促成教材体系向教学体系、知识体系向信仰体系的"两个转化"，关键靠教师。教师的思想品格、知识水平和素质能力如何，直接决定了教学效果的成败。另一方面，辅导员和班主任离学生日常学习生活最近，他们是最了解学生的教师，承担着思想教育、心理辅导、事务管理、维护校园稳定等许多重要职责。围绕进一步建设好这两支队伍，尽管从教育行政部门到学校层面，都已做了大量工作取得了显著成绩，但从目前所面临的突出问题来看，这两支队伍建设仍然是"进行时"而不是"完成时"。

最后，大学生社会主义核心价值观培育，要把增强系统性协同性作为方向。在大学生中培育社会主义核心价值观虽以高校为主阵地，但并不全然以高校为主。在社会日益开放多元的今天，校园与外部社会的"边界"发挥的作用在减弱，特别是在对大学生价值观的影响方面，有时学校教育的正面引导还难抵社会消极环境的负面侵袭，这就迫切要求要打通价值观形成发展的现实"壁垒"，努力促进社会育人合力，做到全员、全社会、全过程育人。目前，缺乏培育过程的顶层设计，系统性、协同性的不足，恰恰是大学生社会主义核心价值观培育包括整个大学生思想政治教育的"短板"。

系统性和协同性，是大学生社会主义核心价值观的培育能力和培育体系的现代化要求。一要加强整个思想政治教育的综合治理，特别要一体化设计大、中、小学的思政体系，使课程、教材内容与人的价值观形成发展过程和规律相适应。二要加强责任主体建设，理顺领导管理体制和相关的政策机制。要打破整个行政性之间的壁垒，强化领导；建立和完善相应的政策评估和纠偏机制，防止出现具体政策措施与社会主义核心价值观相背离的现象。三要树立"生态思维"，努力使社会性的行为活动与社会主义核心价值观的要求相一致，实现社会对学校育人功能的反哺和支撑。比如，出台经济社会政策和重大改革措施，开展各项生产经营活动，要遵循社会主义核心价值观要求；要用法律的权威来增强大学生践行社会主义核心价值观的自觉性；要加强政务诚信、商务诚信、社会诚信和司法公信建设，开展道德领域突出问题专项教育和治理；要用社会主义核心价值观引领社会思潮、凝聚社会共识；要发挥新闻媒体传播社会主流价值的主渠道作用，发挥精神文化产品育人化人的重要功能；等等。

总之，大学生社会主义核心价值观培育是一项系统性长期性的战略工作，在具体实践中需要方方面面的共同努力和协同支持，比如从教育引导、舆论宣传、文化熏陶、实践养成、制度保障等。"社会主义核心价值观建设说到底就是人的思想建设、灵魂建设，聚焦的是造就具有正确世界观人生观价值观的建设者。这样的时代新人，应当在有自信、尊道德、讲奉献、重实干、求进取等方面，有新风貌、新姿态、新作为。"① 中国特色社会主义进入新时代，大学生社会主义核心价值观的培育和践行也被赋予了新的时代意义，这对大学生社会主义核心价值观的培育路径提出了新的要求，也决定了大学生社会主义核心价值观的培育是一项需要长期关注和紧跟研究的重大课题。

---

① 《习近平新时代中国特色社会主义思想三十讲》，学习出版社 2018 年版，第 197 页。

第三节　影响马克思主义认同的社会生态因素

在当下中国的社会生态中，马克思主义认同受到诸多因素的影响，党群关系、社会心理和大众传媒等方面也逐渐显露出一些新问题，钳制着整个社会对马克思主义认同的有效推进。习近平在全国宣传思想工作会议上特别强调："我们正在进行具有许多新的历史特点的伟大斗争，面临的挑战和困难前所未有，必须坚持巩固壮大主流思想舆论，弘扬主旋律，传播正能量，激发全社会团结奋进的强大力量。"① 习近平所说的"弘扬主旋律""传播正能量"，天然包含着新时代中国特色社会主义条件下的马克思主义认同。所以，正确认识当下的社会生态因素，进而针对各因素的利弊作出合理有效应对，是现在亟须解决的。

一、当前马克思主义认同面临的主要挑战

当前，我们正在进行具有许多新的历史特点的伟大斗争，需要进行理论创新，以此来制定符合群众利益的政策。当代中国最大的实际，就是我国进入了新时代但仍处于并将长期处于社会主义初级阶段，这是我们认识当下、规划未来、制定政策、推进事业的客观基点。同时，经过 40 多年改革开放，我国社会生产力、综合国力、人民生活水平实现了历史性跨越，经济社会发展又呈现出一些新特点。总的来看，世界经济总体延续缓慢复苏态势，我国发展仍处于重要的战略机遇期，但也进入矛盾凸显期。我国经济快速发展，经济总量已经位居世界第二，众多主要经济指标名列世界前列，但随着我国进入中等收入国家，难免出现经济增长乏力、资源环境约束加剧、民生问题突出、社会矛盾增多等诸多问题。在全面建成小康社会方面，城乡人民生活有了显著改善，仍还有几千万贫困人口，地区、阶层发展差距较大。在全面深化改革方面，

---

① 《习近平谈治国理政》第一卷，外文出版社 2018 年版，第 155 页。

当前改革进入攻坚期和深水区，既有思想观念的束缚，更有利益固化的藩篱，好吃的肉都吃掉了，剩下的都是难啃的硬骨头。在全面依法治国方面，有法不依、执法不严甚至徇私枉法等问题尚存，影响了党和国家的形象和威信。在全面从严治党方面，一些地方和单位"四风"问题突出，政治生态和社会环境受到污染，等等。可以说，我们正在进行的中国特色社会主义伟大事业，是前无古人的开创性事业，要求我们把马克思主义基本原理与当代中国具体实际结合起来，不断推进理论创新，增强人民对马克思主义的认同。目前，马克思主义认同面临的困境主要有以下几点：

其一，多元价值观念的现实冲突。进入 21 世纪以来，随着社会主义市场经济的不断完善和发展，我国原有的集中且相对封闭的文化环境被打破，各种社会思潮、文化和价值观涌入中国，并且冲击着我国文化领域的变革和价值观念领域的变化。人们思想活动的独立性增强，可选择的思想增多，思想的差异性也明显增加；而不同社会群体有不同的经济诉求、政治诉求、道德诉求和生活诉求，即使是在同一个社会群体中的成员，这些诉求也是不同的。以马克思主义为主导的具有中国特色的社会主义核心价值观既吸收了中国传统价值观的精华，又反映了时代精神，对我国存在的多元价值和社会思潮具有重要引领作用。然而民众对建设社会主义核心价值观并没有完全做到内化与外化的统一。更值得关注的是，现代社会信息技术突飞猛进，计算机和网络的广泛应用改变了人们的生活，也改变了人们的思想和思维方式，"去传统化"的现象不时发生在一些青少年身上。此种情况下，多元价值取向打破了传统思想的"大一统"的局面，由此马克思主义的认同也面临着危机。我们需要以积极、建设性的方式来增进社会共识性，增强人们对社会主义核心价值观的认同，从而增强对马克思主义的认同。

其二，消极社会心理的影响。改革开放促进了经济社会的飞速发展，人们的钱袋子鼓起来了，特别是党的十八大以来，城乡居民收入增速超过了经济增速，中等收入群体持续扩大，老百姓生活水平大幅提升，幸福指数明显提高。但由于发展的不平衡不充分的原因，在一些领域还是存在阶段性的发展短板，加之社会发展转型时不同程度存在的不公平现象容易激起部分民众的消极社会心理。"许多时候，公众忧心的并不是钱赚多少，而是关心权利是否公平、机会是否对等、规则是否公正。今天，公平正成为影响人们幸福感的一个关键因子。当权力干预了他人的正当权利，当关系攫取了他人的平等机会，当金钱的诱惑让规则成为摆设，利益博弈就会失衡，社会运行就会失序。这就是党的十八大强调'逐步建立以权利公平、机会公平、规则公平为主要内容的社会公平保障体系'的原因所在。"① 在我国，政府是人民政府，以马克思主义为指导，以全心全意为人民服务为宗旨，其政策执行最后效果的公正与否，直接关系到民众对马克思主义的认同状况。从这个意义上来讲，当代中国马克思主义的有效认同与中国的整个社会治理状况有关，与整个社会生态直接相关，尤其是政治生态和公共政策的状况。习近平强调："做好各方面的工作，必须有一个良好政治生态。政治生态污浊，从政环境就恶劣；政治生态清明，从政环境就优良。政治生态和自然生态一样，稍不注意就很容易受到污染，一旦出现问题，再想恢复就会付出很大代价。"② 一项公共政策制定出来并实施，其最终效果如何，并不是由政策制定者来判断的，而是看是否满足了社会公众的需要，被社会公众所接受和认可。大众对马克思主义的认同，并不能简单地看教育对象一时听闻马克思主义的态度，而是要通过制定合理的公共政策来减少群众的负面情绪，使群众拥护党的领导，进而认同党所坚持和发展的马克思主义。

其三，社会功利化倾向与理论宣传空泛化存在矛盾。正如马克思所说的："人们为之奋斗的一切，都同他们的利益有关。"③ 合理有度的追逐功利是一种驱动机制，能够激发人们追求财富和利益最大化；但如果用功利去衡量一切社会现象，去评判一切，就会导致人们的价值

---

① 李洪兴：《当我的机遇挡住你的饭碗》，《人民日报》2015年12月24日。

② 《习近平关于全面从严治党论述摘编》，中央文献出版社2016年版，第33页。

③ 《马克思恩格斯全集》第1卷，人民出版社1995年版，第187页。

观和社会心态发生扭曲。社会中不同程度存在的拜金现象和急功近利的心态，使得部分人的行为往往不会遵从社会公序良俗。正如人民网评："浮躁的文艺难燃'不灭的灯火'"中指出："当前文艺最突出的问题就是浮躁，为一部作品反复打磨，不能及时兑换成实用价值，或者说不能及时兑换成人民币，不值得，也不划算。这样的态度，不仅会误导创作，而且会使低俗作品大行其道，造成劣币驱逐良币现象。"① 社会功利化的倾向导致人们精神畸形和价值观念存在偏差，这就需要加强大众对马克思主义价值观念的教育引导，坚持和巩固马克思主义在意识形态领域的指导地位。但是，在实际工作中，马克思主义的宣传教育工作时效性还有提升的空间。主要原因是宣传教育工作的方式和途径相对单一、方法缺乏现实针对性、载体未能很好应时代变化的要求，导致宣传教育工作有时难以形成好的效果。同时，市场经济条件下，大众利益分化也不同程度带来马克思主义认同的危机。随着改革开放的深入发展，当今中国社会的弹性越来越大，大众的权益意识普遍觉醒，并出现利益主体多元化、利益来源多样化、利益差距扩大化、利益关系复杂化等变化，使得社会出现利益关系分化成为在所难免的事实。此种利益分化现象与马克思主义所谋求最广大民众根本利益的价值追求不尽一致，从而一定意义上也会影响广大民众对马克思主义的认同。

其四，文化复古主义不同程度对马克思主义认同的影响。众所周知，中华民族具有 5000 多年连绵不断的文明历史，创造了博大精深的中华文化。中国人民的特质、禀赋不仅铸就了绵延几千年发展至今的中华文明，而且深刻影响着当代中国发展进步，深刻影响着当代中国人的精神世界。中华文化具有强大的凝聚性和连续性，是中华民族共同文化特质的体现，是世界文明古国中唯一一个传承至今的文化。中华优秀传统文化是中华民族的突出优势，也是我们最深厚的文化软实力。改革开

---

① 王石川：《浮躁的文艺难燃"不灭的灯火"》，2015 年 10 月 23 日，见 http：//opinion. people.com.cn/n/2015/1023/c1003-27733990.html。

放 40 多年来，特别是近些年来，以儒学为核心的中华传统文化得到了社会各界的重视，各种弘扬和普及传统文化的活动搞得红红火火，各种形式的国学班、读经班招生火热，中国传统文化的原典和相关研究成果大量面世，学术研讨和国内外交流活跃，全社会越来越强调继承和弘扬中华优秀传统文化的重要性，呼唤中华文明的伟大复兴。但是在这个过程中，走向了另一个极端的现象就是个别人认为传统文化特别是儒家文化能够"包打天下"，认为"现代化"应该说以儒学来指导，用千古"道统"对抗"马克思主义中国化"，表面上打着"弘扬传统文化"的旗号实质上却以封建主义思想和道德否定社会主义思想和道德，简单把中华民族伟大复兴理解为传统文化的复兴，这一定意义上带来了人们对马克思主义认同的弱化。

实际上，中华优秀传统文化的"复归"要正确，必须坚持马克思主义的指导。今天中国社会之所以能够在文化层面处理好"传统"与"现代"的关系，也正是有了马克思主义，是以马克思主义为指导来看待传统文化的现实结果。换言之，正是有了马克思主义的指导，在对待传统文化的问题上我们才能找到科学的对待态度和方法，才能一分为二，坚持古为今用、推陈出新，有鉴别地加以对待，有扬弃地予以继承。这既是一个"取其精华、去其糟粕"，改造传统文化的过程，也是一个"推陈出新、革故鼎新"，创造新文化、发展先进文化的过程。马克思主义集当代西方思想理论之大成，又在苏联和中国得到了进一步丰富和发展。只有在马克思主义的指导下，中华文明才能焕发出新的生机和活力。历史地看，中国共产党提倡弘扬传统文化，并不是要取消马克思主义的指导地位，而是从中国传统文化中汲取精华，实现古为今用。中国优秀传统文化不可能也不能成为当代中国的指导思想，只能成为当代中国的文化资源、工具或营养，成为中国化马克思主义的一个构成要素。中国共产党既是中华优秀传统文化的忠实传承者和弘扬者，又是社会主义先进文化的积极倡导者和发展者。只有以马克思主义为指导来对待中华传统文化，我们才能实现中华民族最基本的文化基因与当代文化相适应、与现代社会相协调，以人们喜闻乐见、具有广泛参与性的方式推广开来，把跨越时空、超越国度、富有永恒魅力、具有当代价值的文化精神弘扬起来，把继承传统优秀文化又弘扬时代精神、立足本国又面向世界的当代中国文化创新成果传播出去。

二、党员干部言行同马克思主义形象的关系

党员干部是党的骨干力量，是党员中的先锋模范力量，承担着推进马克思主义时代化、中国化、大众化的使命。其中实现马克思主义大众化、促进马克思主义认同，一方面表现为马克思主义传播路径的大众化，另一方面表现为用马克思主义的立场、观点、方法来解决现实问题，将科学理论与实际工作生活相结合。马克思主义大众化的过程即马克思主义被人民群众认同的过程，并通过党员干部的理论修养、道德修养、作风状况体现出来。正如习近平在纪念马克思诞辰200周年大会上所说的："共产党人要把读马克思主义经典、悟马克思主义原理当作一种生活习惯、当作一种精神追求，用经典涵养正气、淬炼思想、升华境界、指导实践。"[1]党员干部对待马克思主义的态度、言行，某种意义上是普通民众对待马克思主义的态度和言行的重要参照，也就是说，党员干部代表和反映着马克思主义的形象，群众怎么看待马克思主义同党员干部的言行有着直接或间接的关系。

（一）理论修养影响马克思主义认同的意识自觉

思想建党，理论强党。思想是行动的先导，没有革命的理论就没有革命的运动。马克思主义政党的先进性，首先体现在思想理论的先进性上。列宁曾说过："没有理论，革命派别就会失去生存的权利，而且不可避免地迟早注定要在政治上遭到破产。"[2]这里面的"革命派别"也是政党。刘少奇曾在《论共产党员的修养》中指出："我们共产党员不能把理论学习和思想意识修养互相割裂开来。我们共产党员，不但要

---

[1] 习近平：《在纪念马克思诞辰200周年大会上的讲话》，人民出版社2018年版，第26页。

[2] 《列宁全集》第6卷，人民出版社2013年版，第367页。

在革命的实践中改造自己，锻炼自己的无产阶级思想意识，而且要在学习马克思列宁主义理论的过程中改造自己，锻炼自己的无产阶级思想意识。"①理论修养是共产党人必须牢牢树立的基本素质能力要求，强调既掌握先进的思想理论，以科学理论武装头脑，又要在日常学习生活和工作中自觉运用和遵循这种科学理论，是实践上深化对理论的认识。习近平深刻指出："理论修养是干部综合素质的核心，理论上的成熟是政治上成熟的基础，政治上的坚定源于理论上的清醒。"②而理论修养最根本的体现，就是要有坚定的理想信念。习近平指出："对马克思主义的信仰，对社会主义和共产主义的信念，是共产党人的政治灵魂，是共产党人经受住任何考验的精神支柱。形象地说，理想信念就是共产党人精神上的'钙'，没有理想信念，理想信念不坚定，精神上就会'缺钙'，就会得'软骨病'。"③不断加强理论修养是我们党一贯坚持的原则、是党克敌制胜的根本法宝、是每位党员的必备素质和基本功。现实生活中，人民群众是否自觉认同马克思主义，通过党员干部理论修养的深度和广度体现出来。"从一定意义上说，掌握马克思主义理论的深度，决定着政治敏感的程度、思维视野的广度、思想境界的高度。"④

首先，党员干部对党的创新理论掌握程度如何影响马克思主义认同的深度。党员干部需要掌握马克思主义的理论知识，一方面在于马克思主义是揭示人类社会发展规律的科学的理论，是人民实现自身解放的思想体系，是指引着人民改造世界的实践的理论，是与时俱进和不断发展的开放的理论；另一方面在于马克思主义是我们的指导思想，中国共产党是马克思主义政党，掌握马克思主义的立场观点方法并在实践中不

---

① 《刘少奇选集》上卷，人民出版社1981年版，第112页。

② 《习近平关于"不忘初心、牢记使命"论述摘编》，党建读物出版社、中央文献出版社2019年版，第45页。

③ 《习近平谈治国理政》第一卷，外文出版社2018年版，第15页。

④ 《习近平关于"不忘初心、牢记使命"论述摘编》，党建读物出版社、中央文献出版社2019年版，第45页。

断丰富和发展马克思主义理论，是马克思主义理论生命力的体现，也是中国共产党执政的内在要求。党员干部对马克思主义理论的掌握程度体现在自觉自愿学习马克思主义理论以及在实践中积极践行马克思主义理论两个方面。一方面，党员干部学习马克思主义理论应该出于自觉自愿的目的，明确学习的目的在于完善自身理论体系，更好服务人民。我们党历来重视全党的学习特别是领导干部的学习，在每一个重大转折时期，面对新形势、新任务，我们党总是号召全党同志加强学习以此来解决矛盾，推动实践的发展，同时也会鼓励党员干部积极在平时加强理论学习，强化自身知识储备，提升工作能力。唯有自觉学习才能有兴趣深入钻研，进而真正掌握马克思主义的科学的方法论，被迫的学习非但不能起到好的学习的效果反而影响马克思主义的认同。另一方面，党员干部必须在实际工作中积极践行马克思主义。理论的生命力在于其与实践的结合，党员干部唯有将所掌握的理论应用于实践，并不断指导实际工作才能真正得到人民的认可，彰显马克思主义认同的价值。

其次，党员干部是否坚持理论与实践的统一影响着马克思主义认同的效果。马克思主义自传入中国以来，不断与中国的具体实际相结合，形成了毛泽东思想、邓小平理论、"三个代表"重要思想、科学发展观、习近平新时代中国特色社会主义思想等马克思主义中国化理论成果。因此，谈及马克思主义认同，并不仅仅是指对马克思和恩格斯思想的认同，同样指的是对中国化的马克思的认同，甚至从更大的现实性和时代性上讲，主要是对当代中国的马克思主义的认同。马克思主义中国化的过程是马克思主义不断丰富和发展的过程，也是不断总结中国现实问题和经验的过程，也是党员干部的生动的必修课。当前，部分党员干部对马克思主义理论的学习仅仅停留在会议式学习、读本式学习、讲话式学习等形式，对重要经典文本的学习不够，学习难以往深里走实里走，直接的后果就是党员干部在宣传的时候照本宣科，不能真正唤起人民群众的认同，继而不同程度地也影响着马克思主义在人民群众中的传播和认同。

正如马克思所说:"任何真正的哲学都是自己时代的精神上的精华。"①习近平新时代中国特色社会主义思想,聚焦新的时代课题,总结开创性独创性的实践经验,提出一系列新理念新思想新战略,展现出强大真理力量和独特思想魅力。习近平新时代中国特色社会主义思想,指引党和国家事业发生历史性变革、取得历史性成就,得到全党全国各族人民的高度认同,是当代中国马克思主义和21世纪马克思主义。对马克思主义、共产主义的坚定信仰,对中国特色社会主义的坚定信念,是贯穿习近平新时代中国特色社会主义思想的一条红线。习近平新时代中国特色社会主义思想,处处体现着爱党、忧党、为党的拳拳之心,体现着亲民、爱民、为民的真挚情感,是广大党员干部提升理论素养、增长工作本领的思想宝库,是改造主观世界和客观世界的锐利武器。只有深入学习贯彻这一思想,才能有效提升马克思主义水平和政治理论素养,全面增强执政本领,提高干事创业的专业化能力,更好适应新时代中国特色社会主义发展要求,更好担负起党和人民赋予的重要职责。为此,"深入学习这一思想,要坚持读原著、学原文、悟原理,坚持全面学、贯通学、深入学,带着信念学、带着感情学、带着使命学,真正做到学深悟透、融会贯通、真信笃行"②。只有这样,才能既准确理解掌握贯穿其中的马克思主义立场观点方法,努力做到知其言更知其义,知其然更知其所以然,真正在深层次上提高思想理论水平,又能够认清面临的复杂形势和繁重任务,把握事业发展和人民群众的新期待,勇担当、敢担当、善担当,增强进取心、提振精气神,不断创造新的业绩,在新时代新征程中始终干在实处、走在前列。

(二)品德修养影响马克思主义认同的情感认知

品德即品性和德行。党员干部的品德修养从党员作为社会个体的身份而言是其"第二张身份证",影响其人际交往以及社会活动,从党员干部承担的社会责任来看是维系其与人民群众鱼水关系的重要纽带。

---

① 《马克思恩格斯全集》第1卷,人民出版社1995年版,第220页。

② 《习近平新时代中国特色社会主义思想三十讲》,学习出版社2018年版,第348页。

成一个特权阶层，领导干部的生活作风出现严重问题，高官享有"特供权""特教权""特支权"等，种种特权的出现使党与人民群众出现严重背离，也正因为如此，在苏联的关键时刻定然失去了人民群众的支持和拥护。

第二，工作作风是党员干部在工作中的态度和行为，影响党和国家事业的成败。工作作风是党员干部的工作表现，是党员干部履行为人民服务职责的直观体现。党员干部的工作作风体现在三个方面：一是求真务实解决人民的实际问题，二是有胆有谋创新工作方法，三是严于律己，不贪不腐。首先，党员干部工作的宗旨在于解决人民的实际问题，这是共产党人的初心和使命的体现，也是加深党员干部与人民群众联系的重要方面。在工作中不说空话、在实际中不办虚事，通过个人的工作能力、工作成果、工作评价增进人民群众对其了解和尊重，进而增强人民群众对马克思主义的认同。其次，工作方法是党员干部工作的重要部分，正确的工作方法不仅可以起到事半功倍的效果，而且体现着马克思主义政党与时俱进的生命力。通过政务公开的方式让人民群众了解政府工作相关情况，通过网上监督开启群众监督途径，增进党员干部人民群众的关系，增强马克思主义理论与实际问题的结合。最后，党员干部严于律己，才能与人民群众保持一致。以苏联为例，正是因为苏联共产党的领导干部背离人民，形成了只对上负责、不对下负责的工作作风，并且贪污腐化问题严重，党与人民群众的血肉联系越来越疏远，致使苏共最终失去人民的支持，不可避免走上垮台的道路。因此，党员干部严于律己，不搞贪污腐化，才能得到人民的拥护，得到人民群众对马克思主义政党和马克思主义充分认同。

第三，领导作风是党员干部的工作能力和风格的体现，影响马克思主义的践行效果。习近平指出："领导干部加强学习，根本目的是增强工作本领、提高解决实际问题的水平。'空谈误国、实干兴邦'，说的就是反对学习和工作中的'空对空'。战国赵括'纸上谈兵'、两晋学士'虚谈废务'的历史教训大家都要引为鉴戒。读书是学习，使用也是学习，并且是更重要的学习。领导干部要发扬理论联系实际的马克思主义学风，带着问题学，拜人民为师，做到干中学、学中干，学以致用、用以促学、学用相长，千万不能夸夸其谈、陷于'客里空'。"① 务实是党员干部的重要工作方法和领导原则，也是马克思主义的实践观点和群众观点在现实中的生动体现，务实最重要的体现是实事求是。当前，少部分党员干部特别是领导干部在工作中存在言行不一致的问题，最直接的体现在严格要求下属的同时自身却时常懈怠，在工作中疲于应付，这样不仅影响党员干部在群众心中的形象，而且不利于马克思主义理论的传播。另外，个别领导干部在工作中出现摆官架、讲官威的做派，严重背离人民群众，最终将导致群众对马克思主义政党和马克思主义的背离。

总而言之，"中国共产党是当代中国马克思主义大众化传播主体的核心，党的形象如何，党员对党的认同感、忠诚度如何，人民群众对党的信任感、支持度如何，都直接关系到广大干部群众能否为党的宣传所吸引，是否为党的理论所信服"②。作为马克思主义政党的党员干部，若违背马克思主义宗旨而腐败变质，走向了人民群众的对立面，那么，他不仅会抹黑党的形象，还会败坏马克思主义的形象，直接影响广大人民群众对马克思主义的理解和认同。

三、社会心理对马克思主义认同的影响

社会心理是社会意识的一种形式，实际上也是历史唯物主义的重要范畴。社会心理，是人们对自己的生活条件和周围环境自发形成的一种直观反映，反映着人们对社会现象的普遍感受和理解，表现于人们普遍的生活情绪、态度、言论和习惯之中。一般意义讲，社会心理是自发的、零乱的，是对日常生活的初级的多含直觉成分的反映。社会心理所反映出的是社会成员对待不同事物、社会现象所反映出来的某种普遍、大多数的感受。有观点认为，社会心理是指特定历史时期内"由外

---

① 《习近平谈治国理政》第一卷，外文出版社 2018 年版，第 406 页。
② 颜晓峰、肖冬松：《铸造推进马克思主义大众化的新辉煌》，解放军出版社 2012 年版，第 169 页。

部社会因素引起，直接或间接地反映社会事物及其社会关系，并对主体社会行为产生影响的心理活动，它包括社会认知、社会动机、社会情感和社会态度等心理过程"[①]。社会心理同人们对马克思主义的理解认同之间同样有着内在的关系。马克思主义大众化在效果上最终表现为广大民众对马克思主义的理解和接受，将马克思主义作为自己的根本信仰和行动指南，因此，社会心理是马克思主义大众化过程中的重要影响因素。习近平曾强调，要"加强社会心理服务体系建设，培育自尊自信、理性平和、积极向上的社会心态"[②]。明确当前社会心理状况是如何影响马克思主义认同，是一个亟待解决的问题。具体而言，其影响主要表现在以下两个方面。

（一）社会心理变迁

自改革开放以来，我国社会处于一种飞速发展变化的状态，相应地，社会心理也随之发生了许多变化。经济发展和社会进步带来了快速的社会流动，人们的主观流动感知也随之变化。与此同时，伴随着社会转型的加速，一部分人不时出现社会认同感下降、疏离感增强等现象，对我国马克思主义传播与认同产生了不可小觑的影响。

第一，主观流动感知差异显著。社会流动，又称阶层流动，指的是社会个体在一定的社会阶层位置中的变动。社会流动是衡量社会发展的重要指标，中国经济成就的取得背后是大量的社会流动。"人们对社会阶层和社会流动的主观感知即是社会阶层结构变化在社会心态上的表现。"[③] 从中国社会科学院和智媒云图联合发布的"获得感调查问卷"的结果来看，"主观流动感知以向上流动和短距离流动为主，并存在显著的人口学差异；主观流动感知的流动方向和流动幅度对居民社会心理有显著的影响"[④]。而社会流动会显著影响个人的政治态度和价值取向，例

[①]　樊金山：《和谐社会视野下的社会心理变迁及其优化》，《桂海论丛》2008 年第 6 期。

[②]　习近平：《决胜全面建成小康社会　夺取新时代中国特色社会主义伟大胜利——在中国共产党第十九次全国代表大会上的报告》，人民出版社 2017 年版，第 49 页。

[③]　王俊秀：《不同主观社会阶层的社会心态》，《江苏社会科学》2018 年第 1 期。

[④]　王俊秀：《中国社会心态研究报告》，社会科学文献出版社 2018 年版，第 224 页。

如在研究中，农村个体比城市个体体验到更多的向上流动，那么在农村推进马克思主义大众化工作就有了更好的群众心理基础。同时，部分人认为自己现在所处阶层与过去相比，呈下降态势，其主观流动感知表现为长距离的大幅度向下流动，他们的心理落差会带来较低的民生获得感和生活质量评价以及消极的社会心态，这显然不利于马克思主义认同感的提升，因此该部分人群是马克思主义大众化工作应当重点关注的对象。

第二，存在消极情绪的偶发现象。社会情绪是指公众形成的较为复杂又相对稳定的态度体验，是公众对社会生活各种情境的知觉并通过群体成员之间相互作用影响而形成的。社会消极情绪往往体现为失落感、排他感、孤独感和仇视感等，这些消极心理背后是紧张不安、急于求成、矛盾烦恼、灰心失望的心理状态，需要及时的排解，为自我发展提供健康的个人心理基础，只有这样才能为马克思主义大众化提供良好的社会心理环境。因为在现实社会中感到的不公平感和被剥夺感会造成人的心理失衡，不利于个人发挥参与劳动生产的积极性和主动性，不利于发挥其智慧才干和实现其价值，长此以往，势必会加剧社会矛盾，影响社会的和谐稳定，在一定程度上也影响到对马克思主义的认同。

第三，少部分人社会认同感有待提升。马克思主义大众化，就是要用马克思主义中国化的最新理论成果武装全党和教育人民，根本上是一个"理论—认同—实践"的过程，在效果上就表现为人民对马克思主义的心理认同和政治认同。社会认同在本质上就是人民对于社会运行秩序的一种认可和接受状态，社会运行秩序是由社会制度规范的，而历史和实践都充分证明，今天我们中国特色社会主义制度体系是完全适合我国实际的。但当前我国仍处于社会主义初级阶段，仍然存在着许多亟待解决的问题，这在根本上影响着马克思主义的认同。社会心理认同是马克思主义认同的前提条件，马克思主义和我国制度的优越性是一种对应关系，当人们在制度体系内感受到幸福感与获得感，那么社会认同感就会提高，反之亦然。改革开放以来我国取得的举世瞩目的成就一方面提高了人们对于中国特色社会主义的认可和自信；但另一方面，人们对民主、法治、公平、正义、安全、环境等方面的要求日益增长的同时，少部分人由于对社会发展的不平衡不充分的阶段性现实不能正确看待，面对收入差距、腐败现象等问题时容易从主观上降低对社会的认同。目前，我国的改革开放处于攻坚期与深水区，只有进一步平衡各方面的利益关系和突破利益固化的利益藩篱，我国的社会认同感才能得到显著提升。

第四，个别人存在社会疏离感。社会疏离感是一种人们对社会的疏远心理，表现为无能为力感、社会孤立感、无意义感和自我分离感。我国当下城市生活节奏快，竞争压力大，个别人渴望逃避当前的烦恼，于是"佛系""退隐"等亚文化在社交媒体上频频出现，这些词以一种自我调侃的方式表达了淡然、置身事外的态度，一种不希望外界打扰到自己的生活的态度。"成年人的世界没有容易二字""你的同龄人正在抛弃你"，诸如此类的文章通过贩卖焦虑，让人感到压力和无奈，带来一种"现代化冷漠"与"生人社会"的心理印象。这些心理不同程度地反映出人们对主流价值的些许张力和拒斥，自然会对马克思主义认同产生很大的消极影响。

我国当前正处于改革的深水期和矛盾多发期，社会现实的剧烈变化必然会引发人们心理上的震动，某种意义上少数人出现心理问题也是发展所不可避免的代价。在这种情况下，要保持健康的心理状态就需要及时的调适，个人如果无法完成心理调整，那么就需要专业力量的介入，需要社会性的心理支持。建立长效的心理咨询机制，建立并规范心理诊询机构，是改善我国社会转型时期部分民众心理状况的一个重要举措。

（二）社会心理定势

长期以来，各种原因造成了人们关于马克思主义理论宣传教育的刻板印象，这成为影响马克思主义认同的又一因素。"刻板印象"一词最早是新闻记者李普曼（W. Lippmann）在其《公共舆论》一书中提出的，是社会认知偏差的一种表现形式，是人们对某一种事物的概括和固定的看法。这和我们日常生活中的"贴标签"类似，认识事物最便捷的方法之一就是分类，刻板印象帮助人们应付纷繁复杂的世界，而另一方面，它也会导致人们忽视个体差异，先入为主，从而得出错误的结论。

马克思主义理论宣传教育，由于种种原因在过去不时被贴上了枯燥、空泛和无趣等标签，这样的刻板印象逐步带来了一些人的心理上的思维定式，影响着马克思主义大众化的效果。

第一，以其理论自身特点来看，思想要发挥引领作用，就必须立意高远且具备一定的思想深度。马克思主义作为一种理论形态，是对感性认识的升华，充满着哲学思辨色彩，具有一定的抽象性。同时不能忽略的是，马克思主义经典著作对于普通群众来说并不是那么通俗易懂，这有可能会造成大众在接触马克思主义相关理论时难免有畏难情绪。也就是说，马克思主义理论自身的特殊性使得部分大众产生一种认知畏难心理，这种心理定式会降低学习的兴趣和热情，从而成为马克思主义大众化的一种障碍。

第二，以其宣传方式来看，过去一段时间，马克思主义大众化的宣传形式相对单一，个别宣传者存在着浮躁情绪，不肯俯下身去研究马克思主义理论，仅仅浮于表面照本宣科，这样的理论宣传与人民群众的实际生活相脱离，未能及时回答老百姓所关心的现实发展面临的问题，马克思主义解疑释惑的魅力未能很好发挥出来。同时在全媒体环境下成长起来的新一代，他们习惯于直观性体验式"强刺激"的信息内容，就理论讲理论的形式对他们而言，显得有些无趣且难以专注。以上种种问题就使得马克思主义"不够接地气"的印象残留于人们心里。实际上，在社会环境大变革的时代条件下，人民群众存在很强的理论需求，多元化的文化思潮和现实环境的巨变会催生出大量思想疑惑，这些都需要我们理论工作者很好地运用马克思主义去解答。

第三，以从业人员队伍角度来看，刻板印象首先是马克思主义理论宣传队伍自身过去的形象所致，从业者自身状况是我们形成对该行业印象的重要组成部分。传统印象中，马克思主义理论工作者似乎是一种一丝不苟的"老学究"形象，它表现为严谨但稍显古板的传统课堂教学形式，认真但稍显固执的行事作风，等等。其次从马克思主义理论工作者的结构来分析，马克思主义理论功底扎实的往往是有一定资历和年龄的学者，他们具有强烈的责任担当但宣教方式方法的创新性时代感相对不强；而一部分年轻的理论工作者相对而言阅历和理论功底方面略显不足，加之有时也不敢旗帜鲜明地表明立场，这就导致了刻板印象似乎成了"闭环"，难以彻底打破社会上对马克思主义理论宣传工作的心理定式与刻板印象。人们印象中的马克思主义理论宣传教育，难以同"时尚""新潮"的属性勾连在一起，而青年一代是我们推进马克思主义大众化的重点对象，其对追求新鲜与时尚的年轻人来说，常常难以快速形成吸引力和感召力。要打破职业刻板印象，坚定不移地将马克思主义大众化推向纵深，需要马克思主义理论宣传教育工作者在新的形势下自觉提升自身理论素养与外在气质的同时，深度挖掘鲜活素材，积极创新宣传教育方式方法，最大限度地调动青年人的积极性。在宣教过程中，要牢牢把握"深入是浅出的必要准备，浅出是深入的必然要求"，坚持"深入浅出"的研究，防止从通俗滑向庸俗。

总之，社会心理以一种非显性的方式制约着马克思主义的大众化过程，社会心理优化是马克思主义大众化过程中一个不容忽视的方面。在变与不变的辩证关系中把握社会心理对马克思主义大众化的影响，要求我们在塑造健康的社会心理时，必须要遵循"因事而化、因时而进、因势而新"的规律。

四、大众传媒对马克思主义传播的影响

任何理论的传播都离不开媒介，大众传媒是推进马克思主义大众化和本土化进程的主要媒介。马克思主义在中国的早期传播，就是通过《新青年》等报刊的传播在中国大地生根发芽的。在今天，大众传媒更是以自己特有的优势，将当代中国的马克思主义理论成果传向了世界的各个角落。大众传媒凭借其信息传播量大，传播效率高，形式易被接受等优点成为现代社会信息的主要传播渠道。传统意义上的大众传媒包括报纸、杂志、广播、电影、电视等。数字化的出现让一部分传统媒体进行技术革新后加入到新媒体的阵营中。尤其是在互联网时代，开放与共享的互联网平台在一定意义上也代表了马克思主义对先进性文化的要求。与此同时，在当今"人人都是媒体"的时代不能忽视自媒体的存

在，自媒体以个体用户通过手机或电脑在微博、微信、论坛、直播软件等网络传播平台发布信息为主要传播方式。大众传媒占有庞大的受众市场，在丰富传媒形式、提高传播效率和促进信息的广泛传播方面具有独特优势，它在促进马克思主义传播的过程中起到了积极的推动作用，但也为马克思主义理论的宣传带来了一定消极影响。

其一，新媒体的发展影响着传统主流媒体的话语权。近年来，随着互联网的普及和网络信息技术的发展，以网络为载体的许多新的传播形式衍生开来，尤其是智能手机的普及，将报纸、广播、电视和网络全部浓缩于手机客户端里。各种新媒体不断涌现，其开放性特征使得其传播内容良莠不齐。网络文化的"去权威""去中心"的后现代化倾向挑战着主流媒体的权威性，一些传播者和受众群体倡导张扬个性，寻求自我需求的满足。于是受众的自主地位得到提高，可以自主选择接受哪些信息，也可以自主选择发布哪些信息。近年来，以"短平快"为传播特征的"微文化"在网络异军突起，微博、微信、抖音、快手等成为热门社交软件，"微文化"将其所要表达的信息以最生动简明的方式呈现出来，快速吸引人们眼球。而以各种手机终端为代表的视频媒体更是以时下大众最喜欢的表现手法和接地气的内容形式吸引着大众的目光。但是由于其传播内容在方向和类型上不受明确限制，且受众人群的文化水平与辨别信息的能力也不同，所以当把文化选择的主动权最大程度地交到大众手中时，大众更多的是去选择自己感兴趣的内容。许多媒体正是抓住了大众这样的心理，通过大数据分析根据不同对象的喜好特征增加对象喜爱内容的推送频率。然而在这里需要摆正的一个态度是，一味迎合市场需要的文化不一定就是人民群众喜闻乐见的文化。

一些自媒体过多追求数据甚至将数据和流量作为自身影响力的衡量标准，更加引导大众文化向泛娱乐化方向发展。在信息传播方面，媒体与对象不再是分离的或对立的，人人都可以是信息的接受者，人人也都可以成为信息的发布者。主流媒体的话语权受到影响的另一个不可忽视的原因是，现在快节奏的生活使人们在接受信息时会自动规避大量的文字，更加倾向于图片或视频这样较为直观的表达方式。在当今快节奏的生活中，人们通过一张新闻图片就能马上了解一条新闻所要传达的信息。新闻图片的使用的确能够给大众带来最直观快捷的信息，然而内容的完整度与信息的真实性得不到保障。这恰恰是自媒体时代，信息表达的一个重要特点。自媒体的出现以及对传媒市场的迅速占领大大冲击着传统主流媒体的话语权，加大了主流媒体对马克思主义理论的宣传难度。

其二，传统媒体自身传播形式和手段的局限。一种理论能否为大众所接受并实现大众化，不仅取决于理论本身对大众的吸引力，还取决于理论如何被传播。各类媒介作为传播载体，在普及当代中国马克思主义、塑造人民大众的价值观及凝聚人民对中国特色社会主义理论的共识等方面发挥着重要作用。马克思主义的传播很长时间以来主要依赖图书、报纸、学术杂志或者是电视这些形式，然而纸媒的传播速度慢、学术杂志的受众范围小及电视的场地限制性强等传统媒体自身的局限，传统的媒介传播形式面临不少挑战。就对马克思主义的传播而言，当前的一些传播马克思主义理论的主流媒体在互联网时代需要不断创新来适应和满足这种变化。一种思想是否具有感召力需要关注的是它能否最大程度上贴近最广大人民群众的心理诉求。在这一点上，不论是传统媒体还是网络新媒体都存在不足。不论是传统媒体还是新媒体，只是抓住特定的群体进行宣传，就会导致难以做到全覆盖，不能做到同步、同时、同效。习近平 2014 年在中央全面深化改革领导小组第四次会议上指出："推动传统媒体和新兴媒体融合发展，要遵循新闻传播规律和新兴媒体发展规律，强化互联网思维，坚持传统媒体和新兴媒体优势互补、一体发展，坚持先进技术为支撑、内容建设为根本，推动传统媒体和新兴媒体在内容、渠道、平台、经营、管理等方面的深度融合，着力打造一批形态多样、手段先进、具有竞争力的新型主流媒体，建成几家拥有强大实力和传播力、公信力、影响力的新型媒体集团，形成立体多样、融合发展的现代传播体系。"①

---

① 《习近平关于全面建成小康社会论述摘编》，中央文献出版社 2016 年版，第 117—118 页。

其三，传媒市场的复杂环境带来的钳制性影响。马克思主义大众化是历史赋予马克思主义理论传播工作者的使命，这不仅需要传播者的不懈努力，同时也需要一个良好的发展环境。马克思和恩格斯阐述了一些关于新闻传播基本问题的看法，他们认为要根据事实来描写事实，不能根据希望来描写事实。从这一意义上，马克思和恩格斯心中的媒体新闻应是社会的耳目和社会公正的捍卫者。但时下极少数媒体不时出现的失误报道也不同程度地影响了媒体的社会公信力，影响了当代中国马克思主义大众化的效果。现代社会，信息既是宝贵的资源，同时也是影响社会稳定的重要因素。随着互联网技术的不断发展，短视频媒体、直播媒体发展迅猛，但由于是新兴产业，行业监管制度尚未健全、行业标准尚不规范，导致行业发展面临不少问题。

个别媒体在资本导向下，不断增加符合市场口味的娱乐八卦或者综艺节目的曝光度，以期提高收视率点击率来实现盈利。媒体企业遵循市场经济的运行规律去抢占市场份额无可厚非，然而在关系到整个社会主流意识形态和价值观能否稳定有效传播的关键问题上，媒体企业不能以自身利益来作为是否坚守传播马克思主义职责的衡量标准，而是需要恪守法律所规定的行业准则，以社会主义核心价值观为导向，为马克思主义理论的传播营造健康清朗的社会环境。此外，自媒体传播的自由性和高效性为反马克思主义者提供了温床。譬如一些重大社会事件在还未得到明确的调查结果，就被别有用心的投机分子加以利用，他们看自媒体传播平台对于发表言论的标准还没有法律成文规定以及言论以爆炸式扩散的传播速度这两点，就热点事件发布一些不利于社会稳定的煽动言论，试图把舆论引向不法分子事先预设好的方向，而大众在公共事件中表现出来的非理性和盲从心理正好被这些不法分子利用，大众也就成为舆论传播的人际媒介。这些都是在新闻传播过程中，大众媒体给马克思主义的传播所带来的负面影响。这些负面影响，影响着社会的稳定，冲击着我国主流意识形态的稳定，不利于马克思主义大众化的进程，对社会主流价值观影响也是巨大的。

第三章　社会生态的现实变迁是马克思主义认知的"土壤"

马克思主义的认知同整个社会生态有着紧密关系，形象地比喻，社会生态对马克思主义认知来说就像是"土壤"。就是说人们对马克思主义的认同状况、情感态度、认识水平、理解程度都存在于社会生态的现实变迁中，既可以从中得到体现、验证，又能在其中得到调整、优化和改变。社会思想意识、大众心理等领域的不同变化都深刻反映着人们对马克思主义的认知水平和情感态度，反过来，这些领域的变化也影响着人们理解和认识马克思主义的总体状况。新时代的今天，"我国经济社会深刻变革、利益格局深刻调整，使意识形态局部多元多样多变的趋势日益增强，人们的思想更加活跃，独立性、选择性、多变性、差异性显著增强，各种思想多样杂陈、各种力量竞相发声成为常态"①。一定意义上，这是当前社会思想意识领域的整体变化，反映和体现了当代中国现实社会生态的"面上"状况，我们宏观研判和具体开展意识形态工作的首要前提离不开对这些状况的把握。除此之外，我们也需要对社会思想意识领域的具体新变化有所洞察，并探寻社会生态的现实变迁中的一些因素同马克思主义认知和认同的关系。

---

① 《习近平新时代中国特色社会主义思想三十讲》，学习出版社 2018 年版，第 215 页。

第一节　当代中国网络社会生态的现实境遇

当下我国正处在社会发展的重要战略机遇期，虽然我国经济社会发展取得巨大成就，但社会思想意识复杂多样、相互交织，社会主流价值遭遇市场逐利性的挑战，媒体格局和舆论生态发生深刻变化，各种敌对势力加紧对我国渗透遏制。面对意识形态领域错综复杂的形势，在"乱花渐欲迷人眼"的干扰面前，我们必须保持"乱云飞渡仍从容"的定力，更好统一思想、凝魂聚力。分析当前我国社会生态的现实变迁对于加强马克思主义意识形态工作具有重要前提性的意义。应该说互联网对于整个社会生态的影响是深刻而立体的，这里，我们主要结合青年价值观、马克思主义认同这一层面进行讨论。

近些年，随着国际互联网技术的不断发展以及我国网络基础设施的不断完善与推广，人们越来越多地体验到互联网带来的丰硕成果。根据 CNNIC 第 44 次互联网统计报告，"截至 2019 年 6 月，我国网民规模达 8.54 亿，较 2018 年底增长 2598 万，互联网普及率达 61.2%，较 2018 年底提升 1.6 个百分点。同时，我国网民以中青年群体为主，并持续向中高龄人群渗透。10—39 岁群体占整体网民的 65.1%，其中 20—29 岁年龄段的网民占比最高，达 24.6%；40—49 岁中年网民群体占比由 2018 年底的 15.6% 扩大至 17.3%，50 岁及以上的网民比例由 2018 年底的 12.5% 提升至 13.6%"[①]。由此可见，我国互联网普及率不断提升，网民规模不断扩大，并且青年成为上网的主体。尤其是近年来智能手机的普遍化，微信、微博以及各类新闻、快报 APP 的推广，为青年参与社会事务提供了广阔的平台。在这样的社会大背景下，信息传递更加快捷、影响范围更加广泛，人们表达自己观点的渠道不断拓宽，从而在某

---

① 《第 44 次〈中国互联网络发展状况统计报告〉》，2019 年 8 月 30 日，见 http://www.cac.gov.cn/2019-08/30/c_1124938750.htm。

种程度上也激发了人们的参与意识。青年群体掌握了发声的"麦克风"，拥有了更多的话语权。但与此同时，网络是一把"双刃剑"，在给青年群体带来便利的同时，也会带来一定程度的负面影响。

信息的碎片化是网络时代的一大特征，往往信息在发布和传播过程中，由于各方面原因，展现给人们的可能仅仅是部分内容，青年无法真正了解事件的来龙去脉，因此在判断时往往出现偏差。由此可能引发青年对信息的错误判断以及带来的错误评论等。这在一定程度上扰乱了网络秩序，也模糊了他们对事件的清晰认识。尤其是论坛、博客、微信、微博等即时通信的发展，青年只要拥有一部智能手机，便能接收来自世界各地的信息。由于网络时代下信息传播渠道的多样性、影响范围的广泛性，青年群体能够在第一时间掌握新鲜信息。青年群体成为网络信息的接收者，同时又是信息的传递者与创造者。由于这些社交平台具有很强的信息时效性，一个热点事件可以在极短的时间内被众多网友了解。平台提供转发、评论等功能，人人都可以对自己认同的观点进行转发，对自己感兴趣的话题进行讨论。

基于此，青年更加活跃于各大论坛、微信等网络平台，成为网络舆论产生的重要力量。在网络日益成为社会舆论主要阵地的今天，青年群体的网络影响力不可小觑。他们展开自己的思考，由此形成各种各样的观点。通常情况下，大部分网友的评论、跟帖等表达的立场观点是正确的，能够把握住当前社会主流价值观点。但同时，由于各种因素的存在，青年群体在面对是非对错时，有的难以完全作出正确评价，更甚者是缺乏基本素养与常识性知识。

再者网络的不规范现象也给青年的认知带来影响。在利益的驱动下，为吸引人们的眼球，增加访问量或者粉丝量，一些个人或者团体频繁发布低俗化、歪曲性以及负面信息，比如明星炒作、抹黑英雄、恶搞事件等。从围攻几代人心中的英雄，我们可以洞见当前我国意识形态领域整体向好的大背景下历史虚无主义思潮的一些微妙变化。

一是诋毁的对象从主要领袖人物转向英雄模范和道德榜样。历史虚无主义在当下的中国之所以是一种必须高度警惕的错误思潮，就在于其实际上不是要虚无历史，而是要虚无"主义"，虚无党的光辉历史形象。如果说，一开始抹黑党的主要领袖会招致很多人的反感和不满、难度有点大的话，那么，现在虚无一些新民主主义革命战争年代和新中国成立初期涌现出的革命先烈、英雄模范就成了新做法，毕竟这还是容易多了。实际上，历史虚无主义的惯常"战术思维"就是"蚕食"。当消解革命先烈和英雄模范在国人心中的崇高地位成为现实之时，离诋毁党和政府的主要领袖，直至取消社会主义制度，也就行将不远了。

　　二是以所谓的"科学""常识"的名义消融精神意义上的崇高性。真理尺度与价值尺度二者不可偏废，但消解价值最有效的方式，莫过于"真理"——以科学的名义。毕竟以科学事实说话时，人们方会足信。网络文章摆出"生理学"，正是要说明邱少云的坚定信念不足以支撑他身处烈火之中仍纹丝不动，意在稀释、诋毁邱少云作为英烈的精神品格的崇高性。但是这种"生理学"，实际上是虚构和假定的，根本不值得讨论。如按这种"生理学"的逻辑，恐怕自人类诞生以来，就不曾有过任何敢于献身、甘于牺牲的英烈了！

　　三是从高等学校向军队和军队院校扩散。以前思想理论界的历史虚无主义更多是集中在高校领域，因为高校有广大青年大学生和知识分子，属于是意识形态斗争的高地，所争夺的是知识精英阶层。而现在当高校的思想宣传工作在逐步加强，越来越不便向高校蔓延渗透时，军队军校特别是年轻官兵自然成了新的对象。所以，若说历史虚无主义仅仅只是对待历史事件及历史人物思想观点的表达多样化的一种表现，背后没有人蓄意而为，定然是不合常理的。

　　再轻浮的人也不会对自己的亲人轻易贬损，再浅薄的民族也不会对自视的英雄随意诋毁。如此对革命先烈的不屑，只能说明"不屑者"自身的卑劣。不论出于何种理由或政见，活着的人对逝去的民族先烈，都要坚守一份不该忘却的纪念。由此，方能出于苦难而后复兴。当积贫积弱、国之不国的时代一天天远去，在和平、自由、富足、安逸的年代里，人们难免会渐渐失去伤痛的记忆。近些年，某些势力在网络上愈发猖獗，利用网络平台大肆美化侵华战争、侮辱抗战先烈。当人们特别是年轻人沉浸于 iphone 和 iPad 里对"火烧邱少云违背生理学"之"流"不以为然，甚至还为之"点赞"时，这般轻佻和浮夸，不仅是可耻的，更是危险的。正如有观点评述到的："如今人们沉浸太平安稳的岁月已久，见惯了日常生活的柴米油盐，对宏大叙事的英雄史观已稍显隔膜，对危难之际的慷慨激昂也有些陌生。加之社会价值观日益多元，相互之间的对撞冲击也更趋激烈。此时，历史虚无主义再度泛起，质疑先烈、抹黑英雄似乎成了网络上的一种'时尚'。其实在任何一个社会，英雄都是承载社会价值的底线，无论是'学术研究'还是'自由思考'，都不能逾越应有的轨道，都不能张牙舞爪地去挖刨民族精神的根基。"① 于网络无处不在的虚拟与现实交错的世界里，面对复杂多样的情况，该如何做好思想宣传工作，更需要有大视野、大格局，毕竟，这是一项极端重要的工作。

诸此种种抹黑英雄的历史虚无主义行为的后果是严重的，如不制止，则将会对青年群体的价值选择产生重大负面影响。"英雄是历史天空中的璀璨星辰，纪念英雄是人类的良知，也是国际社会的价值共识。美国作为世界头号强国，拥有较强的民族凝聚力，这显然离不开美国精神，而美国精神的重要内容之一就是对自身历史的尊重和对本国英雄的崇敬。英雄主义已内化为美国的价值观，甚至成为美国民众心中的信仰。法国也有厚重的英雄历史、英雄文化和英雄精神。无论时代如何变迁，法国人对英雄的纪念和缅怀都不会褪色。相反，一个国家、一个民族如果不尊重自己的英雄，历史虚无主义就会乘虚而入，就会陷入国家向何处去的困惑。"② 此前，《人民日报》曾发表热点辨析，设置"对否定英雄的错误思潮说不"版块。笔者收集了相关网友言论。如有网友评论：近几年总感觉有一股势力在诋毁中国的历史及英雄人物，已经不像是错误，他们居然能控制媒体搞"颜色革命"，希望有关部门加大调查。有网友指出：铭记历史，坚决回击歪曲历史、亵渎英雄的错误思潮。一

① 王易之：《为英雄正名是捍卫历史的良心》，《光明日报》2015 年 6 月 30 日。
② 王卫星：《对否定英雄的错误思潮说不》，《人民日报》2015 年 7 月 23 日。

个国家若没有英雄创造的历史做精神支柱，那这个国家就是一个没有灵魂的国家。英雄的形象是引领一个国家以及国民向上的精神力量，毁坏英雄等于"蛀蚀"社会。历史上的英雄人物形象已不仅仅代表他本人，而是中华民族精神的升华，打倒他们就是在摧毁民族精神。

天地英雄气，千秋尚凛然。习近平在颁发"中国人民抗日战争胜利 70 周年"纪念章仪式上深刻指出："一个有希望的民族不能没有英雄，一个有前途的国家不能没有先锋。包括抗战英雄在内的一切民族英雄，都是中华民族的脊梁，他们的事迹和精神都是激励我们前行的强大力量。今天，中国正在发生日新月异的变化，我们比历史上任何时期都更加接近实现中华民族伟大复兴的目标。实现我们的目标，需要英雄，需要英雄精神。"[1] 网络时代下，一方面青年获取信息和参与社会事务的渠道与途径更多更便捷，另一方面却也受到来自各种信息的干扰诱惑影响越为突显。如何在移动互联网时代下，提高青年辨别信息的能力，培养其正确的价值观，坚定马克思主义信仰，是我们所面临的重大课题。

第二节　当代中国社会思想意识领域的突出变化

意识形态工作是党的一项极端重要的工作，其鲜明地体现在"三个事关"上，即事关党的前途命运、事关国家长治久安、事关民族凝聚力和向心力。习近平在中共中央政治局第十二次集体学习时强调，"要运用信息革命成果，推动媒体融合向纵深发展，做大做强主流舆论，巩固全党全国人民团结奋斗的共同思想基础，为实现'两个一百年'奋斗目标、实现中华民族伟大复兴的中国梦提供强大精神力量和舆论支持"，"我们要因势而谋、应势而动、顺势而为，加快推动媒体融合发展，使

---

[1]　《习近平在纪念中国人民抗日战争暨世界反法西斯战争胜利 70 周年系列活动上的讲话》，人民出版社 2015 年版，第 19 页。

主流媒体具有强大传播力、引导力、影响力、公信力，形成网上网下同心圆，使全体人民在理想信念、价值理念、道德观念上紧紧团结在一起，让正能量更强劲、主旋律更高昂"①。习近平在全国宣传思想工作会议上重申了"两个巩固"的宣传思想工作的根本任务，即"宣传思想工作就是要巩固马克思主义在意识形态领域的指导地位，巩固全党全国人民团结奋斗的共同思想基础"②，强调要胸怀大局，把握大势，着眼大事，找准工作切入点和着力点，做到因势而谋、应势而动、顺势而为，努力把宣传思想工作做得更好。如何做到"因势""应势"和"顺势"，就需要全面准确地把握社会思想意识的发展变化，科学研判其发展态势。依唯物史观来看，社会意识作为社会生活的精神方面，是社会存在的反映，"意识在任何时候都只能是被意识到了的存在，而人们的存在就是他们的现实生活过程"③。随着社会存在的发展，社会意识也相应地或迟或早地发生变化和发展，因而从整个社会层面来看，人们的思想意识都是具有历史性的，并在不同时期有着不同的具体表现形式。宣传思想工作，归根到底是做人的工作。要做好这项工作，无疑需要增强对全社会思想意识变化发展的预见性和针对性。当前及今后一段时期，属于我国进一步深化改革促进发展的大有可为的重要战略机遇期，我国社会思想意识领域必定呈现出一定的发展态势。

一、主导价值层面：由"多元化发展"向"多元中有主导、主导中有多样"发展，以社会主义核心价值体系为本质的社会主义意识形态在多元思潮激荡中继续得到巩固发展

改革开放以来，随着对外交流的不断加深扩展，西方思想文化源源不断传入中国，尤其是现在交通四通八达、网络技术得到广泛应

---

① 《习近平在中共中央政治局第十二次集体学习时强调　推动媒体融合向纵深发展　巩固全党全国人民共同思想基础》，《人民日报》2019年1月26日。

② 《习近平谈治国理政》第一卷，外文出版社2018年版，第153页。

③ 《马克思恩格斯选集》第1卷，人民出版社2012年版，第152页。

用，人们接受世界各地的思想文化速度更快、途径更广。这些前所未有的新变化日益丰富了人们的物质精神生活，但同时也潜移默化地改变着一代人的文化价值。因此，我国社会思想意识领域最突出的变化就是思想观念和价值取向的多元化。在总的态势之中又有一些细微的变化，这就是近十年来，伴随着人们思想价值观念不断多元化发展的同时，还可以清晰地看到，人们对多元价值观念所可能诱发的社会利益冲突加剧、社会整合成本加大、社会离心程度加深等消极影响的担忧也在日渐加剧，不少人们也在积极寻找整合多元价值观念、重构公共性的最佳方案。从价值多元，到主流价值与非主流价值之间形成一种张弛适度的关系，成为我国今后一段时期社会思想意识发展的基本态势之一。

一方面，改革开放以来，我国社会经济成分、就业方式、分配方式以及人们生活方式的多样性，必然引起社会利益关系格局的变化，加之西方资本主义价值体系和西方文化的不断冲击，使人们原有的利益归属、价值取向等受到不同程度的冲击，一部分人的价值取向、理想信念、政治认同等也呈现多样化趋势。另一方面，价值多元所必然带来的虚假自由、空洞民主、社会无序、道德失范、精神颓废，乃至价值相对主义、虚无主义、极端个人主义等问题已经使得人们高度关注。值得说明的是，近些年来有不少国内外学术研讨会都在围绕多元价值观时代的公共性重构与社会整合问题来展开，这也充分表明，人类的良知、理性和反思能力并不会容许自身的无序发展。从我国来看，近些年建设社会主义核心价值体系，积极培育和践行社会主义核心价值观，强调挖掘、传承和弘扬中华优秀传统文化的精华，推动社会主义文化大发展大繁荣和促进民族自信文化认同，都能充分反映出人们对建设社会主义主流价值观、重建社会公共伦理价值秩序的重视。

具体来说，增强文化认同，强化主流意识形态应做到以下三点：第一，强化对中华优秀传统文化的认同。中华优秀传统文化是中国特色社会主义文化之根。源远流长、博大精深的中华文化，积淀着中华民族最根本的精神基因，代表着中华民族独特的精神标识，不仅为中华民族生生不息发展壮大提供了丰厚滋养，也为人类文明进步作出了独特贡献。[①] 必须大力继承和发扬中华优秀传统文化，建设中华民族共有的精神家园，取其精华、去其糟粕，古为今用、推陈出新，避免历史虚无主义，在多元化的思想文化中找到人们的精神根基和精神力量。第二，强化对马克思主义指导思想的认同。马克思主义指导思想是中国特色社会主义文化之魂。"只有马克思主义，而没有别的主义，能够成为我们立党立国的根本指导思想。"[②] 面对日益严峻的挑战，必须坚持马克思主义在意识形态领域的指导地位，坚持用马克思主义的立场、观点、方法探索中国特色社会主义文化建设的有效途径，营造正面的思想舆论。马克思主义是不断发展的开放的理论，始终立于时代潮头，历史和人民选择马克思主义是合乎时代要求的正确选择。只有坚持指导思想一元化和文化多元发展的统一，用发展的马克思主义引领文化建设，推动中国特色社会主义文化持续健康发展，才能不断巩固全党和全国人民团结奋斗的共同思想基础。第三，强化对社会主义核心价值观的认同。社会主义核心价值观是社会主义核心价值体系的精髓，代表着当代中国文化的形象。在不同历史时期，每个国家都有自己的核心价值观，这是凝聚社会力量，团结大众的有效手段。党的十九大报告强调，"社会主义核心价值观是当代中国精神的集中体现，凝结着全体人民共同的价值追求"，要"把社会主义核心价值观融入社会发展各方面，转化为人们的情感认同和行为习惯"[③]。深入学习贯彻这些重要论述，让社会主义核心价值观在全社会落地生根，应着力处理好源与流、知与行、标与本的关系。积极培育和践行社会主义核心价值观，牢牢掌握意识形态工作领导权和主动权，坚持正确导向，提高引导能力，壮大主流思想舆论，无疑是巩固

---

① 云杉：《文化自觉 文化自信 文化自强——对繁荣发展中国特色社会文化的思考》，《红旗文稿》2010 年第 16 期。

② 侯惠勤：《论马克思主义的指导地位》，《河南大学学报（社会科学版）》2009 年第 3 期。

③ 习近平：《决胜全面建成小康社会 夺取新时代中国特色社会主义伟大胜利——在中国共产党第十九次全国代表大会上的报告》，人民出版社 2017 年版，第 42 页。

社会主义主流价值观的重要之举。实践证明，只有坚持主导性与多样性的辩证统一，做到自觉弘扬社会主旋律、积极加强宣传思想文化工作阵地建设，社会价值观念多元化所诱发社会分化风险的概率才能降低。

可以说，深入开展马克思主义理论学习教育，用社会主义核心价值观引领社会思潮、凝聚社会共识，主动做好意识形态工作，既尊重差异、包容多样，又有力抵制各种错误和腐朽思想的影响，尊重差异、包容多样，这实际上正是我国当前社会主导价值观念建设的方法论原则。由"多元化发展"向"多元中有主导、主导中有多样"发展，既是建设社会主义核心价值体系的要求，也是社会主义核心价值体系建设的必然结果。"多元中有主导、主导中有多样"是我国社会主流思想意识发展的基本趋势。

二、政治意识层面：由"单一自主维权"向"多维政治参与"发展，人们民主法治、公平正义的意识更为强烈，政治参与的自主性、理性度空前增强

人民当家作主是社会主义民主政治的本质和核心。人民民主是我们党始终高扬的光辉旗帜，中国共产党自成立之日起就以实现人民当家作主为己任。时至今日，中国特色社会主义政治发展道路越走越宽广，人民当家作主的制度保障越来越健全，社会主义民主的优越性更加充分地展现出来。习近平指出："我国社会主义民主是维护人民根本利益的最广泛、最真实、最管用的民主。发展社会主义民主政治就是要体现人民意志、保障人民权益、激发人民创造活力，用制度体系保证人民当家作主。"[1] 实现中国人民的民主、自由、平等和社会公平正义，是我们党一以贯之的政治主张和始终不渝的奋斗目标。改革开放以来我国政治文明建设不断取得新成就，成功开辟和坚持了中国特色社会主义政治发展道路，为实现最广泛的人民民主确立了正确方向。此外，人民代表大会制度、中国共产党领导的多党合作和政治协商制度、民族区域自治制度

---

[1]　《习近平新时代中国特色社会主义思想三十讲》，学习出版社 2018 年版，第 159 页。

和基层群众自治制度为人民当家作主提供了制度保障。

当前，我国公民的政治意识充分觉醒，整个社会对民主法治、公平正义的诉求始终颇为强烈，除了积极维护自身权益外，全社会各个阶层特别是受过高等教育的新兴知识阶层，其寻求广泛参与政治生活的积极性尤为明显。微博、微信、短视频等新兴网络信息传播方式的出现，进一步促进了全社会权益意识的发展。具体来说，体现在以下两点：

第一，人民民主法治、公平正义的权利意识逐渐增强。近年来，中国社会最大的变化之一，就是公民权利意识的觉醒。公民的权利意识是民主的前提、核心和精髓，没有公民的权利意识就没有真正的民主。如果说，当年一部《秋菊打官司》的电影曾让人们充满好奇，那么今天，"讨说法"已成为社会的口头禅。从主张经济、社会、文化和消费者权利，到捍卫政治、环境、食品安全和纳税人权利，"权利意识"已经深入人心，这是一个走向权利的时代。与之相伴，"权利意识、民主意识"的高涨，也为树立法治权威、培养法治观念、发掘公民意识起到了推动作用，成为社会进步的催化剂。"哪里没有法律，哪里就没有自由。"[①] 任何社会行为，一旦脱离法治视野，便不可能带来公共福利的实质增进，也难有公平正义的真正实现。党的十八大提出"法治思维"和"法治方式"，启示人们既要有权利意识，也要有法治观念，使二者相互砥砺、相互促进，让法治精神融入社会治理和社会生活，使权利意识成为构建现代公民人格、建设民主法治社会的基础。

第二，人民政治参与的自主性、理性度空前增强。格哈特认为，参与是现代政治的基本原则。公民身份的其他构成成分都离不开参与，事实上，排除了参与就等于违背了公民身份和民主之间的设定。[②] 公民的政治参与是现代民主政治的核心，是政治现代化的标志。如若一个国家的公民政治参与程度低，说明这个国家的政治生活还未真正地向公众

---

① 朱锋：《〈中华人民共和国宪法〉释义》，人民出版社 1993 年版，第 76 页。

② 周金华：《新公民论：当代中国个体社会政治身份建构引论》，中国社会科学出版社 2010 年版，第 206 页。

开放。而缺乏民主参与的国家，不论其政体和国体如何，都不能称作民主国家。① 在改革的攻坚期，由于体制机制和各种法律法规的不健全，加之长期累积的社会矛盾短时无法彻底消除，我国社会还处于矛盾和风险频发多发期，客观上我国人民群众维权意识在整个公民政治意识当中仍然是最主要的方面，大部分民众仍然缺乏在其他社会生活领域的理性政治参与热情。但是，从长远的趋势来看，我国今后仍将通过深化改革，加快利益结构调整，化解社会矛盾，以继续实现社会的持续良性发展，人们自然会更加关注公共政策，特别是政策潜在的利益导向。与此同时，我国公民的思想文化素质在不断提升，人们对外交流愈发频繁，眼界大为扩展，人们参政议政能力和自主性、积极性将会显著增强。特别值得指出的是，随着互联网技术的发展和自媒体的出现，网络民主政治参与成为一种非常重要的政治参与形式。网络的非中心性不会使公民心生自己是"被管理者"的印象，而网络在视觉、听觉给个体带来的立体的感受则给以网民极大的吸引力，公民的参与意识得到极大提升。网络由信息"集散地"迅速发展为虚拟"舆论场"，成为网民自由理性表达意愿、参政议政的重要通道和话语平台。网络的发展使得公民政治参与的成本大幅降低，便捷度和时效性大大增强，在遵守法律法规的前提下，这必将带动我国公民政治参与自主性的普遍增加。可以说，民情、民意借助于网络技术来理性地表达反馈，成为当前人们民主参与的新形式新路径，也客观上进一步推进了我国政治文明建设。

三、生活观念层面：由"单纯追求物质"向"物质与精神文化并重"发展，人们对差异化、个性化、品质化的物质与精神文化生活的需求仍将不断增长

宏观上讲，生活观念就是人们对物质和精神生活表现出来的态度理念、目标取向等，其在社会思想意识当中属于较为一般和直接的思想意识形式。近年来，我国经济社会的持续快速发展带来了人民生活水平

---

① 陈永森：《公民精神纵横谈》，中国文联出版社 1999 年版，第 135 页。

的不断提升，目前我国进入了文化消费的快速增长期，人们精神文化需要更加旺盛。这种快速增长的文化需求，不仅体现在人民群众对于基本文化权益的日益重视上，还体现在对于社会更好地满足其多层次、多方面、多样化文化需求的期待上。文化无疑是现当代衡量社会文明程度和人民生活质量的显著标志。

现阶段，我国人民群众的精神文化需要主要呈现三个特点：一是人的精神文化需要日益增长。美国心理学家马斯洛提出了人的需求层次理论，他认为，人类的需求像阶梯一样从低到高按层次分为五种，分别是生理需求、安全需求、社交需求、尊重需求、自我实现需求，说明在基本的生理需求满足之后，人们必将有更高的新的需求。随着改革开放和社会主义现代化建设事业的全面展开和深入进行，我国社会的政治、经济、文化状况都发生了日新月异的变化，政治更加民主、经济高速发展、文化日益繁荣，人们的生活水平和思想观念都发生了很大的变化，在城乡居民基本物质生活需求满足之后，人们的精神文化需求将会随着其收入的增长而增长，同样，也会随着收入的减少和物价的上涨而降低，这就说明现阶段人的精神文化需求的增长弹性强于物质需求的增长弹性。因而，人的精神文化需求的变化情况成为衡量整个国家经济社会平衡、健康发展的重要指标。二是人的精神文化需要结构呈多层次、多样化发展态势。可以预测的是，随着全面建成更高水平的小康社会的临近，人们在满足了基本物质生活资料的同时，对物质生活同样会提出更富有个性化、独特性和品质化的需求。而随着物质生活条件的改变，人们对精神文化的需求也将不止于一般性的娱乐消费，今后我国的文化市场和文化产业会更加发达。文化娱乐需求多层次多样化的发展趋势则更加明显，多层次性表现在人们的精神文化需要从高雅到普及和通俗等存在不同层次，人民群众既需要"黄钟大吕"，也需要"怡情小品"。随着社会大众文化素质的普遍提高，其文化品位和欣赏水平也普遍提升，所谓的高雅文化不再是昔日少数人所专有。大众文化方兴未艾，迅猛发展，广泛进入社会精神文化生活各个领域，成为人民大众不可缺少的精神食粮。影视文化、流行音乐、通俗文化和各种书籍报刊，以及最新的音像制品和电子传媒产品批量涌现，迅速渗透到人们的日常生活中。文化娱乐需要的多样性表现在社会大众文化娱乐需要的内容日益丰富，涉及自然科学、人文科学、文学艺术等各个领域。文化娱乐形式日趋多样，不仅传统的文娱节目如棋牌、电影等深受人们喜爱，而且新兴的文化娱乐项目如街头舞蹈、艺术欣赏、音乐欣赏、摄影、美术、旅游、网络文化活动和各种体育活动，都吸引了越来越多的人。三是人的精神文化需要的实现途径越来越多。国家通过建立文化事业和文化产业发展的长效机制、制定正确的文化发展战略、借鉴国外精神文化产业发展的经验，大力发展文化事业和文化产业，满足人的精神文化需要。可以说，在人们生活观念层面，由改革开放以来的很长一段时期单纯地追求物质财富，逐步向追求物质与精神文化并重的发展转变，是符合社会意识发展规律的。人们追求差异化、个性化、品质化的物质与精神文化生活，是我国今后全社会思想意识发展的基本趋势之一。

四、文化心理层面：由"以请进来为主"向"以主动走出去为主"的根本性转变，人们对民族文化的认同与制度自信随着中国道路的发展大大增强

当今世界，人类正处在大发展大变革大调整时期。世界多极化、经济全球化深入发展，社会信息化、文化多样化持续推进。从我国国内来看，随着综合国力的显著提升，我国在世界舞台上扮演的角色越来越重要，中国作为负责任的大国正在日益引起世界各国的关注。与40多年前相比，现在有不少西方人士盛赞"21世纪是中国的世纪""21世纪，中国是核心课程而不是选修课"，诸如此云，可以说中国的发展日益成为世界关注的一个焦点。习近平深刻指出，"当今世界正处于百年未有之大变局"①，"国际格局以西方占主导、国际关系理念以西方价值观为主要取向的'西方中心论'已难以为继，西方的治理理念、体系和模式

---

① 《习近平新时代中国特色社会主义思想三十讲》，学习出版社2018年版，第15页。

越来越难以适应新的国际格局和时代潮流"①。在未来的国际交往上，世界上的主要大国及广大发展中国家势必更会关注中国、关注中国的全球化政策对各自的冲击和影响。而且可以说，这种关注的视角是全方位、多角度、立体化的，是前所未有的。当下我们所谈的国际化，其具体意蕴已经发生了明显变化。因为，当我们以中国为母体来讨论国际环境的变化之时，中国改革开放40多年来发生的变化都会成为改变这种国际格局和全球态势的重要力量，甚至某种意义上是一种决定性的力量。如果说，在20世纪八九十年代和21世纪初期谈论国际化，我们更多是带有一种紧迫感，有被倒逼的味儿，更多时候是被动的，那么今天谈国际化和全球视野，实际上已经更多的是带有一种主动性，体现出一种更为积极、自信和开放的姿态。这种主动性是近些年来我国综合国力快速发展、国际影响力空前提升的结果。

伴随着国际影响力的增强，中华文化的自信及其外界吸引力在大大增强。近些年，汉语热、国学热、中华文化热，孔子学院风生水起等迹象，显示出了中华文化越来越得到更多人的欣赏和接纳。中美、中俄、中法文化节活动的开展加深了世界对中国文化的认同和理解。与此同时，我国成功走出的中国特色社会主义道路也得到了国际社会的普遍赞誉，"中国道路""中国方案""中国模式""北京共识"等描述我国独特发展道路的术语的出现，正是显示出了我国在当今世界舞台上的影响力。诸多令世人瞩目的巨大成就，提升了人们对道路、理论、制度的自信，包括对中国文化的自信，也振奋了国民精神，提升了国民志气，人们对实现中华民族伟大复兴的中国梦充满期待。今天，强调自主创新、建设创新型国家和加快建设世界一流大学步伐的背景下，我国在思想文化领域已经不再是单纯地以学习西方为主了，而是在博采众长、积极学习西方先进技术和思想文化理念的同时，更加强调积极主动地"走出去"，实行文化的对外开放。要着力打造融通中外的新概念新范畴新表述，讲好中国故事，传播好中国声音，充分发挥我们自己的优势，致力

① 《习近平新时代中国特色社会主义思想三十讲》，学习出版社2018年版，第286页。

于我国的文化软实力建构。党的十八届三中全会明确提出，提高文化的开放水平要坚持"政府主导"，加强国际传播能力和对外话语体系建设，理顺内宣外宣体制，支持重点媒体面向国内国际发展。习近平在党的十九大报告中明确指出，要"加强中外人文交流，以我为主、兼收并蓄。推进国际传播能力建设，讲好中国故事，展现真实、立体、全面的中国，提高国家文化软实力"①。可以肯定，随着我国整体实力的更进一步提升，今后在国家间交往和民间文化交流过程中，必然会逐步从"请进来为主"向"主动走出去为主"发展，这是一种总趋势。时下，我国全社会务实、理性、包容、开放、创新、自信的心态的普遍形成，总体而言，正是这种总趋势下的一种直接的文化心理表现形式。

第三节　社会心态、心理投射与马克思主义认同

党的十九大报告明确强调："加强社会心理服务体系建设，培育自尊自信、理性平和、积极向上的社会心态。"② 这一重要要求，是继"十二五"规划纲要提出"加强人文关怀，注重心理辅导，培育奋发进取、理性平和、开放包容的社会心态"③ 和党的十八大报告提出"加强和改进思想政治工作，注重人文关怀和心理疏导，培育自尊自信、理性平和、积极向上的社会心态"要求之后，进一步结合我国决胜全面建成小康社会和夺取新时代中国特色社会主义伟大胜利目标提出来的。众所周知，党的十九大是在全面建成小康社会决胜阶段、中国特色社会主义进入新时代的关键时期召开的一次至关重要的大会。决胜阶段、关键时期，正是从时间上对当前及今后一段时期对于全面建成高水平的小康社

---

① 习近平：《决胜全面建成小康社会　夺取新时代中国特色社会主义伟大胜利——在中国共产党第十九次全国代表大会上的报告》，人民出版社 2017 年版，第 44 页。

② 习近平：《决胜全面建成小康社会　夺取新时代中国特色社会主义伟大胜利——在中国共产党第十九次全国代表大会上的报告》，人民出版社 2017 年版，第 49 页。

③ 《十八大以来重要文献选编》（上），中央文献出版社 2014 年版，第 25 页。

会，基本实现社会主义现代化，以及到 2050 年把我国建设成为富强民主文明和谐美丽的社会主义现代化强国的重要性程度的描述限定。能不能在建党 100 年时全面建成小康社会、在新中国 100 年时建成富强民主文明和谐美丽的社会主义现代化强国，这一阶段尤为重要。这一关键时期，既是前提，也是基础，要求全国上下继续解放思想，凝聚力量，攻坚克难，坚定道路、理论和制度自信，矢志不渝地走中国特色社会主义道路。而要凝聚力量，需要思想认识、立场态度、情感倾向和思维方法的大致统一，这就涉及要有良好的社会心态问题。

一、当前我国社会心态的消极表现及其原因

社会心态，在我国并非心理学研究领域的专属名词，反倒是马克思主义和社会学论域中讨论得比较多。就其定义来说，社会心态是指反映特定环境中人们的某种利益或要求并对社会生活产生广泛影响的思想趋势或心理倾向，它揭示的是特定社会中人们的心理状态，是一定社会背景下社会成员对社会生活现状的心理感受和情绪反应，具有显著的弥漫性、多维性和大众性。作为透视和观察社会状况的"测温计"，社会心态是党和政府制定方针政策，履行社会管理职能的重要依据。当前，我国正处于全面深化改革开放的重要时期，在这一时期，社会心态呈现出不同特点，有不少具体表现形式。但总体上，我们目前的社会心态呈现自尊自信、理性平和、积极向上、乐观豁达、开放包容的基本面和总趋势，全社会成员的心态是积极向好的，这一事实我们必须高度首肯。

我们这里讨论消极社会心态，实际是社会非主流面的心态状况的考察和分析，这些消极社会心态表现呈偶发性、特定性、阶段性和分散性、多变性等特点。笔者以为，主要有以下五种表现形式：

一是极少数人心理上对美好生活的体验感不够强烈。人们对美好生活的描述是愉快的、轻松的，压力大的生活很难称得上美好生活。目前，一些民众实际感受到的各方面生活需要的满足程度低于他们认为美好生活应有的状态。《社会心态蓝皮书：中国社会心态研究报告（2019）》调查显示："总体上一线城市的男性在住房、交通、收入、赡养老人、子女教育、就业压力上显著高于三、四线城市的男性，新一线和二线城市的男性也承受了较大的压力，但与三、四线城市间的压力感差异并不是特别突出。与男性一致，总体上一线城市女性的压力感较大，然而与男性较不一致的是，除一线城市外，其他城市分级间虽有些差异但并非特别突出，且女性对于医疗的压力感更为凸显。拥有相同受教育程度的个体，不管身处何种分级的城市，均具有较相似的压力感。个人月收入 7000 元及以下的个体在一线城市将承受较大的压力。从压力感对不同分级城市主观幸福感的影响情况来看，压力感主要集中于收入、交通、社会关系、婚姻或恋爱、工作或学业、就业、物价，但每个分级城市在压力感对主观幸福感的影响方面除有共性外，也有着自身特性。"① 报告认为："未来应重点关注一线城市个体，尤其是男性的压力，特别关注低收入群体所面临的压力。收入、婚姻或恋爱、工作或学业、自己或家人就业、物价是将来应特别注意排解的压力源，这些压力感的排解有助于提高个体的主观幸福感，从而增加人们美好生活的体验。"②

二是少部分人认为仍然存在的相对被剥夺感。改革开放前，人们生活水平、工作环境等许多方面远比今天落后很多，可民众似乎没什么怨言，也没太多"被剥夺感"，因为当时人们普遍状况都差不多，每降低一点菜价、普调一点工资，人们就欢天喜地。但现在搞种田补贴、公租房廉租房共有产权房、学校营养餐、医保社保等，大幅度追加社会投入，仍有人说是"太平洋里磕鸡蛋"。应该说，这种"相对被剥夺感"绝非某一群体、某一类人太过"矫情"，相反源自于作为"现实的人"的"比较"的意识本性。全国人大财经委员会"中国民生指数"课题组

---

① 中国社会科学院社会学研究所社会心理学研究中心及社会科学文献出版社共同发布《社会心态蓝皮书：中国社会心态研究报告（2019）》，2019 年 12 月 29 日，见 https://www.pishu.cn/zxzx/xwdt/544147.shtml。

② 中国社会科学院社会学研究所社会心理学研究中心及社会科学文献出版社共同发布《社会心态蓝皮书：中国社会心态研究报告（2019）》，2019 年 12 月 29 日，见 .https://www.pishu.cn/zxzx/xwdt/544147.shtml。

2010 年 8 月的调查显示，认为自己"非常幸福"的比例为 14.9%，认为自己"比较幸福"的比例最高为 59.2%，两项相加得到倾向于认为自己生活得幸福的居民比例为 74.2%；13.6% 的人选择了介于幸福和不幸福之间的"说不清"；但 9.8% 的人认为自己生活得"不太幸福"，2.5% 的人选择了"不幸福"，倾向于不幸福回答的比例为 12.3%。[①] 经过近十年的发展，特别是党的十八以来的发展，我们国家取得了历史性根本性的变革和成就，我国社会发展进入了新的历史阶段，社会主要矛盾发生了变化，人民生活水平得到了大幅提升，这种"相对被剥夺感"逐步从过去的普遍存在变为了今天部分存在。《中国经济生活大调查》连续 13 年面向 10 万家庭的提问，调查发现："2018 年超过半数的受访者感觉生活幸福（50.99%），38.45% 的受访者感觉一般，仅有 10.57% 的人感觉不幸福。大调查发现，2018 年幸福感较前一年提升了 6.81 个百分点。回看大调查 12 年幸福曲线，这是自 2009 年以来，中国百姓整体幸福感最高的一年。"[②] 这一数据也充分说明人们心态在社会现实变迁中逐步向好发展。

三是个别网民表现出来的近似偏执的"仇富"心态。一方面，少数地方官员的腐败以及一些腐败大案要案，在民众中造成极为恶劣的影响，影响了党员干部在群众中的形象。"我爸是李刚""为党说话还是为群众说话""与政府作对就是黑社会"等经网络曝光后，引发了许多网民的不满。另一方面，在不少人为了生计需付出种种艰辛的现实之下，"富家女""官二代"的"炫富"，网上"晒"各式各样奢侈品等，极大激发了很多普通民众的不满情绪。与改革开放初期相比，人们看待贫富差距的心态发生了巨大变化，甚至影响到人们对社会公正和社会主义制度的信念。种种网络舆情漩涡中的现象，使得一些人会偏执地看待政府公职人员、所谓"官二代"和"富二代"，并与之相对应产生了诸如

---

① 《2010 年中国城市居民幸福感调查》，《理论动态》2011 年第 1 期。

② 《中国人"幸福感"大数据》，2019 年 3 月 14 日，见 https://www.sohu.com/a/301107 796_120060925。

"穷二代""农二代""屌丝""蚁族""拼爹"等名词，实际上这些都是一种不太正向的心理宣泄和思维定式。这种近乎偏执的"仇官""仇富"心态的非正常释放鼓噪了一些人的消极心理，使得这些人对境遇好于自己的别人常常是"羡慕嫉妒恨"，对社会对立的出现提供了"催化剂"，增加了社会风险，愈加渲染了社会的不公，对社会稳定团结形成了潜在的影响。

四是不同程度存在的焦虑情绪和"不信任"心态。经济快速发展时期人们的焦虑情绪往往表现为对未来乃至当下的生存和发展的隐忧，这种"隐忧"实际上就是因为生活中的诸多"不确定性"因素过多。随着互联网技术的成熟与普及，我们迈入"21世纪知识大爆炸时代"。面对个人吸纳知识速度与知识更新速度之间差距过大的矛盾，以及劳动力素质普遍提高的现状，人们无法保证自身生存与发展前景如何，普遍产生焦虑情绪。因为"不确定"，才会带来负面心理和精神压力。人与人之间的相互信任也为此受到很大影响，社会诚信建设任重道远。

五是个别网民不时表现出来的"狭隘的极端主义"心态。所谓"极端主义"心态，大多就是固守一隅而放弃全面、客观、公正的视角，习惯性地从单一角度、某一方面、独一层次看问题，又下意识地遮蔽了其他角度、方面和层次。这种"狭隘的极端主义"心态，常常带来的是"全盘否定论"和"怀疑主义论"，这在很多网络BBS、微博、微信的回帖中表现得颇为明显。比如，一些人在看待某一观点之时，要不"左"得出奇，要不就是右得"叹为观止"；要不认为深化改革就应当全盘私有化，要不就是认为应该全面"国进民退"；一说到民营企业老板，就觉得"为富不仁"；一看到别人做好事，就觉得人家是"作秀"；一说到国有企业，就认为是靠垄断而非市场竞争挣取利润；一听到某某人挣钱多，就觉得别人是赚"阴暗钱"；"一说到'文凭腐败'，似乎所有官员的在职文凭都是以权谋私的结果；一论证某人抄袭，所有寻常的细节、片语都被牵强附会成有力论据；说点本土实情为本土利益辩护的，则被指为狭隘的民族主义；当某个具体事情被上升到'爱国'层面讨论时，一方往往指责对方是崇洋媚外的'卖国贼'，另一方则斥之为误国误民的'爱国贼'"①。凡此种种，网络上所谓"五毛"与"美狗"的"口水战"，大多都是偏激、固执的极端言辞和谩骂，其后果就是既掩盖了问题，又导致人们很难在某一问题上达成一致意见，进而凝聚共识。"抖落了口水"，看似很满足，实际上现实问题还是未能根本推动解决。从这一意义上，可以看出，空谈是何等误国！做改革的参与者、社会的建设者，而不是旁观者、抱怨者，这一点尤为重要。

上述种种社会心态，不论表现形式如何，其背后原因，都是我国社会转型时期客观存在的一系列问题所导致的，甚至于很多问题也是这个发展阶段所独有的。社会心态只是社会现实问题在公众心目中的自然流露和直接反映。但是，这些问题又是可以通过能动的改革来逐渐解决的。

《社会心态蓝皮书：中国社会心态研究报告（2018）》重点从经济压力、人际压力和社会环境压力切入测评公众的社会压力感。数据结果显示，住房、子女教育和物价是当前公众生活的主要压力来源。物价、医疗、住房、子女教育等民生问题与公众利益直接相关，是长久以来公众最关注的重点问题，各地租房价格飞涨给租客带来巨大生活压力，基本公共教育服务均等化是公众的期盼，公众对民生问题的忧虑和关注直接体现对美好生活的憧憬和追求。当前，人们的生活水平提高，但生活压力特别是来自经济方面的压力增大，对物价上涨更为关注；人们对房价、食品安全、交通安全、医疗安全和社会治安等问题比较担忧，但社会整体风险意识还不够；社会信任度总体不高，社会交易和运行成本较大；人们的社会参与热情逐渐提高，但较多表现为关注型参与，实际行动参与比例不高。② 可以说，目前种种不良社会心态都与我国现阶段经济快速发展、社会转型出现的不合理、不公正等因素直接有关，或言之

---

① 江柳依：《摈弃"狭隘的极端主义"》，《人民日报》2012 年 6 月 14 日。

② 时晓莉：《〈社会心态蓝皮书：中国社会心态研究报告（2018）〉发布》，2018年11月7 日，见 http://www.cssn.cn/shx/shx_tpxw/201811/t20181107_4771307.shtml？from=groupmessage。

"改革的阵痛"。与我国经济总量跃居世界第二不尽匹配的是，经济增长没能带来人们特别是青年人①的幸福感、满足感的普遍提升，相反人们在很多方面压力还很大，如就业压力、生存压力、住房压力、人际交往压力等，个别人在物质生活领域还有很多焦虑和不满情绪。正如马克思认为的，人们为之奋斗的一切都与利益有关，"一座小房子不管怎样小，在周围的房屋都是这样小的时候，它是能满足社会对住房的一切要求的。但是，一旦在这座小房子近旁耸立起一座宫殿，这小房子就缩成茅舍模样了。这时，狭小的房子证明它的居住者不能讲究或只能有很低的要求；并且，不管小房子的规模怎样随着文明的进步而扩大起来，只要近旁的宫殿以同样的或更大的程度扩大起来，那座较小的房子的居住者就会在那四壁之内越发觉得不舒适，越发不满意，越发感到受压抑"②。

美国心理学家桑斯坦在其《极端的人群：群体行为的心理学》一书中提出，"当人们身处由持相同观点的人组成的群体当中的时候，他们尤其可能会走极端。当这种群体中出现指挥群体成员做什么、让群体成员承担某些社会角色的核心人士的时候，很坏的事情就可能发生"③。对待某一问题有着共同感受的人，在某一问题解决的行动上通常更容易达成一致结果，进而诱发群体性事件。比如，"曾经在事业中处于上层，掌握一定社会资源，拥有一定社会地位、政治影响、财富占有或文化创造，却由于某些客观或主观原因而不再占据某种优势，并产生悲观心态的人群；虽然仍身处精英位置，但随着身份的变动、地位的升迁已与原来的情境或者离自己理想中的情境相距遥远，有悲观心态的一类人；经

①　有观点认为当代青年更多是一种非传统意义上的底层公众，因为"与传统意义上的底层公众相比，'新底层公众'群体构成更为复杂、文化程度相对较高、价值取向多元、自我期望值高、利益诉求表达强烈。'新底层公众'一无资本、二无权力、三无'关系'、四无声望，但大多怀有理想与希望"。参见人民论坛"特别策划"组：《新底层公众，谁在沦落底层》，《人民论坛》2010年第19期。

②　《马克思恩格斯选集》第1卷，人民出版社2012年版，第345页。

③　[美]凯斯·R.桑斯坦：《极端的人群：群体行为的心理学》，尹宏毅译，新华出版社2010年版，第3页。

过辛苦努力和个人能力希望成为精英人群，但现实却达不到个人理想时而深感怀才不遇，空有抱负而无法施展的一类人群"①。可以说，不论从哪一角度来看，对我国当前社会心态的剖析都是值得我们认真研究的。

二、当前培育良好社会心态的重要性及基本要求

为什么要培育良好的社会心态，从唯物史观的角度这是一个无需再论明的话题，因为都熟知"社会意识对于社会存在的反作用"原理。站在全面建成小康社会决胜期这一关键节点，我们正面临两个重要阶段：第一个阶段，从 2020 年到 2035 年，在全面建成小康社会的基础上，再奋斗十五年，基本实现社会主义现代化；第二个阶段，从 2035 年到本世纪中叶，在基本实现现代化的基础上，再奋斗十五年，把我国建成富强民主文明和谐美丽的社会主义现代化强国。在这一关键节点，培育与之相适应、相匹配的普遍的良好社会心态，具有至关重要的作用。体现在：

一是全面建成小康社会和实现新百年奋斗目标需要安定团结的社会环境。没有安定团结的社会氛围，就难以"聚精会神搞建设、一心一意谋发展"。比如，社会群体性事件必然会消耗掉大量人力物力资源，消解掉大量原本可以用以促进社会发展的力量源泉，因为任何群体恶性事件的代价都是社会来"埋单"。社会风险带来的危害终归是老百姓深受其害，群体性事件本身带来的公众视线偏移，消耗的是社会生产建设的"机会成本"。

二是全面建成小康社会和实现"两个一百年"奋斗目标需要高素质人才的后继支撑。能不能在此决胜阶段经过党团结带领全国人民齐心协力、奋发作为，最终实现全面建成小康社会，离不开当代青年。当代"90 后""00 后"青年大学生将成为全面建成小康社会、发展中国特色社会主义事业的重要生力军。好的心态是办好事情的前提。他们的心态

---

① 人民论坛"特别策划"组：《社会转型下的心态难题——人民论坛系列特别策划回顾》，《人民论坛》2011 年第 18 期。

如何、价值观如何，不论对于他们个体自身，还是对于之后的社会发展状况，意义都是同等重要的。为此，克服消极心理和不良情绪，为全面建成小康社会凝聚更多、更大、更强的力量，要在这一历史决定性阶段着力培育积极良好的社会心态。其基本要求是：

其一，自尊自信。自尊，体现为"既不妄自菲薄，也不妄自尊大"。要求我们有中华民族和文化的认同，要正视我们自身存在的问题，也要相信我们完全有能力解决这些问题，办好自己的事。习近平在庆祝中国共产党成立 95 周年大会上曾强调："全党要坚定道路自信、理论自信、制度自信、文化自信。当今世界，要说哪个政党、哪个国家、哪个民族能够自信的话，那中国共产党、中华人民共和国、中华民族是最有理由自信的。有了'自信人生二百年，会当击水三千里'的勇气，我们就能毫无畏惧面对一切困难和挑战，就能坚定不移开辟新天地、创造新奇迹。"①自信，体现为道路自信、理论自信、制度自信和文化自信，即对中国特色社会主义道路、中国特色社会主义理论体系、中国特色社会主义制度和中国特色社会主义文化的自信。要做到自尊自信，核心就是要坚定对党的领导、对马克思主义的信仰和对中国特色社会主义的信念。

其二，理性平和。正如有评论指出的，"走过高呼'杀死苏格拉底'的古希腊法庭，穿越法国大革命激进主义掀起的狂飙，人类对非理性的躁动保持高度警惕。理性有序的环境有利于大大降低社会关系调节的成本，温和渐进的改革是历史进步的明智选择，这已成为现代社会不可动摇的共识。在一个十多亿人口的国家，面对急剧变化的社会转型期，培育理性平和的社会心态，尤为重要"②。理性平和，要求我们理性看待收入差距，理性面对社会不公，理性评价网络民意，平和看待别人的成功之道。要意识到阶段性的问题不会成为永久性的问题，更不会主观搁

---

① 习近平：《在庆祝中国共产党成立 95 周年大会上的讲话》，人民出版社 2016 年版，第 12 页。

② 王晶雄：《应该如何培育理性平和的社会心态?》，《人民日报》2013 年 4 月 10 日。

置。只有理性平和，才不至徒添几份让自己不愉快的"羡慕嫉妒恨"，才不会"郁结于心"，相反，会为自身发展赢得更多时间和空间，把自己的事情先做好。

其三，积极向上。积极向上，顾名思义就是一种乐观豁达的"阳光态度"，一份踏实肯干、拼搏进取、执着追求的"恒毅力量"，而不是"瞎折腾"。积极向上的心态，"贵"在持之以恒，"重"在实干智干。积极向上，要求我们眼光要长远些，懂得"风雨过后便是彩虹"，有时艰难的"负重前进"，是为了迎来行将不远的"灿烂之日"。

其四，开放包容。开放，体现为"不刚愎自用""不自以为是"。不论是个体，还是国家，亦然如此。不仅要看到自己的好，还更要去看中和挖掘别人的好。在全球化时代，大胆借鉴其他国家优秀文明成果和成功经验，对我们自身来说会大大获益。包容，意蕴要容许改革过程中的某些尝试性的错失。"成功的政府依赖理性的国民"，渐进式的改革过程中，需要一定的试错。开放包容的心态，要求我们个人多以"欣赏美""发现美"的态度去看待别人，观照自己，做社会主义的建设者、参与者、奋斗者。

三、培育良好社会心态的主要路径

正如《2011 年中国社会心态研究报告》所说，书中所调查对象的社会公平感整体不强，机会公平感最弱，主观社会阶层认同处于中上阶层的调查对象社会公平感最强，底层认同的调查对象社会公平感最弱。"市场化改革过程中权力寻租（腐败）、结构性的贫富差距、断裂化的社会分层结构、底层群体获益增长速度远低于经济增长速度、社会政策相对滞后、强制拆迁、税负不均等问题，阶层化相对剥夺感、普遍性仇官仇富情绪、对立化不信任情绪成为了社会心态的突出的表现，严重影响社会心态的平衡。"[①] 怎样来解决这一系列的问题，及时疏导社会负面情

---

① 王俊秀等：《2011 年中国社会心态研究报告》，社会科学文献出版社 2011 年版，第13 页。

绪，因势利导，培育"自尊自信、理性平和、积极向上"的良好社会心态，营造安定团结、奋发有为的社会氛围，确保在 2035 年基本实现社会主义现代化，在本世纪中叶实现把我国建成富强民主文明和谐美丽的社会主义现代化强国的目标，打好"思想统一战"，非常值得深入研究。培育良好社会心态，是一个系统的工程。

一要坚持共同富裕之路，着力加大改善民生，不断完善社会保障体系，努力实现经济发展与人民幸福感的提升相同步。在 2017 年中央经济工作会议上，习近平指出："做好民生工作，要突出问题导向，尽力而为、量力而行，找准突出问题及其症结所在，周密谋划、用心操作。"① 民生问题涉及社会公众基本生存和生活的问题，是影响社会心态良性发展的主要因素之一，更加注重以人为本，更加注重保障和改善民生，具有全局性的重要意义。坚持"做蛋糕"与"分蛋糕"并重，只生产而不改善民生，"那就只会有贫困、极端贫困的普遍化；而在极端贫困化的情况下，必须重新开始争取必需品的斗争，全部陈腐污浊的东西又要死灰复燃"②。目前要重点解决住房、医疗卫生、教育等领域的突出问题。要建立和完善公平合理的分配体制，缩小贫富差距，为人们提供公正、平等的向上流动（社会代际）的机会，防止引发群体性的社会问题。社会公正是社会和谐的基本条件，没有公正的代际流动机制和制度，社会是不可能和谐的。

二要加大社会支持体系建设，积极构建多元化、多渠道、多层次的社会心态调适机制，有效引导和调节社会心态。在短期内不能很快彻底消除矛盾和问题的客观"限制"下，加强社会支持体系建设，以补偿、减缓频发突发"矛盾"和"问题"带给人们的思想心理上的"阵痛"感，显得十分重要且紧迫。社会支持体系，不仅是来源于传统层面的家庭及亲朋关系，还来源于政府、民间和社会的广泛力量。为此，要

---

① 《中央经济工作会议在北京举行　习近平李克强作重要讲话》，《人民日报》2017 年12 月 21 日。

② 《马克思恩格斯选集》第 1 卷，人民出版社 2012 年版，第 166 页。

通过民间和社会组织的力量来扶助处于极度压力和贫弱困境的人们，建立常态的应对物价上涨、重大疾病、失业、自然灾害等问题的援助体系，使人们在遇到重大困难时，不仅可以得到政府的帮助，而且还能得到来自社区、民间组织、志愿者和专业心理援助等机构以及个人的帮助，从而缓解心理压力，避免走入极端。同时，还应普遍地建立公民、企业和其他组织的征信系统，通过有效的奖惩来强化公民个人和组织的诚信行为，增强人与人、组织与组织之间的信任感。

三要加大腐败治理力度，提高公共权力运行透明度，完善监督机制和约束规范公共权力运行，提高党政机关的公信力，密切联系群众。习近平在党的十九大报告中强调："全面推进党的政治建设、思想建设、组织建设、作风建设、纪律建设，把制度建设贯穿其中，深入推进反腐败斗争，不断提高党的建设质量，把党建设成为始终走在时代前列、人民衷心拥护、勇于自我革命、经得起各种风浪考验、朝气蓬勃的马克思主义执政党。"[1] 要建立健全党和政府主导的维护群众权益机制，完善信访制度，完善人民调解、行政调解、司法调解联动的工作体系，畅通和规范群众诉求表达、利益协调、权益保障渠道。一方面，正如党的十九大报告指出的："保障和改善民生要抓住人民最关心最直接最现实的利益问题，既尽力而为，又量力而行，一件事情接着一件事情办，一年接着一年干。坚持人人尽责、人人享有，坚守底线、突出重点、完善制度、引导预期，完善公共服务体系，保障群众基本生活，不断满足人民日益增长的美好生活需要，不断促进社会公平正义，形成有效的社会治理、良好的社会秩序，使人民获得感、幸福感、安全感更加充实、更有保障、更可持续。"[2] 凡是涉及群众切身利益的决策都要充分听取群众意见，凡是损害群众利益的做法都要坚决防止和纠正。目前，最为突出的

---

[1] 习近平:《决胜全面建成小康社会 夺取新时代中国特色社会主义伟大胜利——在中国共产党第十九次全国代表大会上的报告》，人民出版社 2017 年版，第 61 页。

[2] 习近平:《决胜全面建成小康社会 夺取新时代中国特色社会主义伟大胜利——在中国共产党第十九次全国代表大会上的报告》，人民出版社 2017 年版，第 45 页。

就是要完善食品、交通、医疗等方面的监管体系，特别是减少和杜绝食品安全事件的发生。另一方面，党政机关公职人员和广大新闻媒体、文教卫等从业人员都应转变作风，"接地气"，学会正确看待和处理人民内部矛盾，进一步密切干群、党群关系。还要充分以党组织建设为中心和龙头，发挥党员的先锋模范作用，增强基层党组织的战斗堡垒作用，密切联系群众，做到始终以人民为重。

四要加强思想舆论引导，引导公众在利益获取的格局中正确看待自身、市场和政府三者的关系。计划经济背景下形成的民众对政府的依赖情结在市场经济条件下形成了挥之不去的阴影，政府什么问题都解决好了则群众拥护，自然认同党和政府的方针政策，包括社会主义意识形态，倘若解决不好则会在埋怨政府的同时随意地诋毁和反诉意识形态。"政府和单位在提供社会福利、解决社会问题上的垄断角色造就和强化了民众'有困难找政府，有问题找单位'的意识。这里有两方面的问题：第一，政府靠行政体系处理问题已建构了一种意识形态并指导着人们的求助行为，依靠政府和单位解决困难已经成为民众的习惯。第二，群众遇到的某些问题是由政府部门、企事业单位推动的改革造成的，他们要向责任主体求诉以解决面临的困难。"[1] 但是，随着市场经济体制的深化发展，政府也在不断地向服务型政府转变，很多计划经济时代下政府的职能都会渐渐移交市场，政府与市场的各自归位需要人们树立与之相适应的观念意识。改善民生，增加民众福祉，解决群众日常生活当中的困难，对于改善和提升社会主义意识形态凝聚力同样是至关重要的。

五要以社会主义核心价值体系引领多样社会思潮，积极按照"三个倡导"培育社会主义核心价值观，进一步加强和改进宣传思想工作，特别是青年大学生的思想政治教育，同时注重网络时代的工作方式方法创新。要积极坚持培育社会主义核心价值观，并将其贯穿改革开放和社

---

[1]　王思斌、阮曾媛琪：《和谐社会建设背景下中国社会工作的发展》，《中国社会科学》2009 年第 5 期。

会主义现代化建设各领域，体现到精神文化产品创作生产传播各方面。其中，最关键的是，在日常思想宣传舆论工作中，特别是在大学生思想政治教育工作过程中，要敢于、勇于、并智于旗帜鲜明地坚持"四个划清"，以社会主义核心价值体系引领多样社会思潮。同时，非常重要的一点是，要加强网络舆情监控与引导，构建网上网下衔接联动的宣传体系，因为很多社会心态都是因为网络信息的复制、传播和网民们的不断渲染，直至最终形成潜在风险性影响的。2016 年 2 月 19 日，习近平在党的新闻舆论工作座谈会上指出，历史和现实都告诉我们，舆论的力量绝不能小觑。舆论导向正确是党和人民之福，舆论导向错误是党和人民之祸。好的舆论可以成为发展的"推进器"、民意的"晴雨表"、社会的"黏合剂"、道德的"风向标"，不好的舆论可以成为民众的"迷魂汤"、社会的"分离器"、杀人的"软刀子"、动乱的"催化剂"。网络舆情舆论迅猛发展的背景下，如何加强网络舆情引导，对宣传思想文化工作起着关键作用。此外，还应建立了解和研究社会心态的系统，密切关注社会心态变化，及时发现问题并采取有效措施加以解决。

美国社会学家奥格本在其《社会变迁》一书中谈及一个富有启发性的观点，认为在社会变迁过程中，非物质文化总是滞后于物质文化的发展，技术的进步快于观念和制度的变革，我们一直处于现代化快速发展的紧迫之中，存在于一种个体与社会的结构性张力，个体被迫追求持续不断地除旧迎新，所以人们常感生活在不适应状态之中。这给了我们一点启示，就是社会发展应是一个系统的完善过程。不能"一条腿长，一条腿短"。要坚持以人为本，贯彻全面协调可持续的基本要求，做到统筹兼顾。这似乎也是让我们明白，不坚持以人民为中心的发展理念，不坚持科学的发展观，人在经济快速发展进程中的不适应感就难以彻底"擦除"，消极社会心态就会出现。因此，要确保到 2035 年基本实现社会主义现代化，到 2050 年把我国建成富强民主文明和谐美丽的社会主义现代化强国，必须更加自觉地把现阶段不良社会心态转为积极向好的一面。

四、社会心态问题对增进马克思主义认同的启示

马克思主义具有与时俱进的理论品质，高扬马克思主义的理论品质，就应当赋予马克思主义时代特色，坚持理论创新，发展当代中国马克思主义、21 世纪马克思主义。同时，必须立足当代实践，不断赋予马克思主义鲜明的实践特色和民族特色，从而实现马克思主义从内容到形式再到传播的创新，并把具有最新的时代内涵的马克思主义贯彻到广大人民群众的实践中，给人民群众带来实质性的利益和实惠。只有这样的马克思主义，才是人民群众喜欢的马克思主义，是民众从内心真正认同的马克思主义。

第一，形成中国风格、中国气派的话语体系，发展 21 世纪中国的马克思主义。在全球化条件下，各种思想意识相互碰撞，形成一种统一的思想意识确实很难。但我们必须坚持马克思主义的主导地位，以此引领社会思潮，形成人们心中坚定的信仰。发展 21 世纪中国的马克思主义是一个宏大的系统工程，既要在内容上与时俱进和系统创新，又要精心打造中国风格、中国气派的话语体系，努力实现内容与形式的有机统一和完美结合。推进中国马克思主义话语的民族化。习近平指出"发展21 世纪中国的马克思主义"[1]，这里的"21 世纪"不仅是时间定位，而且指时代特征；这里的"中国"不仅是地理定位，而且指中国特色。发展 21 世纪中国的马克思主义就不仅是指马克思主义的发展要与 21 世纪中国的实际相结合，而且是指马克思主义的发展要有中国特色、中国风格、中国气派。中国特色社会主义是马克思主义基本原理与当代中国实际相结合的产物，是在中国的土壤上生长起来的科学理论，其内容是中国的，其话语体系也是中国的。因为越是中国的，越能为中国的老百姓所接受；越是中国的也越是世界的，越能在世界话语体系中凸显我们的特色和个性，越具有影响力吸引力。党的十八大以来，习近平总书记的系列重要讲话，就颇具中国特色、中国气派。他经常借用中国的诗词、

---

[1]　《习近平在中共中央政治局第二十次集体学习时强调　坚持运用辩证唯物主义世界观方法论　提高解决我国改革发展基本问题本领》，《人民日报》2015 年 1 月 25 日。

成语、典故、历史故事等说明中国特色社会主义建设中的重要理论和实践问题，把中国的文化和语言巧妙地融合在理论的阐发之中。这不但加深了人们对理论的理解，而且从感情上拉近了距离。如果坚持不懈沿着这个方向走下去，我们就一定能够成功地打造出 21 世纪中国的马克思主义话语体系。① 只有这样，才能更好地促进马克思主义在中国的传播发展，增强人们对马克思主义的认同。

第二，以群众喜闻乐见的方式宣传马克思主义。理论是行动的指南，马克思指出："理论一经掌握群众，也会变成物质力量。理论只要说服人，就能掌握群众；而理论只要彻底，就能说服人。所谓彻底，就是抓住事物的根本。"② 马克思主义要掌握群众，必须将其理论的宣传牢牢立足在群众的基础上，选择群众喜好的方式。只有真正走群众路线，并将马克思主义理论宣传融入大众的日常生活，才会为人民群众所接受。因此，要重视马克思主义宣传教育话语方式的转变，实现由政治性话语向文化性话语转变。以政治性话语进行宣传，往往会出现内容空泛重复、形式上简单化的倾向，从文化认同上来宣传马克思主义，效果会更佳。因为民众对文化载体和形式更能有喜闻乐见的"习惯"。基于此，有学者从马克思主义与中国传统文化的关系上来说明马克思主义。认为"从文化的地域、民族、历史传承等特性来看，马克思主义与西方传统文化具有天然谱系关系，与中国传统文化相比，确实是一种异体、异质的文化，二者之间似有太多、太大的差异。但是，正如许多西方学者所注意到的，在中国漫长的文明史中，马克思主义以一种外来的理论体系自'五四'之后仅经过 20 多年就上升为中国社会的主导思想，并产生了几个一脉相承的马克思主义的理论形态。这不能仅止于马克思主义中国化是中国共产党人把马克思主义的普遍原理与中国革命、建设的具体实践相结合的产物的单向度认识，需要特别注意解读马克思主义与中国民族精神、社会心理和文化传统层面上的一些结合、相通表现，而恰

---

① 闫志民：《形成中国风格中国气派的话语体系》，《求是》2015 年第 8 期。
② 《马克思恩格斯选集》第 1 卷，人民出版社 2012 年版，第 9—10 页。

恰是后一点所产生的作用、价值更具有深刻和深远的影响"①。因此，在马克思主义中国化的过程中，如何使其切实成为中国现代文化的重要组成部分，内化为广大群众的精神和思想自觉变得尤为重要。从马克思主义的思想理论来看，其各方面都可融汇到中国现代文化中去，都可在中国人的思维训练、价值追求和境界提升等方面发挥基础作用。马克思主义，是有着鲜明特色和全新内涵的新型文化形态，其严密的理性思维、合理而科学的历史与逻辑论证、深刻而令人信服的理论观点与价值目标，对提升、扩展、丰富中国现代文化有着其他思想不能取代的地位与价值。马克思主义应该成为中华现代文化建构中的重要元素和关键部分，进而内化到整个国家以及各民族的文化心理和文化价值中，从而提升马克思主义的认同度。

第三，给群众看得见的利益来增进马克思主义认同。"'思想'一旦离开'利益'，就一定会使自己出丑"②，要获得大众对马克思主义的认同，马克思主义就必须满足大众的现实需要和利益诉求。因为大众在认同一种意识形态的时候，总是按照这种意识形态能否以及在多大程度上能满足自己的需求的标尺。马克思主义只有切实代表群众的利益，才能为群众所喜欢，所接受，所认同。正如毛泽东所言："一切空话都是无用的，必须给人民以看得见的物质利益。"③这既是评价共产党人言行正确有否的最高标准，也是马克思主义能否在当代中国取得大众认同以及在多大程度上认同的决定性因素。中国共产党是为人民服务的政党，从新民主主义革命，到社会主义建设时期，在党的领导下，人民群众翻身做了主人，过上了幸福生活，正是这些实实在在的利益让人民群众对党产生认同和崇敬。在当代中国，马克思主义要获得广大人民群众的认同，其根本前提就是始终站在最广大人民群众的立场上。

---

① 吴玉敏：《马克思主义大众化与当代中国文化认同的重建》，《青海社会科学》2010年第4期。
② 《马克思恩格斯文集》第1卷，人民出版社2009年版，第286页。
③ 《毛泽东文集》第二卷，人民出版社1993年版，第467页。

只有让民众从改革和发展中获益，增强现实生活的满意度幸福感，马克思主义才能更为赢得广泛的支持和信任。共享发展理念就体现了这一点。如何在"蛋糕"做大的基础上确保绝大多数人共同享有"蛋糕"，让每一个人共享改革发展的成果，这是共享发展理念的基本要求。共享发展理念就是要使全国人民都能享受到发展的成果，让改革的红利覆盖到每一个人。在现阶段，维护和实现社会公正，关键是要逐步建立以权利公平、机会公平、规则公平为主要内容的社会公平保障体系，努力营造公正的社会环境，让社会发展的阳光普照到每一个人，使全体人民在更加公正的基点上共享改革发展的成果。首先，要保障和改善民生，维护人民群众的根本利益。正视并消除政策调整对广大人民群众实际生活所造成的消极影响，化解人民群众内部矛盾。其次，要维护公平正义，推进民主法治建设。在发展过程中，坚持平等原则，保护弱者的合法权益，同时缩小收入差距，不断调整利益分配格局，使社会变得更公正、更和谐。在维护公平正义的同时更要推进民主法治。培养具有社会主义民主法治观念的公民，提高其政治参与能力，营造良好政治生态，增强马克思主义的影响力和凝聚力。最后，加强党风廉政建设，切实做到为人民服务。中国共产党是以马克思主义为指导思想的执政党，其工作作风直接关系到人民对马克思主义的认同。马克思主义要获得大众的认同，就要求用实际行动来赢得人民群众对党和政府的信赖。在实际行动中转变工作作风，消除形式主义和官僚主义，坚持"权为民所用、情为民所系、利为民所谋"，切实做到全心全意为人民服务。总之，只有把抽象的马克思主义理论转化为具体的路线、方针、政策和工作方法，并切实执行，让广大人民群众真实地感受到马克思主义给自身带来的益处，马克思才会对群众具有感染力和说服力，并提高自身的可信度和认同度。

第四，积极利用重大节庆活动契机弘扬社会主旋律。在重大历史时刻和关键时间节点，通过举办系列庆祝或纪念仪式活动，讴歌伟大英雄人物，颂扬典型事例和光辉人物以及利用不同载体形式来弘扬爱国主义、激发民众奋斗精神，是爱国主义教育的一条宝贵经验。2019年是新中国成立 70 周年，举国上下热烈欢庆这一重大且特殊的历史时刻。从目前庆祝活动和各大媒体报道来看，广大群众特别是青年一代以实际行动充分展现了热爱社会主义祖国、热爱中国共产党、矢志不渝走中国特色社会主义道路的深厚情感和坚定信仰，也给世界展示了新时代中国人民乐观、自信、开放、积极向上、勇于奋斗的良好精神风貌。从党和国家层面，新中国成立 70 周年庆祝活动主要包括隆重举行庆祝大会、阅兵式和群众游行；举办首都国庆联欢活动；颁授国家勋章和国家荣誉称号；举行向人民英雄敬献花篮仪式；举办国庆招待会；举办国庆文艺晚会；举办庆祝中华人民共和国成立 70 周年大型成就展；颁发"庆祝中华人民共和国成立 70 周年"纪念章；制作播出大型文献专题片；发行纪念邮票和纪念币；等等。这一系列活动，如果从爱国主义精神传承和弘扬的角度审视，无疑充分考虑并满足了不同对象的实际需求，非常贴近人民群众的现实生活，而且在"宏大主题"与"日常细微"之间找到了非常好的契合点。比如，群众游行的很多方阵精心设计，其场景与情景的设计源自于老百姓曾经经历过的历史画面，一下子就拉近了心里的距离。再如，这次新中国成立 70 年的成就展，在展览的条目和展品的设计上，既突出了"国事""大事"和"大国重器"，又强调老百姓身边的"家事""小事"。同时，此次成就展按照年代线性逻辑来展开，像走进"时光隧道"一样，从 1949 年到现在 70 年的发展脉络，每个年龄段的人都能唤起记忆深处的共鸣。应该说，新中国成立 70 年的庆祝活动设计水平之高、群众参与度之高、各界人士好评度之高、国际社会关注度之高，都是创了历史之最。各大主流媒体相继推出国庆特刊、特别报道、全媒体节目，浓墨重彩介绍国庆盛典，挖掘背后的感人故事，一系列爆款产品受到读者、网友点赞，激发着人们的爱国情怀。无论是阅兵式、群众游行、联欢活动，还是成就展、文艺晚会，都有很多创新、很多亮点。

从一定意义上来讲，新中国成立 70 年庆祝活动，展现出了新时代中国人民以爱国主义为核心的民族精神和以改革创新为核心的时代精神，特别是展现了当代中国"90 后""00 后"的精神风貌。年轻一代集体行动，以青春告白祖国，以向祖国和人民宣誓争做勇于担当敢于作为的时代新人。70 年，对中国有什么样的意义？1949 年新中国在废墟上建立，现在中国成为世界第二大经济体；1949 年中国居民人均可支配收入仅 49.7 元，这一数字到 2018 年实际增长了 59.2 倍；1949 年大多数国人无法想象去其他国家旅游，2018 年中国出境游人次近 1.5 亿……我们党团结带领全国各族人民不懈奋斗，推动我国经济实力、科技实力、国防实力、综合国力进入世界前列，推动我国国际地位实现前所未有的提升，党的面貌、国家的面貌、人民的面貌、军队的面貌、中华民族的面貌发生了前所未有的变化，中华民族正以崭新姿态屹立于世界的东方。今天的中国已经大踏步赶上了时代、引领了时代。

70 年，可能是一个人的大半生，但在一个国家和民族的历史里可能是沧海一粟，只有以更长的时间轴，才能更好地透视出历史运动的本质和时代发展的方向。如果说 140 多年前李鸿章惊呼清王朝"实为数千年未有之变局"印证了清王朝由盛转衰的屈辱历史，那么，新时代的今天"百年未有之大变局"则昭示着在以习近平同志为核心的党中央的团结和带领下中华民族正不断走向伟大复兴的伟大征程。所以，70 年现实的巨变与成就，已经为道路、理论、制度、文化的自信做了最充分的注解。70 年，某种程度上是我们国家青年一代价值观最大限度"彻底转向"的关键节点。在这一节点，中国人民特别是广大青年一代充分表现出来了爱党、爱国、爱社会主义高度统一的特点，是弘扬爱国主义精神包括整个民族精神的崭新历史起点，也是中华民族在精神上从被动转为主动以来最为主动、最为自信、最为自豪的崭新历史起点。因此，研究和分析新时代接续弘扬爱国主义精神，具有深远意义。

总之，应积极利用重大历史时刻和关键时间节点，通过举行相应的仪式活动，弘扬社会主旋律，传播正能量，不断激发民众内在的爱国情感，在对党和人民的无限深情中加深对马克思主义的认同。

第四章　当代中国的社会思潮与
马克思主义认同

社会思潮是反映现实生活的晴雨表，是社会变迁的风向标。促进马克思主义认同同社会思潮之间有着非常紧密的关系。坚持以社会主义核心价值体系引领社会思潮，尊重差异，包容多样，最大限度地形成社会思想共识，汇聚强大精神力量和团结和睦的精神纽带，需要以马克思主义来作为根本统摄。在以马克思主义指导思想，中国特色社会主义共同理想，以爱国主义为核心的民族精神和以改革创新为核心的时代精神，社会主义荣辱观为社会主义核心价值体系的基本内容中，马克思主义指导思想是灵魂。引领多样社会思潮，必须始终把促进全社会对马克思主义的认同摆在首要位置。中国特色社会主义进入新时代的今天，社会思潮的研究、引领，在整个意识形态建设领域至关重要。党的十九大报告强调"注意区分政治原则问题、思想认识问题、学术观点问题，旗帜鲜明反对和抵制各种错误观点"①，对如何正确对待社会思潮提供了方法论遵循。

第一节　社会思潮研究的突出特点及其方法论

高校作为知识分子和青年学生的聚集地，也是各种思想流派观点

---

① 习近平：《决胜全面建成小康社会　夺取新时代中国特色社会主义伟大胜利——在中国共产党第十九次全国代表大会上的报告》，人民出版社 2017 年版，第 42 页。

形成、衍生和发展的集散地。习近平在全国高校思想政治工作会议上强调，"高校立身之本在于立德树人"，"要坚持不懈传播马克思主义科学理论，抓好马克思主义理论教育，为学生一生成长奠定科学的思想基础"①。这一要求的落实和目标的实现，离不开对社会思潮问题的高度重视。依托马克思主义理论学科，有针对性地开展社会思潮方面的教学和研究，是高校党建和思想宣传工作的需要，也是青年人才培养的需要。其中，掌握当前社会思潮研究的大体状况及主要特点，以科学的方法和思维对待社会思潮，强化系统研究，使之能够正确分析和甄别多样思潮，可以说是马克思主义理论专业学习的基本要求，是练好"看家本领"的关键要领。

一、当前我国社会思潮研究的基本情况及特点

目前，社会思潮研究已成为一种"常态"。这里所言"常态"，主要指社会思潮研究的学科归属、范围程度、内容所涉、问题论域、研究方法等相对趋于稳定。社会思潮的教学和研究当下已相对稳定。

（一）社会思潮研究总体概况

近些年，社会思潮研究得到了学界的高度关注，马克思主义理论、哲学、文艺学、历史学、政治学、法学等学科领域都或多或少涉及社会思潮方面的问题，只不过，马克思主义理论学科对该问题的重视，从程度上讲最深厚，从范围上讲最普遍，研究也最为系统和全面。

许多高校都专门开设社会思潮方面的课程，或称"马克思主义与当代社会思潮""当代社会思潮与青年教育""当代社会思潮专题研究""现当代西方社会思潮专题"等不一而足。不少高校马克思主义理论学科都设有社会思潮方面的研究方向，且形成了一批相对稳定的研究者。2020年3月13日在中国知网以"社会思潮"为篇题检索可得到近3084篇文献。在国家图书馆检索"社会思潮"题名的著作，可得出220余条记录，其中2000年以来的出版数约占86%，学界对社会思潮的关

---

① 《习近平谈治国理政》第二卷，外文出版社2017年版，第377页。

注度可见一斑。

社会思潮研究的论域主要聚焦于四个方面：一是对社会思潮本身的内涵、特征、影响（功能）、传播方式及其现当代的表现新形态的一般性研究；二是对国内几种影响较大的错误思潮的历史脉络、内容观点、形成原因、具体表现及其实质等的剖析；三是对诸种错误思潮的甄别、批判、引领及治理的路径方法的探讨；四是基于中西不同制度、国情和文化背景下的比较研究。从研究主题来看，总体上趋于稳定。研究方法方面，则主要以文献研究、比较研究和实证研究为主，定性研究居多。研究范式上，则整体体现为"引领"和"批判性"的范式，以及新近学界提出的"治理"范式。应该说，上述这些情况的形成是历史性的，是思想理论界长期关注社会思潮特别是重视规避错误社会思潮之消极影响的结果，也是社会思潮从内容上虽然牵涉多学科而实际研究的主要任务落在了马克思主义理论学科的结果。

（二）社会思潮研究的主要特点

社会思潮有其自身衍化发展的内在逻辑，这从一定意义上影响和决定着其研究的总体趋势，使得研究呈现出一定的特点。清华大学林泰教授总结了社会思潮形成发展的轨迹，即"社会经济基础、上层建筑的变革；社会心理的演化和社会思潮的孕育；一定的思想家提出引领社会走向的思想理论；首先在知识群体中传播、发酵、论辩；以多样化形式在大众中传播、扩散，形成社会思潮的交锋；形成群体性的政治斗争；反复多次后最终影响历史走向"[1]。"交锋"与"政治斗争"作为社会思潮争鸣的表现形态，也决定了其研究本身的导向性、弥散性、即时性和应需性。"舆论需要"有时会使社会思潮研究在某些"喧嚣阶段"颇有热度，而在某些"沉寂时段"难免遇冷。持续追踪研究有时难以形成，而且是否形成往往与研究者自身的学术旨趣、视野、敏感度甚至信念直接相关。社会思潮本身的内容来源是多学科的思想理论观点以及传播者

---

[1] 《关于社会思潮研究的几个基本理论问题——访清华大学马克思主义学院林泰教授》，《思想理论教育导刊》2016 年第 5 期。

个人心理、情感、态度等的"杂糅体"，客观上研究需要多学科之间、多维度之间的综合，研究者是否具备宽广的学术视野至关重要。

随着社会思潮关注度与日提升，研究层面存在的一些问题也逐渐明显。比如，从面上看，目前无论在研究团队、学术机构还是凝练方向上，尚有不少空间。全国高校少有专门研究社会思潮的基地和学术中心，因而在深入追踪式研究方面明显不足。比如民主社会主义在2007年到2008年学界一度讨论颇为激烈，之后却又渐为沉寂。再如"普世价值"思潮，2008年前后是很热的话题，尔后略微有所降温，随着社会主义核心价值观的提出，特别是"人类命运共同体"和"共同价值"的提出，相关讨论又多起来，有人故意混淆和歪曲"共同价值"与"普世价值"的区别，不少错误言论再次沉渣泛起，包括历史虚无主义思潮，都有这个特点。这也使得错误社会思潮研究呈现两个特点：一是内容上缺乏对错误思潮的西方历史文化渊源、"土壤"及话语语境的深入分析；二是时间上缺乏对错误思潮进行持续全面彻底的研究。很多时候以简单宣传的方式而不是以学术研究的做法对待错误思潮，也使得许多错误思潮常常以包装和改良过的新面孔出现，而其背后的实质诉求还是共通的。

二、当代中国社会思潮研究方法论的几个问题

2018年习近平在全国宣传思想工作会议上强调："中国特色社会主义进入新时代，必须把统一思想、凝聚力量作为宣传思想工作的中心环节。""当前，我国发展形势总的很好，我们党要团结带领人民实现党的十九大确定的战略目标，夺取中国特色社会主义新胜利，更加需要坚定自信、鼓舞斗志，更加需要同心同德、团结奋斗。我们必须把人民对美好生活的向往作为我们的奋斗目标，既解决实际问题又解决思想问题，更好强信心、聚民心、暖人心、筑同心。我们必须既积极主动阐释好中国道路、中国特色，又有效维护我国政治安全和文化安全。我们必须坚持以立为本、立破并举，不断增强社会主义意识形态的凝聚力和引

领力。"① 为更深入研究社会思潮，进而在消解错误思潮的影响上更有效果，增强宣传思想工作的有效性，从研究方法论或研究视角层面，需要注意到以下几个问题。

一是要明确研究社会思潮的实质与着力点。这说的是当代中国社会思潮研究到底研究什么的问题，这是出发点和立足点。广义上讲，研究社会思潮若不带任何价值立场，某种程度上与研究思想史、学术史，甚至学者个人思想其实不甚清明。在当代中国，从马克思主义理论学科的角度研究社会思潮主要是要研究种种错误的思潮。这里的错误，自然是容易把我国社会主义事业发展引向歧路的思想观点。核心和重点任务是要对新自由主义、民主社会主义、历史虚无主义、"普世价值"、"宪政"思潮、新闻自由、军队"三化"思潮、"去意识形态化"思潮等进行批判性研究。因此，在我国社会思潮研究主要是指对上述这些错误社会思潮的研究。

二是要注意对整个西方社会思潮包括西方思想史的整体把握。"思而成潮""数千年未有之大变局""中国向何处去"，是我国近代以来社会思潮跌宕起伏的时代背景的鲜明描述。当代中国各种错误思潮，绝大多数是以西方的经验性事实作为立论基点提出的。而从近代中国发展历程来看，很明显，这是在"西强东弱"的大背景下形成的。中国社会思潮激荡变化的两个主要时期，一个是五四运动前后，一个是改革开放以来。这两个时期，西方社会现实状况也是我国社会思潮形成或被催生的"参照系"。因此，把握西方社会思潮的整体脉络是重要的研究前提，这有助于更有针对性地认识当代中国社会思潮的形成逻辑及流变过程。关于西方社会思潮，从整体上可分为哲学思潮、政治思潮、经济思潮和文化思潮四大部分。哲学思潮包括科学主义、人本主义、基督教神学思潮、后现代主义、西方马克思主义、实用主义、未来主义等；这些思潮其实包含了当代西方哲学的主要观念，诸如人本观念、相对观念、多元

---

① 《习近平在全国宣传思想工作会议上强调　举旗帜聚民心育新人兴文化展形象　更好完成新形势下宣传思想工作使命任务》，《人民日报》2018 年 8 月 22 日。

观念、解释观念、无本观念等。政治思潮如自由主义、新自由主义、新保守主义、民主社会主义、社群主义、女权主义、绿色和平主义、"新左"思潮、"第三条道路"等。经济思潮如凯恩斯主义、供给学派、新制度主义、新自由主义等。文化思潮如保守主义、复古主义、全盘西化论、新儒家等。要研究当代中国几种影响较大的错误思潮，对上述西方社会思潮应该有整体的理解和把握，只有这样，有针对性的批判和引领才有效果，才能做到"理论彻底"。

三是要注重西方历史性形成的概念与中国本土话语的区分，科学甄别一些概念。比如"公民社会""政党"这些概念。"公民社会"是在西方特别是西欧的重商主义传统中形成的市民社会的基础上发育形成的一个概念，其不等于 NGO，非政府组织独立于政府之外，不等于反对政府。公民社会思潮的批驳，更要有中西不同历史文化背景的梳理和比照。再如"政党"这一概念，实际上中国的政党并不有如西方政党产生时相似的背景，其诞生的历史使命和时代条件完全不同。不论是 1905 年孙中山和黄兴等革命先驱在日本东京最早成立的中国同盟会和后来改组形成的国民党，还是中国共产党，都没有像西方最早政党英国托利党和辉格党那样无须面对解决国家主权完整和民族觉醒复兴的问题。孙中山先生以"驱除鞑虏，恢复中华，创立民国，平均地权"十六字为政治纲领，鲜明地体现了当时中国同盟会的主张，完全不是、也无法是为赢得选票，更不是为权力制衡。中国共产党更是根本不像西方政党一样代表某个社会群体的某个"党派"，不是为了选举获得选票，而是为了赢得民族独立、人民解放、国家统一和社会稳定。中国共产党有纪律检查机关和自为纠偏机制、战略规划定力，特别强调思想上建党、筑牢思想基础，体现出了明显的优势，也充分印证了西方"政客为选票负责、政治家为下一代负责"这句谚语，显示出与西方政党的本质不同。因此，不加区分地用基于西方历史文化背景形成的对政党概念的理解来直接注解分析我国近现代历史上形成的政党，本身是不合理的。注重西方历史性形成的概念与中国本土话语的区分，在社会思潮研究中尤其重要。

四是要坚持逻辑与历史的统一，把握社会思潮的历史演化逻辑。

比如，研究当代中国新自由主义思潮的主张、特点、表现及其影响，就要在西方自由主义数百年的嬗变历史中把握其走势。自由主义，在其上升时期更强调政治自由，成熟时期更主张经济自由，转型时期更强调国家干预，后冷战时期更倾向市场调节。再如，民主社会主义，在欧洲也有"社会民主主义"之说，实际上二者一开始就有非常紧密的关系，而对"民主社会主义"和"社会民主主义"的联系与区别及其同科学社会主义的关系，我们特别需要厘清。对这种源流演化关系的梳理有助于更加全面的认识和评价这一社会思潮。

五是要注意从马克思主义发展史的角度探讨社会思潮的流变及其与马克思主义的关系，并以发展的马克思主义引领当代西方思潮的研究。在发展史上，有诸多思想流派对马克思主义展开过攻击。一方面是来自资产阶级阵营日趋频繁的攻击；另一方面是应对来自工人阶级内部曲解、分化，甚至为数不多的反叛性观念的斗争。正是经历了多重挑战，马克思主义才能在170多年后的今天仍具有强劲的感召力和影响力。正如罗伯特·L.海尔布隆纳所言，"马克思主义从古希腊语义上的辩证质疑过程继承下来的是一种对知识自身的'能动主义'的态度。马克思主义哲学方法强调'生产'知识，而不是对知识的被动接受——也就是强调在形成以及发现知识的过程中质询活动的作用"①。"能动主义"和"质询"本身正是马克思主义真理性在与不同思想观点和错误思潮的争鸣交锋中逐步得以确立的体现。林泰教授指出："在社会变革时代，经济基础的变化带来人们利益关系的重大变化，不同阶级、阶层和利益群体出自自身利益的选择，对社会变革的走向产生了不同的思想情感、倾向和价值追求，最后形成为不同社会思潮和影响社会历史走向的不同的诉求。"②关于马克思主义发展所经历的种种斗争，可以引证的例子其实很多。1908年列宁在《马克思主义和修正主义》一文中分析了马克

---

① [美]罗伯特·L.海尔布隆纳：《马克思主义支持与反对》，马林梅译，东方出版社2014年版，第14页。

② 林泰等：《社会思潮概念辨析》，《思想教育研究》2016年第5期。

思主义与不同错误思想体系斗争的历程，对于在斗争中最终取得胜利，列宁无不充满自信，他说："马克思主义已经绝对地战胜了工人运动中的其他一切思想体系。"①列宁对马克思主义与多种思潮的斗争历程的回顾，恰恰表明了马克思主义真理性形成的"过程的不易"和"结果的必然"。研究多元思潮是理解和把握马克思主义形成、发展及传播过程的必然要求，科学理解和认识马克思主义的立场、观点和方法，也要求我们必须客观评判和分析各种思潮。

三、对当代中国社会思潮研究的一点延伸思考

孙正聿先生概括了当代社会思潮的首要特征，可以称为"两极对立模式的消解"。在以自然经济为基础的传统社会中，人们的经济生活、政治生活、文化生活和精神生活都处于两极对立的状态之中，因此，人们总是以两极对立的思维方式去思考一切问题。传统哲学作为传统社会的"思想中的现实"，它集中地体现了这种两极对立的生存方式及其思维方式，即总是试图在真与假、善与恶、美与丑的绝对对立中去寻求某种绝对的确定性。现代的市场经济、科技文明和大众文化则日益深刻地消解了这种"绝对确定性"的灵光，使人们的生存方式发生了"从两极到中介"的变革：当代世界的政治模式形成了"从对抗到对话"的多元化和多极性，"和平与发展"成为当今时代的主题；当代世界的经济模式发生了"从对立到合作"的变革，出现了"经济全球化"的趋势；当代世界的文化模式发生了"从对峙到融合"的变革，"欧洲中心主义"已被多元文化模式的共存、交流与融合所取代；当今人类的思维模式更是集中地体现了"从两极到中介"的深刻变革，把真善美理解为时代水平的人类自我意识。②从宏观上看，随着中国道路及其所能够展现出的"中国方案""中国智慧"越来越为世界各国所关注，公众"四个自信"

---

① 《列宁选集》第 2 卷，人民出版社 1995 年版，第 2 页。

② 孙正聿：《当代人类的生存困境与新世纪哲学的理论自觉》，《社会科学辑刊》2003 年第 5 期。

的增进，也越来越为当代社会思潮研究提供了良好的现实支撑。短期来看，错误思潮的影响力及受众范围在一定意义上可能会式微，但是社会思潮的演化是不会停止的，社会思潮研究需要持续地追踪下去。

首先，清醒认知当代中国错误社会思潮的政治图谋。有意思的是，大体上西方社会思潮虽有不同划分依据，比如笼统地分为政治思潮、哲学思潮和经济思潮等，或者再细分下去，但不论哪一种思潮，很少具有反资本主义政治制度的主张，更多是体现为公共政策领域的不同价值偏向。"应当看到，在现代西方思潮中尽管有不同观点的争论，但它们的争论往往以对某一前提的共识为前提。例如，在各种基督教哲学的派别中，尽管对教义的解释各有不同，但它们都以承认基督教教义作为预设的前提。同样，在西方经济学派的争论中，也是以承认西方资本主义的经济制度作为基本的前提。"① 而且，西方社会思潮具有类似的、相对稳定的特质，即哲学上的理性主义、信仰上的怀疑主义、政治上的民主主义、经济上的自由主义、社会目标上的现代化理想、伦理上的强调义务规范。对西方社会思潮的这一本质特征我们必须充分认识到。然而，我国当代社会思潮，这里主要指错误思潮，大部分都最终指向并攻击马克思主义、共产主义、社会主义制度、我国政党制度、新闻制度及建军原则。

其次，认真研究西方最具代表性的自由主义经典文献。目前国内错误思潮对马克思主义、社会主义、公有制等的攻击实际上仍没有超越哈耶克、波普尔的整个逻辑。虽然这些著作只是整个自由主义思想体系的一部分，但很有代表性。从古典自由主义到现代自由主义，所形成的与社会主义思想的分歧，至今仍是我国错误社会思潮所沿袭的某些"陈词滥调"。研究这些西方经典文献，悉数其包含着的攻击马克思主义、社会主义的立论依据，对于从源头上引领和厘清错误思潮，具有十分重要的意义。因此，马克思主义理论学科不能只关注马克思主义经典作家

---

① 教育部社会科学研究与思想政治工作司组编：《现代西方社会思潮概论》，高等教育出版社 2001 年版，第 5 页。

的文本，同时也要认真对待西方最具代表性的反马克思主义的文献，在比较和甄别中确立马克思主义的科学认知及信仰，是练就专业基本功、掌握看家本领的一道"秘诀"。

再次，自觉坚持运用历史唯物主义的立场观点分析和甄别多样思潮。历史唯物主义作为社会思潮研究的"标尺"和"镜子"，任何时候都是总体原则。其中，关于社会存在与社会意识的辩证关系原理，对分析和理解思潮的一般性问题意义更为重要。"意识在任何时候都只能是被意识到了的存在，而人们的存在就是他们的现实生活过程。"① 研究社会思潮，必须要考察其赖以存在和发展的物质生活方面的现实因素。离开了"现实的人"的致思逻辑，思想脱离了利益，对社会思潮的成因及传播的分析就难以真正触及其实质。

又次，加强社会思潮研究的专业化学术平台、团队及机构的建设。社会思潮的存在及影响过程是长期的，这决定了其研究也应是长期的。应成立多部门联合（如网信部门、宣传部门、文化机构、主流媒体）、高校间和学科间（马克思主义理论、哲学、历史学、政治学、法学、心理学）协同的学术平台，同时打造一支专业化团队，强化专门化、规范化研究，并集舆情收集与监测于一体。建立社会思潮的追踪研究机制，应用大数据分析，对周期性（如年度性）错误思潮的动态状况做出研判。需要指出是，还应尽快将"马克思主义与当代社会思潮"教材编写纳入马克思主义理论研究与建设工程项目，形成科学规范严谨的示范教材，以改变目前本门课程教学"自行其是"的状况。

最后，始终坚持以人民为中心的研究导向，面向现实问题，促进研究与实践的相融互动。实践是理论的先导，人民群众是实践的主体。社会思潮研究要洞察社情民意、回应民众期待、解答民众疑虑。不宜"坐井观天"，更不能"孤芳自赏"。必须着眼于维护和发展人民群众的根本利益，坚持以问题为导向，直面鲜活实践，让研究成果能为思想宣传工作出实招、有实效。与此同时，研究错误思潮的治理方式，增强法

---

① 《马克思恩格斯选集》第 1 卷，人民出版社 2012 年版，第 152 页。

治思维和强化法律手段，当下伴随着法治中国进程的推进也显得刻不容缓。"引领社会思潮本身需要一定的条件，引领要考虑必要性，更要考虑可行性。这就需要我们继续增强主流意识形态的引领能力（包括解释力、说服力、吸引力、渗透力、辐射力等），同时，超越批判、引领范式去寻求新的突破，具有综合性的'治理'理念与运行模式就成为实现这种突破与满足现实需要的一种选择。"① 特别是微信、微博及各种移动社交软件的普遍使用，目前社会思潮传播在微信中走向了"平民和草根，内容更趋于多元化和复杂化，方式更具隐蔽性和去中心化，进而使得思想传播的影响被放大"②。研究如何在全媒体时代以法治思维和方式来治理疏导错误思潮，化解社会风险，促进社会和谐，是一项重要课题，也应成为社会思潮研究的一个着力点。

第二节　"去意识形态化"思潮的实质论析

"意识形态工作本质上做的是政治工作"③，在任何时候都不能动摇，其事关党的前途命运，事关国家长治久安，事关民族凝聚力和向心力。在经济社会深刻变革、利益格局深刻调整，意识形态领域局部多元多样多变的趋势日益明显，人们思想更加活跃和独立性、选择性、多变性、差异性显著增强的背景下，必须牢牢掌握意识形态工作领导权，旗帜鲜明做好意识形态工作。当下，意识形态工作要做到旗帜鲜明，首要的是做到正确对待和科学理解意识形态，深刻认识"去意识形态化"思潮的危害，避免意识形态"否定论""无用论""伤害论"等错误观念。

---

① 彭庆红等：《社会思潮的研究范式转换与应对策略调整》，《思想教育研究》2016 年第 1 期。

② 张静等：《微信中社会思潮的传播方式与传播路径研究》，《思想教育研究》2017 年第 8 期。

③ 《习近平新时代中国特色社会主义思想三十讲》，学习出版社 2018 年版，第 213 页。

一、"去意识形态化"思潮的主要表现及实质

所谓意识形态，是反映一定社会经济政治形态的上层建筑中的观念上层建筑，体现着一定阶级或社会集团的利益和要求，包括政治法律思想、道德、艺术、宗教、哲学等思想观点。对于"去意识形态化"思潮的概念，学术界还没有明确的阐释，有时人们通常使用"非意识形态化""淡化意识形态""去政治化""价值中立""意识形态终结论"等相关表述。从这些不同表述中，我们可以大体概括"去意识形态化"思潮的主要表现及内涵实质。

其一，"去意识形态化"思潮是"非意识形态化""意识形态终结"的另一种表述。20 世纪 50 年代，丹尼尔·贝尔的《意识形态的终结》讨论了地区性意识形态兴起的问题，认为资本主义与社会主义之间存在的"左"与"右"的争论已经丧失意义。20 世纪 80 年代末，弗朗西斯·福山在美国《国家利益》杂志上刊发《历史的终结?》一文认为，东欧剧变、苏联解体宣告社会主义在全球范围内的彻底失败，社会主义主流意识形态全线崩溃，而西方的自由民主制度具有普适性、永恒性，是"人类意识形态发展的终点"和"人类最后一种统治形式"[1]。这一观点很有代表性且影响极大。实际上"意识形态终结论"本身并非意识形态的真正终结，而只是社会主义意识形态的终结。[2] 其宣称社会主义不如资本主义、马克思主义在今天没有解释力，只有资本主义社会才是人类的理想归宿，主张"不要问姓资姓社"，鼓吹"资本主义、社会主义趋同论"。

其二，"去意识形态化"思潮是"去政治化"和"淡化政治"的现实表征。"去政治化"和"淡化政治"本质上都是要把政治因素从事物和观念中清除出去，主张脱离政治理解和看待、评价事件问题。有学者指出："在当代中国，'去政治化'存在着两种主观动机：一种是从善

---

① [美] 弗朗西斯·福山:《历史的终结及最后之人》，黄胜强等译，中国社会科学出版社 2003 年版，第 1 页。

② 梁建新:《论西方意识形态终结思潮的理论共性》，《思想理论教育》2007 年第 9 期。

意的主观愿望出发，为了避免泛政治化对学科本身带来的伤害或避免政治上的争论，企图通过刻意的弱化或者回避政治解决现实问题；一种是在主观意愿上要取消马克思主义指导地位和中国共产党执政地位，通过全盘西化走西式发展道路。这两种动机前者有利于解决社会矛盾，而后者对一些政治性很强的问题的回避，对社会是十分有害的。"[①]"去政治化"或"淡化政治"的表现是多领域的，如文艺乃至整个文化领域主张文艺应当与政治"分家""不过问政治"，只求所谓"唯美""高雅"艺术形式，反对文艺与人民群众生产生活相连，认为文艺不该为社会主义服务；教育领域则主张放弃理想信念教育和爱国主义教育，以西方所谓"公民教育""通识教育""人文教育"替代思想政治教育。

其三，"去意识形态化"思潮在理论旨趣上主张"价值中立"。"价值中立"这一概念最早源于英国哲学家大卫·休谟将实然与应然进行的区分。在休谟看来，正如科学只能回答"是什么"的问题而不能回答"应该怎样"的问题，道德只能回答"应该怎样"而不能回答"是什么"。正是在事实判断和价值判断之间存在着这种鸿沟，因此在面对事实问题时，不能轻易进行价值评价，为了避免价值判断的失误，保持价值中立是最好的选择。德国社会学家马克斯·韦伯也指出价值中立是社会科学工作者必须遵守的方法论原则；海德格尔提出"价值悬置"；这些观点本质上都是分析问题时所倡导的价值中立态度，对科学研究而言有一定积极意义。然而，事实上，"价值中立"本身就是一种价值取向和政治取向，中立本身也是一种立场。一旦泛化到社会政治生活领域，必然带来错误的理解，形成与现实社会生活的错位。

除上述之外，"去意识形态化"思潮还表现为意识形态"伤害论"和"无用论"，即认为意识形态是"一群人统治和伤害一群人的游戏"，意识形态不能带来人的幸福和自由，是思想专制工具，渲染意识形态恐惧论；认为意识形态无用，社会发展有"自生秩序"和"自在逻辑"，不需要意识形态，社会也能自然发展。综上论之，我们将"去意识形

① 李辽宁：《当代"去政治化"话语评析》，《红旗文稿》2014 年第 4 期。

态化"思潮的内涵概括为：20世纪50年代中期在西方资本主义国家逐步兴起的，在学术研究、政策宣传、民间话语表达方面主张淡化意识形态，淡化政治，主张价值中立，实质是打着科学主义的旗帜反对马克思主义的一种哲学思潮，更是一种政治思潮。现实中，"去意识形态化"思潮容易与后现代主义、虚无主义形成"合流"，在反对本质、消解中心、解构崇高的思想倾向中淡化社会主义核心价值体系，试图以"边缘"价值观替代"核心"价值观，用"价值社会主义""伦理社会主义"取代"科学社会主义"。

二、"去意识形态化"思潮的主要成因

"去意识形态化"思潮在我国的产生及演变发展，有着客观的原因。历史地看，一方面与部分西方发达国家渲染马克思主义过时论、社会主义失败论、"资社趋同论"、共产主义渺茫论和中国崩溃论，利用各种手段，加大策动"颜色革命"和意识形态渗透有关；另一方面与我国社会主义建设、改革过程中的一些曲折和失误，以及经济社会深刻变革、利益格局深刻调整，意识形态领域局部多元多样多变的现实有关。

从国际背景来看，"去意识形态化"思潮的产生同西方思想界的影响和东欧剧变、苏联解体有着直接关系。第二次世界大战以后，冷战格局逐步形成，社会主义与资本主义两大力量此消彼长[①]，西方社会从工业社会向后工业社会转型中所产生的后现代主义思潮，共同催生了西方"非意识形态化"思潮。这些观念来自于一些思想家的论著，例如法国思想家雷蒙·阿隆在他的《知识分子的鸦片》一书中将意识形态比喻为"知识分子的鸦片"，认为随着世界上不同国家和民族之间依赖性日益加强，意识形态存在的社会基础已经消失，再宣扬意识形态会让人失去判断，放弃常识，为社会激进运动日渐衰落寻找到了意识形态衰退的原因。再如，美国学者丹尼尔·贝尔在《意识形态的终结——论50年

---

① ［美］西摩·马丁·李普塞特：《政治人：政治的社会基础》，郭为桂等译，江苏人民出版社2013年版，第433页。

代政治思想的枯竭》一书中直接宣称社会主义意识形态已经走向穷途末
路。贝尔认为随着东西两极格局的形成，整个世界走向后工业社会，并
呈现出资本主义与社会主义相互融合互为补充的同质化趋向，以"马克
思主义"为代表的激进主义意识形态失去了时代感召力，"在西方世界，
在今天的知识分子中间，对如下政治问题形成了一个笼统的共识：接受
福利国家、希望分权、混合经济和多元政治体系。从这个意义上讲，意
识形态的时代也已经走向了终结"①。林林总总，20世纪50—70年代初
期，西方思想界看到了社会福利、民主、自由的制度保障所带来的积极
意义，但随之而来的资本主义经济的"滞涨"出现，人们在对意识形态
和现实政治实情的前后反思过程中，一定意义上滑向或助长了虚无主
义，进而使得"去意识形态化"意识和情绪得以扩散传播，也影响到了
我国的一批知识分子和青年学生。

与此同时，从社会主义阵营内部来看，苏联作为20世纪最具代表
性的社会主义国家，在自身发展过程中所出现的一些同社会主义内在价
值所不一致的事实，比如一些有失民主的做法、思想上教条主义、经济
上的高度计划、政治上的特权阶层腐化等，由此所带来的人们对社会主
义的疑惑和不解。特别是从赫鲁晓夫全盘否定斯大林之后，一直到20
世纪80年代后期，戈尔巴乔夫在苏联经济改革受挫后转向政治改革，
提出"全人类的利益高于一切"，认为社会主义意识形态是苏联改革的
敌人，消灭这个"敌人"最好的办法就是用非阶级的、非历史的和非意
识形态的"全人类的标准"来改造社会主义②，苏联社会主义建设包括
意识形态建设领域的不力和乏力必然带来思想领域的混乱，也使得"去
意识形态化"思潮有了赖以存续的土壤。苏东剧变之后，社会主义失败
论甚嚣尘上，"意识形态终结论"登场，整个社会主义运动渐入低潮，
这在很大程度上动摇了当时青年一代的理想信念。

---

① ［美］丹尼尔·贝尔：《意识形态的终结——论50年代政治思想的枯竭》，张国清
　　译，江苏人民出版社2001年版，第462页。

② 张宏毅：《要高度重视意识形态工作》，《高校理论战线》2001年第9期。

从国内来看，客观上，新中国成立后很长一段时间并未有"去意识形态化"思潮产生和传播的空间。其后，在社会主义建设过程中出现了一些"左"的失误，尤其是"文化大革命"，不同程度上影响了人们对政治的一些看法。党的十一届三中全会纠正了错误，开启了改革开放的伟大历史进程，但思想上也存在一些人借反思"文革"而否定中国共产党领导和社会主义制度，否定马列主义、毛泽东思想。20世纪80年代后期，以自我为中心的个人主义价值观同否定四项基本原则的错误思潮紧密结合在一起，并在西方哲学、社会科学概念包装下不断传播。打着"现代意识""观念更新"的旗号宣扬个人主义价值观和后现代主义，把宣扬爱国主义、集体主义、社会主义作为"陈腐说教"，很大程度上也是否定政治、淡化意识形态。新世纪以来，国内改革发展稳定的任务更加繁重而艰巨，意识形态领域的斗争此消彼长，其形式更为隐蔽和多样。加之近些年来经济社会深刻变革、利益格局深刻调整以及移动互联网的深度发展，意识形态领域局部多元多样多变正成为一种常态，西方"变着花样"搞意识形态渗透，妄图分化瓦解中国的手段层出不穷，"去意识形态化"的主张正是其中一种。可以说，新时代的今天，"去意识形态化"思潮广为传播的背后同样映明自冷战以来未曾改变的"力量"在介入和咬持着。

三、"去意识形态化"思潮的哲学缺陷

总体看，"去意识形态化"思潮产生和流行对我国主流意识形态建设产生了不小的消极影响，这并不是孤立的现象，其背后有着深刻的哲学根源。主要体现在：

一是本体论上是一种极端虚妄的理论主张。"去意识形态化"思潮将意识形态当作"幽灵""怪影"，妄图从观念上消解马克思主义，消灭非资本主义的社会形态，以为通过观念的虚假论证就能实现其消灭异质意识形态和社会制度的目的。然而人类现实的实践恰恰相反，正如马克思所说："意识的一切形式和产物不是可以通过精神的批判来消灭的，不是可以通过把它们消融在'自我意识'中，或化为'幽灵''怪

影'等等来消灭的。"① 人类社会不断向前发展，不断迈向人的自由全面发展的理想社会，这是历史发展的必然趋势，不是通过简单的观念的批判就能够实现的。20世纪50年代西方发达国家的一些学者所提出的"去意识形态化"实际上是"去社会主义化"或"去马克思主义化"，妖魔化意识形态和强调价值中立的背后也是为资本主义的合法性、优越性做论证。

二是认识论上具有形而上学的特点。"去意识形态化"思潮在对马克思主义的批判上是一种形而上学的方法。其一，它用所谓的实证主义来论证马克思主义已过时，依据发轫于早期工业社会的马克思主义不适用于现代后工业社会，资本主义危机已经在资本主义制度内通过科技进步等手段克服了，同时苏联解体也意味着马克思主义关于"资本主义必然灭亡，社会主义必然胜利"的预言在现实层面没有实现。他们的实证主义方法只是对经验性的事物、事情的表象的认识，将论证研究的范围限制在事物的现象层面，而把对于事物根源和本质的探究看作是非科学的。其二，它只看到了科技创新对资本主义社会的极大作用，以为依靠科技进步就能化解资本主义危机，却没有看到资本主义经济危机背后更为深层次的制度根源，本质上是资产阶级的意识形态思潮，它不能全面看待资本主义危机的实质与根源，不可避免地就会陷入形而上学的窠臼。其三，从贝尔到福山，其批判的对象是社会主义的理论及其实践，而他们都将批判的矛头指向了苏联社会主义的理论与实践，用特殊性泛化普遍性，也就是将苏联社会主义的失败推论至整个人类社会主义运动的失败，这无疑是典型的形而上学方法。

三是价值观上是一种抽象的人性论。"去意识形态化"思想抽象价值观基于以下判断：一是在价值存在的方式上，其割裂价值客观性与主体性的统一，普遍性与特殊性的统一，用价值的普遍性来消解价值的特殊性，否认价值的社会历史性。普世价值、民主社会主义、历史虚无主义都是将抽象的人道主义作为最高价值标准，实质上就是运用抽象的普遍

---

① 《马克思恩格斯选集》第1卷，人民出版社2012年版，第172页。

价值来掩盖其维护资产阶级利益的目的，用所谓"价值社会主义"取代"科学社会主义"。二是在价值评价的标准上，"去意识形态化"思潮割裂了真理尺度与价值尺度的统一，将"抽象的人"确定为价值的主体，将自由、民主、人权等抽象的理念确定为价值的客体，实质上是满足抽象主体的人的需要的抽象的价值评价。如历史虚无主义、新自由主义、普世价值、民主社会主义均坚持个人本位的价值观，把个人利益作为行为的唯一和普遍的尺度，片面强调个人欲望得到满足就是最大的"善"。

四是历史观上是典型的唯心主义。"去意识形态化"思潮建立在以下判断之上：一是在看待社会存在与社会意识辩证关系上，否认社会存在决定社会意识，例如历史虚无主义通过采用主观的、形而上学的方法曲解历史事实，没有看到社会历史发展的客观规律性，后现代主义主张抽象的历史，解构和掩盖历史发展的真相。二是在社会历史发展动力问题上，将历史发展动力抽象化为人的抽象的主体性活动，片面强调社会历史发展的根本动力是人的自由意志和主体能动性，否认历史决定论与主体选择性的统一。三是在世界历史观上，片面强调以普世价值为基础的世界普遍史，认为普世价值的目标实现就是人类社会历史的终结，这一观点最具代表性的就是福山提出的"历史终结论"，在他看来，非西方的意识形态已经彻底崩溃，自由民主的理念适用于整个世界，历史的演进过程已经达到终点。

总之，我们对"去意识形态化"思潮应充分认清其实质，自觉在思想认识上抵制这种观点，正确对待和科学理解意识形态问题。

第三节 "低级红""高级黑"现象的成因与治理

2019 年中共中央办公厅下发的《中共中央关于加强党的政治建设的意见》指出，要以正确的认识、正确的行动坚决做到"两个维护"，坚决防止和纠正一切偏离"两个维护"的错误言行，不得搞任何形式的"低级红""高级黑"，决不允许对党中央阳奉阴违做两面人、搞两面派、搞"伪忠诚"①。这是我们党首次在正式文件点出"低级红""高级黑"问题。笔者以为，一方面，"红"的属性决定了"低级红"对党和政府、正面舆论、主流价值观一定是一种"高级黑"；另一方面，对党和政府、主流价值观念、英雄领袖正面形象的"高级黑"往往披着红色的外衣。因此，本节将"低级红"和"高级黑"视为一个总体性的概念来分析。

所谓"低级红""高级黑"，是兼具具象化与本质性描述的一种表述，指表面上是弘扬主旋律、声援主流舆论和赞许英雄领袖，而实际上是有意或无意（更多是有意）地拉低、抹黑正面形象和贬损核心价值观，进而造成不同程度地消解主流意识形态的一种现象，其主要以图片、声音、视频、表情包等直观形式，依托移动网络的在线即时交往平台实现快速而广泛的传播。可以说，互联网是这一现象存续的最天然的"温床"。网络舆论场中"低级红""高级黑"的表现内容非常丰富：或负面报道夸大事实，引发公众质疑；或过度拔高典型，制造虚假舆论；或明褒实贬，引导反向解读；或反语捧杀，挑拨对立情绪……林林总总，不一而论。虽表现各异，但各种"低级红""高级黑"也有一些共同特征：表面上看，这些言论、行为符合主流价值观、道德和舆论导向，可谓"根正苗红"；实际上，其言论和行为有意或无意之间造成了对主流意识形态和话语体系的否定与消解，是一种"高级黑"。深入分析网络舆论场中"低级红""高级黑"现象，对于把握当下网络舆论动态，壮大主流舆论，强化思想意识形态建设，具有十分重要的现实意义。

一、"低级红""高级黑"现象的生成原因

任何实践都有一定的主体、载体和客体，"低级红""高级黑"也不例外。"低级红""高级黑"的主体既可能是党员干部，也可能是普通网民；内容既可能是微博、微信的一条评论，也可能是抖音、快手的一条短视频；指向既可能是党政方针，也可能是社会主义理论与制度本身，甚至是历史上的领袖和英雄人物。其主体、客体和载体的多样性及网络

---

① 《中共中央关于加强党的政治建设的意见》，《人民日报》2019 年 2 月 28 日。

舆论场的复杂性使得为"低级红""高级黑"下定义、寻成因存在一定难度，特别是边界难以清晰精准定位。我们从主体的动机的"蓄意"与"无意"之别出发，对"低级红""高级黑"的类型进行划分，从而探寻这一现象的生成原因。

（一）蓄意的"低级红""高级黑"

采用看似正确的政治立场、话语和行为方式，实则是为了抹黑正面形象、否定主流价值观念，此类型的"低级红""高级黑"定然是有意的。其特点在于"扛着红旗反红旗"，主体采用的政治立场、话语与行为方式只是其抹黑对象的工具——扛着的红旗既可能是一种掩饰，也可能是一种助力。此种"低级红""高级黑"常见于各大网络社交平台。例如，党和政府强调提高舆情应对能力、加强舆情危机管理，就有网友在微博上"帮"政府列出危机事件舆论爆发时的应对措施：强行控制现场，封锁消息；封锁一切网络传播途径，防止信息快速覆盖全国民众；上下言行一致、统一安排、顾全大局……此类言行，令人捧腹之余又引人深思，其"高级"之处在于对时下流行或者民众相对熟悉的政治题材进行"深加工"，或以偏概全、明褒实贬，或暗语影射、偷梁换柱，诱导受众进行逆向思考，传递反向社会情绪。

在很大程度上，蓄意的"低级红""高级黑"同"去政治化""去意识形态化""淡化政治"有着一定联姻关系。总的特征是极少数人对党和政府路线、方针、政策的不认同或不理解，因而故意采用这样一些阴阳怪气、颠倒是非、暗语影射、反语捧杀的话语方式来表达自己的立场、态度和情绪，其主要目的无外乎宣泄心中不满、博取社会关注、谋取个人利益和转移公众视线。

（二）无意的"低级红""高级黑"

此类型指那些本意维护主流思想舆论的言语和行为，但因表达的方式、内容存在逻辑和情理问题，无意中造成了负面舆情的现象。其总的特点是"弄巧成拙"。这种"低级红""高级黑"本意在于维护党和政府形象、塑造正面典型、传播社会正能量，但或因过分拔高、塑造"完美"典型，或因不从实际出发，生搬硬套理论和政策，以至于言论行为或者宣传报道本身的逻辑和情理不能充分自洽，颠覆了大众的传统认知，从而引发了舆论场对宣传报道的质疑和反感。坚持正面宣传并不输理，正面宣传就是要树立模范，打造典型，但如果在宣传中用力过猛、过度拔高典型，甚至违背常识和逻辑，就会弄巧成拙，损坏正面宣传，"消费"主流价值观念。这一点，非常像鲁迅先生在《中国小说史略》里谈《三国演义》时所说的"欲显刘备之长厚而似伪，状诸葛之多智而近妖"，凡事过了度，就会带来负面效应。所谓"矫枉过正""过犹不及"，正是媒体在主流价值观传播和正面形象宣传过程中要注意把握的。

如此，"低级红""高级黑"的"黑"本是无意为之，但其在舆论环境深刻嬗变的背景下不自觉地充当了"黑"材料。其引发负面舆情的原因无外乎三种：一是对党和政府的理论、路线、方针政策的理解和领会不够准确深入，在阐释时容易造成误读；二是工作中存在形式主义、官僚主义等突出问题，主要表现为理论学习脱节、工作疲于应付、脱离群众和实际；三是政治宣传工作能力不强，没有把握好宣传报道的"时、效、度"问题。

分析不同类型"低级红""高级黑"现象的生成原因，除了从上述不同主体的动机角度进行考察，也不能忽视社会环境、大众传媒和社会心态的影响。当前，我国正处于发展的重要战略机遇期，又处于社会矛盾凸显期，双重叠加之下伴随着经济的快速增长、利益的日益分化和社会的深刻变迁，社会纠纷时有出现，社会矛盾在一些领域的激化。这客观上为"低级红""高级黑"提供了"源素材"，也可能带来了一些"创作者"与"簇拥者"。同时，当代互联网特别是信息传媒技术的快速发展、自媒体的"野蛮生长"也为"低级红""高级黑"的传播与发酵提供了个别人"大展身手"的机会。"新媒体背景下社交媒体的广泛使用令网络群体传播更为活跃，由于群体选择代替了媒体选择、碎片化传播代替了完整传播、多向传播代替了单向传播，反向社会情绪在传播过程中更易出现并扩散，导致'弱信息、强情绪'、正面事件的暴

力解读等现象。"① 除此之外,"泛娱乐主义"和部分民众猎奇、从众等
不良心理的多重因素驱使下的盲目跟风、标新立异等行为,也对舆论
场"低级红""高级黑"的产生起到了助推作用。在"读图时代",视频
图片等更具有传播效果。个别商家和自媒体、个人等为"吸睛"、增加
人气,利用与主旋律具有较高符合度的信息内容的传播优势来极端、粗
暴地进行改造,夸大正面形象,以此提升人们的关注度。个别人为了蹭
热点、蹭流量,故意制造热点舆论话题。尽管主观上主要是出于经济效
益的考虑而非政治因素,但不管怎样,实际上这些行为已经潜在地贬损
和拉低了正面形象,已经"祛魅"了主流价值观和正面形象的崇高与
神圣性。

二、网络"低级红""高级黑"现象的潜在危害

移动互联网时代的舆论环境深刻嬗变,人人都有麦克风,处处都
是聚光灯,信息传播与发酵速度越来越快,覆盖面越来越广,潜在的影
响越来越大。"网络舆论场越来越从虚拟空间中民意表达转化为现实利
益的真实呈现乃至线下行动的促发因素,随着越来越多的线上与线下事
件结合在一起,整个舆论场的发展也日益真实地折射出整个社会心态的
变迁。"② 互联网舆论场中,"低级红""高级黑"现象的影响和危害取决
于其传播广度和受众数量。考察其潜在危害,我们可以从社会心态、公
共管理和思想宣传三个方面展开。

(一)社会心态层面:浸污公共舆论生态、冲击主流价值观念

目前,网络舆论场中的某些"低级红""高级黑"现象故意采取一
些扭曲的语言形式、新颖敏感的内容,或故意吸人眼球,或宣泄心中不
满情绪,不仅浸污了社会舆论生态,还冲击了个体的价值观念。从形式

① 许莹:《网络群体传播中反向社会情绪的放大效应及其疏导》,《中州学刊》2013年
第6期。
② 张志安、张美玲:《网民社会心态与舆论引导范式转型》,《社会科学战线》2016年
第5期。

上来看，有的"低级红""高级黑"故意采用暗语影射、反语捧杀、偷梁换柱、借题发挥这样一些偏激的、对立的表达形式，在吸引受众眼球的同时凸显了问题的荒诞与戏剧性，讽刺意味十足。从内容上来看，故意的"低级红""高级黑"不仅提不出任何建设性的意见，反而通过迎合最新的舆论热点，围绕主流价值观念和中央的路线、方针、政策等搬弄是非、颠倒黑白、造谣生事，不惜采用故意夸大事实、断章取义、过度解读和肆意歪曲等手段散布网络谣言，消费和消解了主流意识形态。从传达的情绪上看，某些"低级红""高级黑"现象故意迎合社会上的不良情绪，如"仇富""仇官"等，通过传递反向社会情绪来宣泄心中愤怒和不满，通过情绪感染，使舆论场中不满情绪加重，导致不良社会舆论氛围的产生，对错误社会思潮尤其是民粹主义、虚无主义、"去意识形态化"等思潮的发展和传播起到了推波助澜的作用，一定意义上也带来了潜在的社会不安定因素。

（二）公共管理层面：抹黑党和政府形象、损伤公共权力信任

党和政府的形象关系到人心向背，关系到社会主义社会的和谐稳定。在网络舆论场中，个别网民蓄意制造和传播"低级红""高级黑"，也有的媒体在报道时无意间"好心办坏事"。但不论是故意还是无意，"低级红""高级黑"客观上都对党和政府形象造成了或大或小的影响。从个体角度而言，极少数网民人为制造和传播的"低级红""高级黑"材料，虽大多以偏概全、歪曲事实，但因形式和手段的新颖独特，往往能够带来广泛传播效果，引起部分民众的盲从，引发对主流、权威的质疑，造成政府的信任危机。从媒体来看，"要么根本不了解实情，不进行详细调查，就凭个人想象端出一篇浮夸失真的'政绩文'；要么为博眼球，总想'出其不意'给朴素事实添一些噱头、加点花边。如此种种，非但没起到正面效果，反而弄巧成拙，造成了极负面的观感"①。总的来说，"低级红""高级黑"不同程度地恶化了群众对党和政府的观感，导致了党和政府的信任危机，损害了公共权力的公信力。

---

① 雨馨：《正面宣传岂能搞成"高级黑"》，《北京日报》2018 年 11 月 30 日。

3. 思想宣传层面：削弱正面宣传能力、影响主流媒体信誉

在全国宣传思想工作会议上，习近平强调："坚持团结稳定鼓劲、正面宣传为主，是宣传思想工作必须遵循的重要方针。"[①] 我国新闻宣传工作的一贯坚持以正面宣传为主，这也是党和政府长期以来宣传工作的成功经验。党的十八大以来，在"正面宣传为主"方针的指导下，我国宣传思想工作取得了积极成效。但不可否认，近年来宣传战线中的偶发"低级红""高级黑"现象也不同程度削弱了正面宣传能力，影响了主流媒体的信誉度。除此之外，有的媒体过度渲染、赞美和拔高先进典型，甚至不惜弄虚作假，使得典型"不接地气"，引发了民众对正面宣传的反感情绪。此类舆论反转和"翻车"事件，实际暴露了一些新闻宣传舆论工作中的能力和水平问题。若长此以往，必将削弱了正面宣传能力。

三、防范与治理网络"低级红""高级黑"现象的主要策略

网络"低级红""高级黑"现象的影响力表面上似乎不大，但正是这样的"蚕食"效应，实际上我们不能低估其影响。特别是在全媒体时代，防范与治理这一现象应给予高度重视。有效防范与治理网络"低级红""高级黑"现象，可以从政治生态、媒体管理与宣传能力提升、网络法治、网民素养培养等多方面出发，采取有针对性的措施，从根源上消除其负面影响。

（一）加强党内政治建设，营造良好政治生态

良好政治生态同整个社会意识形态建设密切相关。旗帜鲜明讲政治是马克思主义政党的根本要求。建设良好政治生态，"人人是环境，个个是生态"，而党员干部是其中"关键的少数"。有的党员干部随意转发一些"低级红""高级黑"的内容，实际上反映了个体的政治意识薄弱问题，上升到一个群体层面而言，这并不利于良好政治生态建设。为此，我们应坚决做到"两个维护"，在党内进一步强调坚持党中央权威

---

① 人民日报编委会：《巩固壮大主流思想舆论的科学指南》，《人民日报》2013 年 8 月 30 日。

和集中统一领导的重要性，使党员干部们真正地在思想上政治上行动上同以习近平同志为核心的党中央保持高度一致。党员干部应严以律己，率先垂范，自觉增强"四个意识"，杜绝传播任何"低级红""高级黑"的内容。要在实践中培养党员干部的政治敏锐性、政治鉴别力，培养领头和管总的能力、防范政治风险的能力。要营造风清气正的良好政治生态，加强党内政治文化建设。弘扬"忠诚老实、公道正派、实事求是、清正廉洁"等价值观，营造健康向上的党内文化环境，打造真正的"高级红"。通过改善政治生态来改善社会舆论生态，既能提升党和政府良好形象，也能避免频出被"黑"的"把柄"。

（二）坚持规范引导并举，提高正面宣传能力

辩证来看，虽然网络"低级红""高级黑"现象对主流舆论和价值观多有负面作用，但有时也可能倒逼公职人员努力改进工作作风。这就要求我们需要理性、客观地洞察各种"低级红""高级黑"现象。一方面，应坚持规范引导并举，针对不同类型和性质的现象采取对应措施。通过合理管控，加强网络信息监管，做好舆情监测，对于社会热点议题要引导网民正确归因，客观理性看待发展问题；对于造谣生事、扰乱视听等信息要追究发布和传播人的责任，旗帜鲜明处置不良信息及其发布者。另一方面，党和政府要不断改进创新宣传舆论工作，增强正面宣传的思想引领和舆论引导水平，把握好正面宣传和舆论监督的关系。坚持正面宣传为主，既要直面工作中存在的问题，直面社会丑恶现象，激浊扬清、针砭时弊，也要事实准确、分析客观。应把握好时、度、效，增强吸引力和感染力，让群众爱听爱看、产生共鸣，充分发挥正面宣传鼓舞人、激励人的作用，还要加快推动媒体融合发展，构建全媒体传播格局。

（三）增强网络法治思维，坚持依法管网办网

互联网并非法外之地。防范与应对网络舆论场中"低级红""高级黑"现象，营造风清气正的网络舆论空间，必须强化互联网法治思维，坚持依法管网办网用网。首先，应增强法律意识，明确互联网言论"红线"。明确言论自由与违法犯罪界限所在，从法律层面对那些蓄意制造和传播"低级红""高级黑"，恶意抹黑、诽谤党和政府、造成恶劣社会

影响的言行进行性质界定。其次，要强化网络执法，确保法律法规落到实处。严格执行《网络安全法》《互联网新闻信息服务管理规定》《互联网信息服务管理办法》《网络信息内容生态治理规定》等法律法规，对违法违规的网络运营者和相关主体等依法相应处理。执法必严，严厉打击利用网络侵犯名誉、造谣生事、侮辱伤害民族情感等"低级红""高级黑"言行。最后，还要强化尊法守法，引导广大网民积极传递"正能量"。要加强普法宣传，综合运用各类新媒体技术和应用开展普法活动，大力弘扬社会主义法治精神，鼓励网民加强网络言论自律，开展积极健康的网络讨论和对话。

（四）提高网民媒介素养，培育良好社会心态

平和、包容、健康的大众心态对于防范"低级红""高级黑"、营造天朗气清的互联网舆论空间至关重要。要注重培养群众的健康心态和媒介素养，充分发挥社会主义核心价值观的价值引领作用，讲好中国故事，不回避重大问题，引导大家积极有序的研究和讨论，把"低级红""高级黑"的道理讲清楚、讲透彻，坚定广大人民群众的道路自信、理论自信、制度自信和文化自信，培育人民群众从容、平和、实事求是的健康社会心态。除此之外，民众在对待"低级红""高级黑"信息时，"应不断提高自身的媒介素养，增强判断力，培养大局意识和国际视野。面对'高级黑'文章养成理性分析的习惯，树立健康的心态和从容的态度"[①]。

无疑，互联网是当代中国人共同的精神家园，是传递思想和观点的主要平台。网络已经成为舆论生产的策源地、信息传播的集散地、思想交锋的主阵地。正确研析和理性应对"低级红""高级黑"现象，既要把握好正面宣传与舆论监督的关系，又要坚持规范引导与监督并举，还要切实提升网络治理能力，增强网民法治意识和网络素养。只有这样才能增强网络舆论场的意识形态凝聚力和引领力，立足这一"主战场"夯实全党全国各族人民团结奋斗的思想基础。

---

① 许向东、刘轶欧：《"高级黑"在国内舆论场和对外传播中的表现、影响与对策》，《新闻爱好者》2016 年第 10 期。

总之，"低级红""高级黑"是目前网络舆论场中不时出现的一种现象，其表面上顺合主流的价值观、道德规范和舆论导向，实际上在有意或无意之间"祛魅"了主流价值观和正面形象的崇高与神圣性，造成对主流意识形态和话语体系的否定或消解，产生了不可小觑的负面效应。"低级红""高级黑"现象在社会心态层面浸染了社会舆论生态，不同程度地贬伤了主流价值观念；在公共管理层面有时会抹黑党和政府形象，拉低了民众对公共权力的信任度；在思想宣传层面削弱了正面宣传能力，影响了主流媒体的信誉度。新时代防范和治理网络"低级红""高级黑"现象，应加强党内政治建设，提高正面宣传能力，增强网络法治思维，培育良好社会心态。

第四节 "金德尔伯格陷阱"的实质评析

美国学者新近提出的"金德尔伯格陷阱"（Kindleberger's Trap）一说，意指世界力量格局变化下中国可能推卸国际责任而导致国际秩序陷入紊乱的危险。其实际是在中国影响力空前凸显的历史条件下西方知识界主观炮制出来的试图钳制、影响和限制中国发展的又一具有代表性的意识形态产物。"金德尔伯格陷阱"与传统的"霸权稳定论"如出一辙，在一定程度上恰恰反映了西方知识界在中国日渐崛起背景下理论创新的乏力。从当今世界发展和人类历史趋势来看，以一国霸权维系国际秩序已无可能更不合理，无益于当今以合作共赢为核心的新型国际关系的构建。习近平提出"构建人类命运共同体"，倡导实现共赢共享，积极推进全球治理体系改革和建设，完全超越了西方传统认知逻辑主导下所形成的"金德尔伯格陷阱"，为世界的和平稳定与发展提出了中国方案，贡献了中国智慧。

"金德尔伯格陷阱"是继"中等收入陷阱""塔西陀陷阱""修昔底德陷阱"之后又一讨论比较多的"陷阱"话题。2017年年初，美国总统特朗普上台之际，哈佛大学教授、国际著名政治学家约瑟夫·奈在欧洲新闻网上发表了一篇题为《金德尔伯格陷阱：特朗普的中国挑战?》的文章。文章并不长，却可谓应景。其核心思想是提醒美国人与中国打交道不要误判形势，采取错误的对华政策，从而迫使中国减少国际公共产品的供给，把美国和世界带入全球治理体系崩溃和可能引发世界大战的"金德尔伯格陷阱"。约瑟夫·奈指出应"警惕中美关系的两大陷阱"，认为"特朗普对华政策应同时避免'修昔底德陷阱'和'金德尔伯格陷阱'"，担心"随着中国力量不断壮大，它是否会为提供全球性公共产品贡献力量"①。该文引发了不少讨论，一定意义上也呼应了西方世界对于逐渐崛起的中国及其国际责任的热切关注。因此，不难理解，为何横空出世的"金德尔伯格陷阱"一说一经提出便成为国内外较为关注的话题。但是，如何看待这一"陷阱"说及其实质？中国的崛起和复兴是否会推卸国际责任并因而导致国际秩序陷入紊乱？这些问题非常值得厘清。

一、"金德尔伯格陷阱"的实质："霸权稳定论"

讨论"金德尔伯格陷阱"自然要回到金德尔伯格。查尔斯·P.金德尔伯格是美国著名世界经济史学家、国际政治经济学和国际关系学家，同时也是美国"马歇尔计划"的设计者之一。他在其著作《1929—1939年：世界经济萧条》中认为，第一次世界大战之后，国力衰退的英国无力继续领导世界。而作为新兴强国的美国奉行孤立主义，也无意为国际社会提供更多的公共产品。因此，新旧国际关系领导权的交接中形成了一个真空时期，从而导致了经济大危机和第二次世界大战。约瑟夫·奈认为，进入 21 世纪以来，中国的崛起又将世界推到了回答同样问题的关口。因此，他用"金德尔伯格陷阱"来表示快速崛起的中国可能不愿意承担世界领导责任（为世界提供相应的国际公共产品），从而导致世界秩序发生混乱的危险。

---

① ［美］约瑟夫·奈：《警惕中美关系中的两大陷阱》，《中国经济报告》2017 年第3 期。

西方知识界提出这样一个概念，有其自认为的现实依据。即以特朗普总统为首的美国虽然仍具有领导世界的能力，但是他们事实性的领导意愿和影响力在相对下降（急于从各种国际组织中抽身而退就是最好的证明）。与此同时，还应看到，今日中国的经济总量位居世界第二，中国对世界经济增长贡献率已经超过 30%。然而，在国际实力格局和全球治理体系正在发生深刻变革的背景下，特朗普从竞选伊始就表现出了强烈的反全球化、民族主义和政治孤立主义倾向。他的执政理念（特别是对华政策）不仅对美国未来的走向，甚至对于全球发展向"何处去"也会产生重大影响。在这样的背景下，世界是否还能维持稳定和发展？在特朗普的激进外交政策影响下，日渐强大的中国会成为一个破坏性的"搭便车者"吗？以约瑟夫·奈为代表的西方学者们提出了这样一些问题。

回答这些问题，首先必须弄清楚"金德尔伯格陷阱"的核心要义或实质是什么。通过考察不难发现，"金德尔伯格陷阱"背后的实质内容在于：在全球力量对比格局、世界治理体系发生深刻变化的条件下，如何实现新旧霸权国家领导世界的权利与义务的转移，从而稳定世界秩序、引领世界发展。然而，不论是由美国领导世界，抑或由中国主导国际秩序（中国并无此打算）的模式，其反映的核心内容还是一种过时的"霸权稳定论"的观点。以约瑟夫·奈为代表的西方学者认为世界秩序的维护必须依赖于某一两个实力国家对全球的领导。那么，在世界多极化深度发展的今天，国际社会是否一定需要某一两个国家通过霸权来维护大家共同的利益？"金德尔伯格陷阱"反映的"霸权稳定论"还有市场吗？

答案是否定的。霸权稳定论不合时宜，不得人心，也无益于共创人类的美好未来。当今世界各国相互依存、密切关联、彼此影响、休戚与共，"没有一个国家能凭一己之力谋求自身绝对安全，也没有一个国家可以从别国的动荡中收获稳定"①。"金德尔伯格陷阱"建立在"霸

---

① 《习近平谈治国理政》第二卷，外文出版社 2017 年版，第 523 页。

权稳定论"的旧式认知上，与之如出一辙，仍然迂回于新保守主义政治观窠臼里。撇开单纯学术上的不同争论，"金德尔伯格陷阱"实际是在中国影响力空前突显的历史条件下西方主流知识界主观炮制出来的试图钳制、影响和限制中国发展的又一具有代表性的意识形态产物。在当前世界力量格局变化的背景下，西方部分人士认为正处于崛起和复兴的中国可能推卸国际责任而导致国际秩序陷入紊乱的危险，实际上是希望中国以超过自身能力的做法承担过于不切实际的所谓"责任"，本质上是要借助某些"道德站位"事件和所谓"能者多劳"托请来达到抑制、拖拽和削弱中国的目的。正如有学者一语道破："金德尔伯格陷阱的逻辑前提是国际社会是无政府状态的，只能由霸权国家提供公共产品才能维护秩序。那么，如果中国提供国际公共产品，就会被认为是霸权国家行为；如果中国不提供，就会被认为不负责任。"[①]

二、"金德尔伯格陷阱"预设的逻辑已不适合当今世界发展趋势

今天，人类文明发展到历史最高水平，发展进步带来的各种积极因素在迅速增加。国际力量对比发生了近现代以来最具革命性的变化，最为突出的表现就是新兴国家的力量在国际舞台上越来越多地参与制定国际经济政治新秩序。在全球治理体系正在不同程度重构和优化的背景下，"霸权稳定论"既不被看好，也不受用，更无可能。在新的历史阶段讨论"金德尔伯格陷阱"并不能解决国际关系的实质性问题，也不符合世界发展趋势和人类共同利益。

（一）力量对比：当今世界多极化深入发展

霸权稳定论的前提就是存在某个非常强大并足以支配一切的国家。金德尔伯格认为第二次世界大战后的美国就是这样的全球霸主。第二次世界大战后美国通过"马歇尔计划""北大西洋公约""布雷顿森林体系"等一系列政策和体制机制逐渐构建起了垄断资本时代资本主义世界新的游戏规则。在这个过程中，美国虽然为提供国际公共产品付出了数额不

---

① 王义桅：《不要被各种"陷阱说"给忽悠了》，《北京日报》2018 年 1 月 10 日。

菲的资金成本，但其仍然攫取了十分可观的好处。利好远远大于付出。战后各国经济开始恢复，日本和欧洲主要国家等经济体逐渐崛起；20 世纪 90 年代初，随着东欧剧变、苏联解体，世界多极化趋势进一步发展；进入 21 世纪后，美国深受国际金融危机和恐怖主义的影响，加之国内社会矛盾的客观影响，发展相对缓慢。尽管至今其仍是世界最强大国家，但美国要在国际事务中发挥完全主导和支配性力量也离不开各个盟友国家的参与和支持。此消彼长，以中国、巴西、俄罗斯、印度、南非等为代表的国家在经济方面强势崛起，与传统的英、法、日等国共同形成了世界多极化发展的格局。加之全世界渴望和平、主张独立自主和合作共赢的呼声更为强烈，世界历史发展也事实性地朝着多极化方向不断迈进。在当今世界，谁也没有能力单独依靠本国的力量实现对全世界的绝对控制。因此，霸权稳定论的前提也不复存在。

（二）实际功效：霸权主导下的成果差强人意

霸权稳定论指望通过某个国家的霸权为世界治理提供公共产品。但是，回顾英美两国的霸权统治历史，他们似乎并没有充分地履行提供充足的国际公共产品的责任。在某种程度上，霸权国并不是麻烦的解决者，而是麻烦的制造者。以美国为例，第二次世界大战后，美国推动建立北大西洋公约组织，力图从政治、经济等方面建立以美国为主导的国际秩序，直接导致了冷战的开始。为了巩固自己的霸权，美国和苏联推动军备竞赛、核武器开发，甚至直接进行局部战争。经济方面，第二次世界大战后美国一手推动建立以美元为中心的国际货币体系，在资本主义世界内构建了相对稳定的经济秩序。然而，几十年来，悬在资本主义国家头顶的达摩克利斯之剑——资本主义经济危机却周期性发生，给世界经济发展带来了极大困扰。除此之外，资本主义主要国家经济虽然在一定的历史阶段发展普遍较好，但并非所有资本主义国家都经济发展迅猛——世界落后地区的社会治理和反贫困工作并不见多大起色。因此，20 世纪 80 年代以来美国主导的新自由主义治理方案并不是适用于每个国家的。它服务的对象，主要还是以美国为首的资本主义国家。从世界历史考察来看，霸权主导下的和平与发展成果是极其有限和短暂的。

（三）人心向背：霸权主义的统治怨声载道

霸权主义是国际政治的毒瘤。第二次世界大战以来，美国为维护本国利益，在国际舞台处处充当世界警察，干涉他国内政。其通过政治、经济、军事等多重手段强行推介资本主义民主政体和价值观念，早已遭至多方批评。

可以说，当今时代已经不具有某一大国完全操控世界、统领各国的客观环境和"土壤"。纵然凭借再强大的军事实力作为后盾，也难以做到。坚持多边主义、奉行双赢多赢共赢的新理念，营造公道正义、共建共享的安全格局，促进包容互惠，才符合世界发展趋势和人类根本利益。

三、超越"金德尔伯格陷阱"的中国方案：构建人类命运共同体

从世界发展历史和趋势的角度分析，以某个国家相对的霸权地位维持世界的稳定和发展的道路已经越走越窄。如何形成新的更加合理的全球治理体系，是摆在每个国家面前的现实问题。作为世界第二大经济体，中国在承担国际责任方面自然不会缺席。习近平指出："各国人民同心协力，构建人类命运共同体，建设持久和平、普遍安全、共同繁荣、开放包容、清洁美丽的世界。"[①] 总的来说，较于"金德尔伯格陷阱"及其背后反映的霸权稳定论，人类命运共同体思想具有以下几层超越。

（一）认识上的超越：顺应世界历史发展规律

"世界潮流，浩浩荡荡，顺之者昌，逆之者亡"，人类历史大势向来是乘风破浪、一往无前的。进入 21 世纪以来，虽然地区战争和冲突一直存在、霸权主义和强权政治仍然威胁着世界、反智主义和"逆全球化"思潮开始泛滥，但从世界总体格局趋向来看，随着社会生产力的进步，各国经济的普遍发展、各国实力逐渐均衡、各国联系日益紧密、各

---

① 习近平：《决胜全面建成小康社会　夺取新时代中国特色社会主义伟大胜利——在中国共产党第十九次全国代表大会上的报告》，人民出版社 2017 年版，第 58 页。

文明发展受到尊重、科学技术和文明理念的进步特别是互联网的普及，世界逐渐成为一个鸡犬相闻的"地球村"。人类文明发展到前所未有的高度，由社会生产力发展带来的社会进步是不可阻挡的。霸权主义、强权政治、民族主义等与"金德尔伯格陷阱"所反映的"霸权稳定论"密切联系的思想在世界历史进步潮流中愈发不合时宜。而中国提出"人类命运共同体"，主张同舟共济、平等协商，构建持久和平、文明共存的美好世界，无疑是对当今世界发展趋势最好的响应，是符合社会历史发展的客观规律的，在认识上超越了"金德尔伯格陷阱"所反映的"霸权稳定论"。

（二）视野上的超越：关注全人类的命运问题

"人类只有一个地球，各国共处一个世界"[1]，当代生态问题、人口问题、战争问题、恐怖主义问题等构成了对整体人类命运的挑战。在当今世界经济形势萎靡不振、逆全球化思潮暗流涌动、国际形势变化多端的多事之秋，如何构建人类的未来？"金德尔伯格陷阱"所反映的"霸权稳定论"和人类命运共同体思想给出了截然不同的答案。霸权稳定论主张通过霸权国的霸权统治来维护世界稳定和发展。实际上还是维护霸权国其自身而罔顾世界各国的共同利益。因此，霸权统治在实践中经常表现为以我优先、以邻为壑。这种短视的做法实际上是破坏了世界的长期的和平与发展。"国际格局以西方占主导、国际关系理念以西方价值观为主要取向的'西方中心论'已难以为继，西方的治理理念、体系和模式越来越难以适应新的国际格局和时代潮流。"[2] 在这样的背景下，人类命运共同体思想则相反，展现出最富前瞻性和现实针对性且符合人类的根本利益。"全球的问题需要人类共同面对、共同应对，没有哪个国家能够单独应对面临的各种挑战"，人类命运共同体主张同心协力，共同应对世界挑战。主张"以对话解决争端、以协商化解分歧"；主张"统筹应对传统和非传统安全威胁，反对一切形式的恐怖主义"；主张

---

[1] 《习近平谈治国理政》第一卷，人民出版社2018年版，第330页。

[2] 《习近平新时代中国特色社会主义思想三十讲》，学习出版社2018年版，第286页。

"坚持环境友好，合作应对气候变化，保护好人类生存的地球家园"①。人类命运共同体关注解决贫困问题、生态问题、战争问题等关乎全体人类命运的长远问题，在视野上超越了"金德尔伯格陷阱"所反映的"霸权稳定论"。

（三）机制上的超越：主张有区别的国际责任

"霸权稳定论"寄希望于依仗某个强大国家去领导世界，其权责机制是片面的、单向度的和乏味的。在当今世界多极化发展趋势下，中国提出了人类命运共同体思想，主张有区别的国际责任，包含以下几层意蕴。第一，主张推进大国协调和合作，构建总体稳定、均衡发展的大国关系框架，承担更多的国际责任。事实上，由于大国有广泛的国际利益，国际事务的处理主体还是主要大国。因此，人类命运共同体思想主张推进大国之间的协调与合作。第二，主张加强同周边国家的合作。周边国家由于地域上接近，经济、文化、生态等方面的共同利益非常广泛。人类命运共同体思想主张按照"亲诚惠容"和"与邻为善、以邻为伴"的周边外交方针加强同周边国家的外交与合作，是符合区域内人民利益的。第三，主张国家关系民主化，"坚持国家不分大小、强弱贫富一律平等，支持联合国发挥积极作用，支持扩大发展中国家在国际事务中的代表权和发言权"②。国际关系的处理主要依靠大国之间的力量，但是也应该尊重每一个国家在国际舞台上平等的权利。总的来看，人类命运共同体思想从大国之间、地区国家之间、大小国家之间三个层面回应了如何处理国际关系、如何分配国际责任的问题，既从实际出发、立足于当代的现实世情，又追求世界各民族、各国家在国际舞台上的民主与平等，还倡导处理好局部地区和人类整体之间的关系，从构建和谐国际关系的权责机制上超越了"金德尔伯格陷阱"所反映的"霸权稳定论"。

---

① 习近平：《决胜全面建成小康社会　夺取新时代中国特色社会主义伟大胜利——在中国共产党第十九次全国代表大会上的报告》，人民出版社 2017 年版，第 59 页。

② 习近平：《决胜全面建成小康社会　夺取新时代中国特色社会主义伟大胜利——在中国共产党第十九次全国代表大会上的报告》，人民出版社 2017 年版，第 60 页。

中国正前所未有地走近世界舞台中央。国际社会期待听到中国声音、看到中国方案、学习中国智慧。中国也自始至终在做全球治理变革进程的参与者、推动者和引领者，秉持共商共建共享的全球治理观，积极参与全球治理体系改革和建设，支持扩大发展中国家在国际事务中的代表性和话语权，推动全球治理体系朝着更为公正合理的方向发展。约瑟夫·奈在其文中也认为，中国正承担着大国责任，近年来不仅成为联合国维和部队第二大资助者，还积极参与了抗击埃博拉病毒和全球气候治理等联合国项目。① 事实上，近年来中国在承担救灾援助、战乱维和、应对气候变化、反对恐怖主义、防止核武器扩散等国际事务中从不缺席，也从未吝惜。中国还提出"一带一路"倡议，成立金砖国家开发银行、亚洲基础设施投资银行等，这就是中国勇于承担国际责任、完善全球经济治理体系、提供国际公共产品的实践性方案。

诚然，"西方学界对中国现状与发展道路的误解是由多重因素造成的，其中包括意识形态上的偏见、对中国历史的无知和对中国文化的误读，同时也源于西方学术自身的内在缺陷"②。"金德尔伯格陷阱"的提出，既反映了近年来世界多极化发展形势下资本主义国家无力继续领导全球的现实窘境，同时也隐含要求中国承担更多国际责任的期冀。从学术话语和理论发展的角度来说，"金德尔伯格陷阱"提出恰恰反映了西方主流知识界理论创新的乏力。或者至少是在世界时局呈现鲜明变化的背景下，其很少察见或不愿察见、不正视这种变化的事实。中国特色社会主义进入新时代的当下，中国的学术界应当勇于肩负起引领思想理论创新发展的责任。

习近平指出："各国都应成为全球发展的参与者、贡献者、受益者。不能一个国家发展、其他国家不发展，一部分国家发展、另一部分国家不发展。各国能力和水平有差异，在同一目标下，应该承担共同但有区

① ［美］约瑟夫·奈：《警惕中美关系中的两大陷阱》，《中国经济报告》2017年第3期。

② 冯峰：《避免落入西方学者预设的"陷阱"》，《世界社会主义研究》2017年第7期。

别的责任。"① 人类命运共同体是中国向世界许诺的一个更好的未来。作为第一个在联合国宪章上签字的国家，今日之中国有能力、也有义务去承担相应的国际责任。中国致力于维护"和平、发展、公平、正义、民主、自由"的全人类共同价值，继承和弘扬联合国宪章的宗旨和原则，走一条"对话而不对抗，结伴而不结盟"的国与国交往新路，构建以合作共赢为核心的新型国际关系。事实上，中国也以实际行动履行自身的职责和使命，积极承担着责任。中国人的智慧里，主张"众人拾柴火焰高"，"独行快，众行远"，只有秉持共商共建共享的全球治理观，同心打造人类命运共同体，加强各国之间的协调合作，才是世界多极化格局下唯一现实的、可靠的路径。

可以说，从"中等收入陷阱"到"修昔底德陷阱"再到"金德尔伯格陷阱"，西方话语体系下塞给中国的"陷阱"形形色色、不一而终。面对陷阱，中国不会示弱，不接受道德绑架，也不推卸国际责任，只会不忘初心、牢记使命、一步一个脚印，走好我们自己的民族伟大复兴之路。

---

① 《习近平在联合国成立 70 周年系列峰会上的讲话》，人民出版社 2015 年版，第 2—3 页。

第五章　认知与事实的一致：正确对待马克思及马克思主义

　　马克思主义是我们党的人民事业不断发展的参天大树之根本，是我们党和人民不断奋进的万里长河之泉源。长期以来，马克思主义在中国之所以显示出强大生命力，最根本的就是我们党把坚持马克思主义和发展马克思主义有机统一起来，做到既不忘老祖宗、又讲出新话。[1] 提升当代中国的马克思主义的认同，离不开对马克思与马克思主义的正确认识，甚至很大程度上讲，后者还是前者的重要前提和条件。毋庸置疑，马克思本人及其伟大精神，在经历 200 多年的岁月沉淀，依旧显示出其强大的精神指引力和时代感召力，"两个世纪过去了，人类社会发生了巨大而深刻的变化，但马克思的名字依然在世界各地受到人们的尊敬，马克思的学说依然闪烁着耀眼的真理光芒！"[2] 真实还原马克思其人，赓续马克思留给我们的精神财富，涤清对马克思主义的认知误区，在实践中做到坚持和发展马克思主义，不断彰显马克思主义的时代价值，是永远值得我们认真思考并深入理解的重要问题。

---

[1] 《习近平新时代中国特色社会主义思想三十讲》，学习出版社 2018 年版，第 13 页。

[2] 习近平：《在纪念马克思诞辰 200 周年大会上的讲话》，人民出版社 2018 年版，第 1—2 页。

第一节　还原马克思：马克思的精神品格及其指引

2018 年是世纪伟人卡尔·马克思诞辰 200 周年。他与世长辞的 135 年来，不论是污名化他的，还是彻底反对以他名字命名的"马克思主义"的，都不得不正视一个事实，这就是马克思及马克思主义，至今仍然呈现出深远影响力和蓬勃生命力。历经岁月激荡、风起云涌，历史之风骤然吹过后，重话马克思的生平经历，品味他的点滴故事，依然对世人是莫大鼓舞和鞭策。我们除了关注作为学术意义或理论化的马克思及马克思主义，作为人格意义或生活化的马克思，特别是他对当下青年一代的启迪意义，更应当予以关注。可以说，透过马克思的一生，撇开其伟大的理论发现和思想贡献，其彰显出来的人格特质和人格魅力，俨然是一笔宝贵精神财富，是我们今天不断超越自我、接续奋斗的动力源泉。今天，我们除了学习马克思的深邃思想，还要继承马克思的可贵精神。正如雅克·德里达所言，"我们至少得有马克思的某种精神"①。

一、是非分明、敢于担当

马克思的一生始终表现出是非曲直、爱憎分明的立场和态度。他的不少著作，是为批判错误观点而作的，不仅文笔犀利流畅，而且旁征博引、逻辑论证层层深入，读起来令人精神振奋。透过他的著作，可以看到，现实中的马克思也正是一个善恶是非分明、坚持真理的人。正如麦克莱伦谈到的，马克思"激进而不妥协的立场、极端的爱以及使用归谬法对付对手的手法，这一切都使得他的文章有着鲜明的爱憎分明立场"②。

---

① ［法］雅克·德里达：《马克思的幽灵：债务国家、哀悼活动和新国际》，何一译，中国人民大学出版社 1999 年版，第 21 页。

② ［英］戴维·麦克莱伦：《马克思传（第 4 版）》，王珍译，中国人民大学出版社 2008 年版，第 34 页。

他一生坚持真理，始终站在广大无产阶级的立场上批驳种种错误思想观点。1845 年以前，马克思清算了哲学唯心主义立场上的激进青年黑格尔派。19 世纪 40 年代末在经济学方面反对蒲鲁东主义。50 年代批判在狂风暴雨的欧洲革命中显露过头角的非科学社会主义的党派和学说。60 年代和 70 年代，他渐渐从理论方面转移到实践方面，更接近工人的革命运动，批判清除了拉萨尔主义和巴枯宁主义。他一生理论成就的取得正是坚持科学、崇尚真理，不断与各种错误思潮观点论辩的结果。他自己也说，无论任何事情，只要是依靠科学的判断得出的批判，我都会欢迎。"比起那些公然的敌人，我们更应该对那些徒有其表之流展开体无完肤般的批判"①。作为亲密战友的李卜克内西在回忆中也谈道："马克思的风格就是马克思本人。他是一个完全正直的人，除了崇拜真理，他不知道还要崇拜别的，他可以毫不犹豫地抛弃他辛苦得到的他所珍爱的理论，只要他确认这些理论是错误的。"② 时下，我们在社会主义意识形态建设和推动马克思主义大众化实践中，一些人对非马克思主义、伪马克思主义，甚至反马克思主义的观点采取"折衷""和稀泥""轻描"的做法，不敢直言其问题，这些甚是令人疑忧，值得我们反思。

马克思敢于批判错误思想，似乎是个会"随时准备（即便说不是渴望）进入冲突之中"③，锋芒毕露、钩心斗角的人，然而敢于批判的马克思事实上却是真实而坦诚的人。在李卜克内西看来，再没有任何人比马克思更忠诚老实的了。他不会"明明是无能而卑鄙，却硬装成高尚和尊严"，他"简直就是真实的化身，你一眼就能看出他是怎样一个人"④。他因为真实，就像孩子一样不善于做作和矫饰。连妻子燕妮都常常称他为"我的大男孩"。燕妮说："当他进入那注重外表并且必须克制自己的所谓的'文明社会'时，我们的摩尔真的就是一个孩子，他会像

① 汪培伦：《马克思箴言》，中国长安出版社 2010 年版，第 160 页。
② 《回忆马克思》，人民出版社 2005 年版，第 55 页。
③ ［英］戴维·麦克莱伦：《马克思传（第 4 版）》，王珍译，中国人民大学出版社 2008 年版，第 434 页。
④ 《回忆马克思》，人民出版社 2005 年版，第 74 页。

小孩子一样手足无措，面红耳赤。"① 对于别人对他的攻击诽谤，他践履自己最喜爱的格言——意大利诗人但丁的豪迈诗句："走你的路，让别人去说吧。""他厌恶声望，对沽名钓誉的行为极度恼怒。他痛恨吹牛拍马的人，谁在他面前夸夸其谈，谁就会倒霉。"② 在李卜克内西看来，在予以他人应有的评价方面，没有任何人比马克思更仁慈、更客观和更公正。只要是社会或政治方面不尽如人意，他总是完全地说出自己的看法，毫不保留，他的脸就是他心灵的镜子。

安年科夫（两人认识时马克思 30 岁）对马克思是这样评价的，他"浓黑的头发毛茸茸的手，外衣的纽扣时常扣错，但是不论他在你面前是什么样子，也不论他做什么，他看起来像是有权利和力量来获得人们尊重。他动作笨拙，但自信自立，其行为方式公然蔑视人类规范的惯常成规，高贵并有些傲慢……他用几乎令人感到痛苦的语调讲述所有的事情"③。恩格斯也指出："马克思是当代最遭嫉恨和最受污蔑的人。各国政府——无论专制政府或共和政府，都驱赶他；资产者——无论保守派或极端民主派，都竞相诽谤他，诅咒他。他对这一切毫不在意，把它们当作蛛丝一样轻轻拂去……他一生可能有过许多敌人，却未必有一个私敌。"④ 因为马克思早已抛弃了个人的恩怨，而把全部的精力投放到了为全人类解放的事业当中去了。虽然他偶然也曾向最亲密的战友诉苦，却矢志不改，也从来没有动摇过他为理想而奋斗的决心和信心。

马克思具有敢于担当、不畏困难的精神。他不惧怕困难，敢于承担责任，哪怕是独自一个人承受着巨大压力，燕妮说"他宁愿牺牲所剩下的一切"⑤。《新莱茵报。政治经济评论》本是《新莱茵报》的续刊，

---

① ［英］戴维·麦克莱伦：《马克思传（第 4 版）》，王珍译，中国人民大学出版社 2008 年版，第 433 页。

② 汪培伦：《马克思箴言》，中国长安出版社 2010 年版，第 60 页。

③ ［英］戴维·麦克莱伦：《马克思传（第 4 版）》，王珍译，中国人民大学出版社 2008 年版，第 431 页。

④ 《马克思恩格斯选集》第 3 卷，人民出版社 2012 年版，第 1004 页。

⑤ 《回忆马克思》，人民出版社 2005 年版，第 171 页。

也是共产主义者同盟的理论和政治刊物，但由于德国警察的迫害和资金缺乏，仅办了 6 期就停办了。马克思"为了挽救报纸的政治荣誉，为了挽救科隆友人的公民荣誉，他挑起了一切重担，卖掉了自己的印刷机，交出了全部收入，临行前还借了 300 塔勒来偿付新租房舍的租金，支付编辑的薪金等等——而这时他已经是被驱逐出境的人"①。燕妮在1850年 5 月 20 日写给当时住在法兰克福的魏德迈的求助信中清楚地记述了这件事。事实上，当时马克思本可以一走了之，但他不仅没有这样做，而且还借钱偿付房租和编辑工资，独自承担了全部责任。他即便忍受物质的极度贫乏，乃至这种贫乏对家人带来的生活困苦，他也不愿屈从于金钱，相反他反对人沦为金钱的奴隶。应当承认，马克思不是不花时间精力去挣钱，而是因为他更愿意把时间更多地留给写作、留给无产阶级和全人类的解放事业。当他意识到"处境的确比五年前更惨"，"而且最糟糕的是这回的危机不是暂时的"②，他亦不愿放弃写作，宁可当掉他最后一件体面的大衣。

二、勤奋刚毅、严谨执着

马克思的一生满荷着顽强的意志和对事业、工作的执着与勤奋。"生活就像海洋，只有意志坚强的人，才能到达彼岸"③，自小我们都熟知马克思的这句名言。马克思顽强的意志力和对自己所钟爱的事业和工作的执着与勤奋，令世人叹啧不已。在安年科夫眼里，马克思是由能量、意志和不可动摇的坚定信念组成的那种人。的确如此，回溯马克思的一生，信念和意志使他克服并战胜了很多令人难以体验的苦难，他的理论建树和革命实践活动并没有因为生活上的贫困而中断过，甚至主观上也未曾动摇过。对此，我们从马克思生平著作年谱上足可窥见。而且，事实上，除了在自己所追求的"最能为人类谋求幸福"的事业方面

---

① 汪培伦：《马克思箴言》，中国长安出版社 2010 年版，第 172 页。
② 《马克思恩格斯全集》第 29 卷，人民出版社 1972 年版，第 92—93 页。
③ 汪培伦：《马克思箴言》，中国长安出版社 2010 年版，第 32 页。

表现出顽强的信念和意志，在日常生活当中，马克思同样表现得很顽强很有意志力。他曾让一位希望借酒精让他敞开心扉的普鲁士陆军中尉由衷地感到敬佩："先喝了波尔多，又喝红葡萄酒，再喝了香槟之后，即便醉了，马克思仍然支配着谈话直到最后一分钟。"①

上中学时，马克思的父亲看到他寄回家的信后，在回信里不无担心地说，"九门课程，在我看来多了一点，并且我不希望你学的东西超过你的身体和精力所能承受的限度"，并提醒马克思"用功不要超出你的健康所能容许的限度"②。马克思在信中请求父亲原谅他字迹的潦草和文笔不好，因为快四点了，蜡烛已经燃尽，眼睛也模糊了。马克思早年的这种勤奋精神，俨然成了他一生的习惯和生活方式，一直到他晚年。这在当代英国著名的马克思主义学者乔纳森·沃尔夫（Jonathan Wolff）看来，马克思已经采用了一种在后来的生活中也不会改变的工作方式。李卜克内西在回忆中也称："马克思工作十分繁重，而且由于白天常有干扰（尤其是流亡初期），他便在夜间补上。晚上我们开完会回到家里，他还常常坐下来工作几个小时。而且这几个小时还总是一再延长，到后来成了通宵达旦，到清晨才睡觉。"③为此，燕妮"不止一次地严厉责备他，他却笑一笑说，这样做适合他的天性"④。晚年的马克思也意识到"一个人像我这样在几乎完全与世隔绝的状态下生活的时间越长，精神生活的圈子就越窄"⑤，对真理和人的解放事业的执着，甚至是一种痴迷，促使他并不是沉迷于大部分欧洲人所钟情的交际酒会，而是沉浸于让绝大多数人争取和享有真正自由幸福的实践路径里。

为了更好地开展研究工作，马克思不喜欢喧闹的环境，而且在生

---

① ［英］戴维·麦克莱伦：《马克思传（第4版）》，王珍译，中国人民大学出版社2008年版，第432页。

② 汪培伦：《马克思箴言》，中国长安出版社2010年版，第127页。

③ 《回忆马克思》，人民出版社2005年版，第77页。

④ 汪培伦：《马克思箴言》，中国长安出版社2010年版，第67页。

⑤ ［英］戴维·麦克莱伦：《马克思传（第4版）》，王珍译，中国人民大学出版社2008年版，第389页。

活上也渴望简化。1842 年 4 月，抱着写点东西并或许可以找到地方发表的想法，马克思和燕妮移居到了科伦，因为科伦曾经是青年海格尔派俱乐部所在地，有着马克思颇为激情的梦想。他喜欢科伦，但又心生厌烦，因为"科伦这种上流社会生活逐渐令他难以忍受"，因为"那里的生活太喧闹"，特别是"好友的众多，并不导致哲学的完美"①。马克思一生还有很多计划未能实现，除了完成《资本论》未尽的 2、3 卷外，"他还想写一本关于逻辑学的书和一本哲学史，后者是他早年喜欢研究的"②。

我们还应该学习马克思朴实的学风和严谨治学精神。书对于马克思来说，乃是脑力劳动的工具，而不是装饰品。他把书当作他的奴隶，使其服从他的意志。在他看来，与其用华丽的外衣装饰自己，不如用知识武装自己。越是多读书，就越是深刻地感到不满足，越感到自己知识贫乏，任何时候也不会满足。重知识爱读书的马克思自然也令人钦佩。保尔·拉法格在 1890 年的《忆马克思》一文中写到第一次在梅特兰公园路过马克思的书斋时，看到的马克思并非是一位坚决的、超群的社会主义鼓动家，而是一位学者。在被拉法格称之为"具有历史意义的房间"的书斋里，"壁炉的两边和窗子的对面，靠墙放着装满书籍的书柜，书柜上堆着一包一包的报纸和稿件，直挨到天花板。壁炉的对面，在窗子的一边有两张桌子，也放满了各种各样的文件、书籍和报纸"③。

马克思崇尚自由思考、善于独立分析，治学尤为严谨。马克思常引用自己青年时代的哲学导师黑格尔的一句话："即使是一个恶徒的犯罪思想，也要比天堂里的奇迹更伟大更崇高。"④足以看出，马克思对自由思想的推崇。但马克思的自由思考并不缺少严谨的求证。李卜克内西回忆到，"马克思做任何事情都是很讲究方法。他提出一个问题时，总

---

① ［德］海因里希·格姆科夫等：《马克思传》，易廷镇等译，人民出版社 2000 年版，第 35 页。

② 汪培伦：《马克思箴言》，中国长安出版社 2010 年版，第 198 页。

③ 汪培伦：《马克思箴言》，中国长安出版社 2010 年版，第 188 页。

④ 《回忆马克思》，人民出版社 2005 年版，第 201 页。

是力求简短，然后用较长的解释来说明它"。"马克思是一位严格的修辞家，他常常花很多时间力求找到需要的字句"，"他憎恨滥用外国字，如果说他也时常在不必要的地方使用外国字，这是因为他长期侨居国外"。他"竭力主张语言纯洁，有时达到了咬文嚼字的程度"①。马克思也曾说自己的研究"不是为了付印，而是为了自己弄清楚问题"②。拉法格也谈道："马克思虽然深切地同情工人阶级的痛苦，但引导他信共产主义观点的并不是任何感情上的原因，而是研究历史和政治经济学的结果。他确信，每一个不为资产阶级利益所影响、不为阶级偏见所蒙蔽的公正人士，必然会得出统一的结论。"③ 为了写《资本论》中关于英国劳工法的二十来页文章，他在图书馆翻遍了英国和苏格兰调查委员会和工厂视察员报告的蓝皮书。

1893 年 2 月恩格斯在致弗·雅·施穆伊洛夫的信中，介绍马克思在 19 世纪 50 年代独自埋头制定剩余价值理论时说，马克思"在他没有完全弄清这一理论的所有结论以前，他坚决拒绝发表关于这一理论的任何材料"④。拉法格也回忆到马克思曾有一天对他说，"宁愿把自己的手稿烧掉，也不愿半生不熟地遗留于身后"。在马克思看来，"不论从事哪一种科学研究，都不应该为这种研究会得出什么结果而操心"，"如果一个有学问的人不愿意自己堕落，就绝不应放弃积极参加社会活动，不应该像一条藏在乳酪里的蛆虫一样，逃避同时代人的社会斗争和政治斗争"⑤。

马克思从 1843 年开始转而研究经济学，到 1867 年 3 月底写成《资本论》第 1 卷，期间经过了近 25 年，读了 1500 多本书，做了难以计数的摘录和笔记。为了研究以俄国为典型的东方社会历史，他在近 50 岁的时候还学习俄文，但半年后他却能津津有味阅读俄国诗人和散文家的

① 《回忆马克思恩格斯》，人民出版社 1957 年版，第 133、138、104 页。
② 《马克思恩格斯选集》第 2 卷，人民出版社 2012 年版，第 1 页。
③ 汪培伦：《马克思箴言》，中国长安出版社 2010 年版，第 187 页。
④ 《马克思恩格斯选集》第 4 卷，人民出版社 2012 年版，第 637 页。
⑤ 汪培伦：《马克思箴言》，中国长安出版社 2010 年版，第 187 页。

著作了。他抱定"外国语是人生斗争的一种武器"① 的信条，总是不断学习不断进取。仅语言方面，马克思能用德、法、英三国文字写作，能通读欧洲一切国家的文字，这一直为世人所惊叹。透过马克思生平的治学经历、学术态度和他身后遗留下来的足以令每一个人感到震撼的大量文献手稿，马克思实际上就是近现代以来学人的楷模和典范，我们还有什么理由不向他学习呢？

三、为人善良、胸怀坦荡

纵观马克思一生，他关爱底层、同情弱者，并切实付出行动的善心善举，值得我们学习。早年《莱茵报》时期，针对林木盗窃和葡萄农等事件，马克思就挺身而出为农民撰文维权辩护。他同情政治上和社会上备受压迫的贫苦群众，痛斥权贵们欺压穷苦人的行为。正如格姆科夫所说的"他的心为贫民阶级而跳动"②。1843 年 6 月 19 日，25 岁的马克思与相恋七年的燕妮在克罗茨纳赫登记结婚，之后新婚燕尔的两人带着主要由燕妮母亲给的钱蜜月旅行，他们沿途看望不少朋友，把钱放在双柄的小匣子里，当贫穷的朋友需要时，他就打开匣子，任由取用。有人借此戏说马克思夫妇没有理财意识，但更该看到的是他们乐意助人的美德闪光之处。此外，马克思对个别人故意装穷装病来欺诈人的行为十分愤怒，因为他认为利用人类的同情和悲悯是一件极其卑鄙的事情，"但是不管行乞的人脸上多么明显地暴露出是在欺诈，只要手里抱着一个眼泪汪汪的孩子，马克思就肯定上当。他受不了孩子那哀怜的目光。体力衰弱和无依无靠往往激起他深切的怜悯和同情"。"好几次路过贫民区时，马克思突然从我们身边走开去抚摸那衣衫褴褛坐在门边孩子的头发，并把一便士或半便士钱塞进他的小手。"③ 然而，与对待穷苦人的

---

① 《回忆马克思》，人民出版社 2005 年版，第 190 页。

② ［德］海因西里·格姆科夫等：《马克思传》，易廷镇等译，人民出版社 2000 年版，第 35 页。

③ 汪培伦：《马克思箴言》，中国长安出版社 2010 年版，第 75 页。

慷慨所不同的是，他对自己却常常是很节俭，"在英国，雪茄很贵，他总是挑比较便宜的买"，所以，"马克思抽的烟，他的朋友们是不敢尝试的"①。

马克思曾说："良心是由人的知识和全部生活方式来决定的。"② 在资产阶级统治的社会里，光靠个人的良心发现并不足以改变大多数人陷于悲惨的境地。他意识到，不仅因一个人具备知识而习成美德并使其乐善好施之外，更应当去通过现实物质利益的实践，在切实的革命行动中改变绝大部分人的悲惨处境。因此，马克思更沉心于探讨资产阶级统治下的无产阶级革命的实践路径。在他看来，"将精力投入不切实际的美好未来创想，会分散现实生活中前行的注意力，就像有些人一生都在构思一部伟大的小说，却从来没有动笔写过一个字"。而将"那些投入畅想美好未来中的精力，如果用在政治斗争中将会更有成效"③。马克思"将注意力从未来的美好幻想转移到枯燥的现实工作，但正是在这里，他找到了真正丰富多彩的未来。他对过去的看法比很多思想家都更为忧郁，但他对未来的憧憬与很多思想家相比都更具希望"④。

马克思对待家庭和生活总是怀着热情、乐观、积极的态度。不论从年轻时写给家里的信，还是后来和家人的关系，都足以表明马克思是一个热爱家庭、热爱生活的人。尽管因专注于劳苦大众的解放事业而常使家庭陷于窘迫，不得不靠朋友接济，但无论做父亲还是丈夫，他都尽职尽责，充满浓情爱意。这些良好的家庭美德和生活态度，值得我们今天年轻的一代学习。马克思的父亲去世较早（1838 年 5 月），故他非常眷念，常常不厌其烦地谈起，而且总是把父亲的一张老式银版照片带在身边。1841 年 12 月因岳父威斯特华伦男爵身患重病，他特意返回了特

① 汪培伦:《马克思箴言》，中国长安出版社 2010 年版，第 98 页。

② 《马克思恩格斯全集》第 6 卷，人民出版社 1961 年版，第 152 页。

③ [英] 特里·伊格尔顿:《马克思为什么是对的》，李杨、任文科等译，新星出版社 2011 年版，第 73 页。

④ [英] 特里·伊格尔顿:《马克思为什么是对的》，李杨、任文科等译，新星出版社 2011 年版，第 81 页。

里尔，一直到 1842 年 3 月男爵去世，马克思一直陪伴在这位最早给他圣西门思想启蒙的人身边。①1863 年因母亲去世，马克思依然如初地赶回特里尔，还专门去看了岳父母的旧居，并写信给燕妮，说"我每天都去瞻仰威斯特华伦家的旧居，它比所有的罗马古迹都更要吸引我，因为这使我回忆起最幸福的青年时代，它曾收藏着我最珍贵的瑰宝"，并说到"做丈夫的知道他的妻子在全城人心目中仍然是个'迷人的公主'，真有说不出的惬意"②。

　　在马克思的自白③ 中，他坦言喜欢《浮士德》中为了爱情宁愿粉身碎骨的美丽女子甘泪卿，把她称作"女英雄"。这实际上从一个侧面，也是他对一生跟随于他，甘守清贫的爱妻的一种情感表达。马克思女儿爱琳娜在后来的回忆中谈到，"他一生奉献给他妻子的不只是一般的爱，而是热烈的爱"。他写给燕妮的一封信里，"字里行间燃烧着炽热的爱情的火焰，那简直就像出自一个 18 岁的青年人的手。然而，马克思在 1856 年写这封信的时候，燕妮已经是六个孩子的母亲了"④。早年，马克思就从柏林给他钟情的燕妮寄去了三本厚厚的诗册，全是抒发挚爱之情的情书。正是马克思一生热爱家庭、深爱燕妮，两人始终是相濡以沫、携手一生，并共同在生活困难之时彼此砥砺。燕妮曾亲笔述道："我有幸是少数幸福者中的一个，因为我的身旁有我亲爱的丈夫，我的生命的支柱。真正使我痛苦万分，使我十分伤心的是，我的丈夫不得不经受这

---

① 马克思的父亲在一封写给马克思的信中把威斯特华伦男爵称为"一个比你年长又比你老练的可敬的朋友"，并告诫马克思"你是幸福的，像你这样年纪的年轻人能得到这样的幸福是少有的"，"能不能对这个朋友信守不渝，永远做个无愧于他的人，就是对你的性格、才智和心肠，特别是对你的道德的最好考验"。1841 年马克思曾特意把博士论文献给了已经 71 岁的男爵。

② 汪培伦：《马克思箴言》，中国长安出版社 2010 年版，第 215—216 页。

③ 马克思的女儿劳拉在马克思完成《资本论》第 1 卷之前少有的空余时间里让马克思填写了二十道问题。苏联瓦·奇金以马克思的女儿劳拉的手稿刊印的"自白"文本为依据，写成了《马克思的自白》一书。

④ 《回忆马克思》，人民出版社 2005 年版，第 215 页。

么多的琐屑的苦事，而本来只要很少的东西就可以帮助他。"① 当燕妮去世后，马克思无比悲痛，恩格斯当时就说"摩尔也死了"②。此外，俄国社会活动家科瓦列夫斯基后来在回忆中也写道："马克思到了须发斑白的时候也还喜欢和妻子跳一支迎接新年的舞蹈。"③ 就在马克思去世后，人们也发现，他的父亲、燕妮，还有大女儿燕妮的照片还放在他贴胸的口袋里。恩格斯把这些照片一并放进了棺材里。④

马克思有着宽广的胸襟，他曾对女婿拉法格说自己是世界的公民，走到哪儿就在哪儿工作。他最喜欢的名言之一就是"为人类工作"。中学毕业，他就表达了为人类谋幸福的高尚理想，认为"以此为职业，重担就不会能把我们压倒"，"面对我们的骨灰，高尚的人们将洒下热泪"。⑤ 从 24 岁到去世，他就一直献身于他的理想。

曾获 1972 年诺贝尔文学奖的海因里希·伯尔在《假如没有马克思》一文的开头中极富反思性地谈道："一部进步史乃是一部忘恩负义史。后生者只是一味地捞取和享用好处，至于曾为好处所付出的代价连想也没去想。掺和在这种忘恩负义之中的还有愚蠢、无知以及理论家、知识分子通常所具有的清高和蔑视。工人运动、社会主义这样的词语甚至使人连哈欠也打不起来：人们几乎不知道，这些词语意味着什么，只是想象，这大概是某种红的、'左'的东西，因而这已足够令人怀疑的了。但是我们须知，没有工人运动，没有社会主义者，没有他们的思想家，他的名字叫卡尔·马克思，当今六分之五的人口依然还生活在半奴隶制的阴郁状态中；没有斗争，没有起义，没有罢工（这需要发动，需要引导），资本家是连半步也不让的。西方世界理应感谢卡尔·马克思，尽管东方世界宣布信奉卡尔·马克思，不过，似乎有一种远比争取如下的

---

① 汪培伦：《马克思箴言》，中国长安出版社 2010 年版，第 174 页。

② [德] 海因西里·格姆科夫等：《马克思传》，易廷镇等译，人民出版社 2000 年版，第 341 页。

③ 汪培伦：《马克思箴言》，中国长安出版社 2010 年版，第 285 页。

④ 汪培伦：《马克思箴言》，中国长安出版社 2010 年版，第 217 页。

⑤ 《马克思恩格斯全集》第 1 卷，人民出版社 1995 年版，第 459 页。

远景更为复杂的想法：维护卡尔·马克思，不要让我们的子孙认为他是可怕的幽灵。"①

德国历史学家梅林曾经如此评价："在19世纪的天才人物中，没有一个曾经经受过比一切天才中最伟大的天才——卡尔·马克思——所经受的更痛苦的命运了。"②马克思的一生当中，从来没有为自己争取任何私利而向资产阶级低头，正如马克思自己所言，"我必须不惜任何代价走向自己的目标，不允许资产阶级社会把我变成赚钱的机器"③。

如若用一些现代人的眼光来看，马克思的一生是"不成功"的。因为他时常处在颠沛流离的"漂"中，没有固定工作和稳定经济来源，没有资产没有存款只有成堆的书籍和手稿，且因为困苦和疾病，四个儿女前后先离他而去……但是，如若把这些放到历史发展的长河中去看，马克思的一生却是成功且幸福的。他不仅实现了自己17岁时的理想，"还彻底改变了我们对人类历史的理解"，而"很少有思想家能真正改变历史进程"④。时隔一个多世纪，恰巧印证了恩格斯在他的墓前所说的："他的英名和事业将永垂不朽！"

第二节 掌握理论实质与赓续精神品格的统一

马克思主义信仰之道，根本在于马克思主义理论自身的真理性。如果某种"主义"失去对客观世界的解释力批判力洞察力，亦即科学性，即使口若悬河，最多能够引起人们的惊愕，除此之外什么都不可能

---

① [德]海因里希·伯尔：《伯尔文论》，袁志英等译，生活·读书·新知三联书店1997年版，第12页。

② [德]弗·梅林：《马克思传》，樊集译，生活·读书·新知三联书店1965年版，第287页。

③ 《马克思恩格斯全集》第29卷，人民出版社1972年版，第550页。

④ [英]特里·伊格尔顿：《马克思为什么是对的》，李杨、任文科等译，新星出版社2011年版，第2页。

留下，不可能深入人心。现代信仰与传统信仰不同之处在于，它以理性、知识为基础，反对蒙昧和欺骗。这是正如林肯所说："你确实可以在某一个时候欺骗所有的人，你甚至可以永远欺骗某些人，但你却不能在所有的时候欺骗所有的人。"① 认同并信仰马克思主义，必须深刻认识和理解马克思主义的价值，在理论和实践中彰显其生命力，不断传承马克思的精神品格。这既是认同和信仰马克思主义的内在要求，也是在实践中以坚持马克思主义为指导思想推动我国社会发展进步的内在旨归。

一、理解马克思主义作为"壮丽日出"的意蕴

习近平高度评价说："在人类思想史上，就科学性、真理性、影响力、传播面而言，没有一种思想理论能达到马克思主义的高度，也没有一种学说能像马克思主义那样对世界产生了如此巨大的影响。"② 马克思主义和共产主义作为科学理论和远大理想，对人类文明进步产生了广泛而巨大的影响。当代资本主义也无不吸收了马克思主义的批判性意见，在一定历史阶段内方能实现长足发展。马克思逝世后的 130 多年来，马克思作为革命家和思想家从未离开这个世界，马克思主义一直在而且越来越深刻影响和改变着世界。

马克思留给人类最宝贵的财富就是马克思主义。习近平在纪念马克思诞辰 200 周年讲话时把马克思主义比喻为"壮丽的日出"，深刻指出，"马克思给我们留下的最有价值、最具影响力的精神财富，就是以他名字命名的科学理论——马克思主义。这一理论犹如壮丽的日出，照亮了人类探索历史规律和寻求自身解放的道路"③。马克思主义犹如壮丽的日出，正是对马克思主义的重大价值和意义的最形象、最通俗，当然也是最透彻的表达。

---

① 转引自何怀宏：《良心论》，生活·读书·新知三联书店 1994 年版，第 158 页。

② 习近平：《在纪念马克思诞辰 200 周年大会上的讲话》，人民出版社 2018 年版，第 8 页。

③ 习近平：《在纪念马克思诞辰 200 周年大会上的讲话》，人民出版社 2018 年版，第 6 页。

"壮丽的日出"这句话源于德国哲学家黑格尔的话。他在《历史哲学》一书中，称颂法国大革命是"一次壮丽的日出"，是"一个光辉灿烂的黎明"，是人类历史的"新纪元"。黑格尔欢迎法国大革命，主要因为这次革命的初期只是限制君权，反对暴政，这是同他的君主立宪的政治主张相吻合的。①19世纪初，德国资产阶级经过长期的发展终于作为一个阶级脱胎而出了。黑格尔"表达了这个阶级对康德所说的资产阶级民主共和国仅仅是一种不可实现的理想已经不满意了。他提出了要用君主立宪来代替君主专制。这表明德国资产阶级夺取政权的时刻即将来到了"②。之后，恩格斯也在《社会主义从空想到科学的发展》中谈到关于法国革命的注释中引述了黑格尔的"一次壮丽的日出"这句话，写到"以往的一切社会形式和国家形式、一切传统观念，都被当作不合理的东西扔到垃圾堆里去了；到现在为止，世界所遵循的只是一些成见；过去的一切只值得怜悯和鄙视。只有现在阳光才照射出来，理性的王国才开始出现。从今以后，迷信、非正义、特权和压迫，必将为永恒的真理，为永恒的正义，为基于自然的平等和不可剥夺的人权所取代"③。而"理性的王国"和"永恒的正义"都是来自资产阶级的社会统治之下。恩格斯在这里引述黑格尔的话其实并不具有特别的意义，但这是我们能够初步查到的在马克思和恩格斯的著作文献中使用"壮丽的日出"这句话的典型出处。

理解马克思主义作为"壮丽的日出"的深刻意蕴，更要充分认识到研读马克思主义经典著作在当今时代境遇中的重大现实价值。马克思主义的价值的时代彰显，需要随着时代的变化以发展的马克思主义指导鲜活的社会实践。在这次马克思诞辰200周年之际，由中共中央宣传部统一部署，中央编译局精心筹划，编辑出版了3套共18本重点图

---

① 中央党校编写小组编：《〈路德维希·费尔巴哈和德国古典哲学的终结〉提要和注释》，人民出版社1973年版，第73页。

② 朱德生、李真主编：《简明欧洲哲学史》，人民出版社1979年版，第210页。

③ 《马克思恩格斯选集》第3卷，人民出版社2012年版，第392页。

书。其中，除了《马克思画传》是对马克思生平及其主要事迹的介绍外，《共产党宣言》《资本论》以及含 15 本马克思和恩格斯主要文本的"纪念马克思诞辰 200 周年马克思恩格斯著作特辑"，都是学界所熟知的马克思主义代表性著作，实际上也是马克思主义得以系统和集中阐发的经典名篇。此次出版，一方面是纪念马克思主义创始人的不朽功勋，追忆伟人的思想足迹和精神品格，重温科学理论的真理性魅力，进一步推动马克思主义的学习和研究；另一方面是在更深入掌握马克思主义基本原理的基础上，立足新时代，深刻认识和理解作为当代中国马克思主义、21 世纪马克思主义的习近平新时代中国特色社会主义思想与原典意义上的马克思主义之间的一脉相承又与时俱进的辩证统一关系，直面现实，凝聚力量，在进一步推动马克思主义大众化和时代化过程中促进我国社会发展。无疑，这套纪念图书的出版，对于深化马克思主义经典著作的学习、研究和阐释，推进经典著作宣传普及，让科学理论为亿万人民所了解所接受，画出最大的思想同心圆，具有十分深远的意义。

这些图书虽然选取的只是马克思和恩格斯浩如烟海的文字中的部分篇节，但都是较为核心和颇为流传的文本，其在马克思主义思想中占据重要位置。例如，《共产党宣言》和《资本论》，前本是科学社会主义和马克思主义诞生的标志，问世 170 多年间曾被译为 200 多种文字，被评为最具影响力的 20 本学术书之一，成为全球公认"使用最广的社会政治文献"；后本则犹如"百科全书"，是马克思研究资本主义社会经济形态的巅峰之作，可谓耗费毕生精力创作的鸿篇巨制，充分展现了他天才式的理论思维和缜密逻辑。正如美国学者托夫勒所说："在今天的世界上，对马克思一无所知，就等于半个文盲。"[①] 这两本书恰恰是人们认知马克思主义的关键著作，不知晓这两本书的核心要义，就无法准确理解马克思主义。又如《德意志意识形态》（节选）是阐述唯物史观和共产主义理论的重要著作，是马克思主义哲学创立的标志。该书通过批判

---

① ［美］阿尔温·托夫勒：《预测与前提——托夫勒未来对话录》，粟旺、胜德、徐复译，国际文化出版公司 1984 年版，第 199 页。

以费尔巴哈、鲍威尔和施蒂纳为代表的青年黑格尔派以及当时在德国流行的所谓"真正的"社会主义或"德国社会主义"，首次对唯物史观做了系统阐述，为无产阶级提供了科学的世界观和方法论。总体而言，这15本"特辑"基本呈现了马克思主义最一般性的原理，是掌握马克思主义立场、观点和方法的重要读本。

历史和实践充分证明，马克思主义作为一种思想体系，是人类思想史上最重要的科学认识成果，也是影响力最广、带来的社会变革力量最显著的思想体系，其真理性如同她的生命力一样随着实践的发展而展现出勃勃生机。今天，我们有充足理由树立起对马克思主义、共产主义最足够的信心和最坚定的信念。这种信心和信念的牢固树立，离不开研读马克思主义经典著作。而若下功夫研读，最大的体会是这些文字能够给人以极大的力量，包括使命和责任，也包括更宽广的视野和胸怀。所有这一切，都源于马克思和恩格斯身上那种不寻常的人格特质和精神境界，以及他们共同创立的学说的科学性与革命性。

二、掌握理论实质，自觉坚定理论自信

正如《马克思为什么是对的》一书作者特里·伊格尔顿的评论，马克思比以往的思想家都更加忧郁，但他所找寻的通往人的自由解放之路更具希望。我们既要学习和理解其中的思想理论观点，掌握其中的科学方法，并能够用以分析问题和解决问题，又要透过文字，感受经典作家的人格魅力和精神力量，坚持真理和价值的统一，自觉把掌握经典著作的思想理论实质与赓续经典作家的崇高精神品格有机结合起来。

1848 年《共产党宣言》的发表标志着马克思主义的公开问世。此后马克思主义就站在唯物主义的立场上，创造性地揭示了人类社会发展规律，"为人民指明了实现自由和解放的道路"①。马克思主义是科学的、人民的、实践的理论，也是不断发展、日益丰富的理论。中国共产

---

① 习近平：《在纪念马克思诞辰 200 周年大会上的讲话》，人民出版社 2018 年版，第8 页。

党人将马克思主义普遍原理与中国具体实际相结合，创造性地形成了毛泽东思想、邓小平理论、"三个代表"重要思想、科学发展观、习近平新时代中国特色社会主义思想，不断指引中国革命、建设和改革走向成功。新中国成立70多年来，我国在经济、政治、文化、社会、生态文明、外交、党的建设等方面取得的成就印证着马克思主义的科学性与真理性，同时宣告着坚持与发展马克思主义的必要性。

列宁认为马克思理论的全部价值就在于他在本质上是"批判的和革命的"，批判的精神贯穿马克思主义始终，尤其是19世纪40年代以后，马克思在与各种思潮的论战中确立其地位。正是在不断发现问题，解决问题的过程中，马克思主义的价值得到彰显，也显示其强大的生命力。马克思主义是科学的理论，"马克思的思想理论源于那个时代又超越了那个时代，既是那个时代精神的精华又是整个人类精神的精华"①。历史唯物主义和剩余价值学说的发现，首次揭示了人类社会发展一般规律和资本主义运行特殊规律，不断地加速并最终使社会主义由空想变为科学、由理论变成现实，为无产阶级革命提供了科学依据和行动指南。

"马克思一再告诫人们，马克思主义理论不是教条，而是行动指南，必须随着实践的变化而发展。一部马克思主义发展史就是马克思、恩格斯以及他们的后继者们不断根据时代、实践、认识发展而发展的历史，是不断吸收人类历史上一切优秀思想文化成果丰富自己的历史。因此，马克思主义能够永葆其美妙之青春，不断探索时代发展提出的新课题、回应人类社会面临的新挑战。"② 这也正是马克思主义的理论的实质所在，即不僵化、不教条、不唯一，而是随着时代和实践的发展变化不断赋予其新内涵，不断丰富和发展马克思主义。马克思和恩格斯在19

---

① 习近平：《在纪念马克思诞辰200周年大会上的讲话》，人民出版社2018年版，第7页。

② 习近平：《在纪念马克思诞辰200周年大会上的讲话》，人民出版社2018年版，第9页。

世纪特定历史条件下创造了科学的理论，他们所取得的认识成果也只能是在当时历史条件下所能取得的认识成果。21世纪的今天，我们当然不能停留在这些已有成果上，而要与时俱进地从时代高度研究新阶段的新问题，不断推动马克思主义的丰富和发展，推进其时代化。

当前，理解马克思主义理论实质的关键，在于掌握习近平新时代中国特色社会主义思想。作为马克思主义中国化最新成果，习近平新时代中国特色社会主义思想对发展马克思主义作了一系列原创性贡献，标志着当代中国马克思主义进入新的发展阶段。为此，要把研读经典作家的文本同学习习近平新时代中国特色社会主义思想及《习近平谈治国理政》等著作紧密结合起来，深入洞见其间思想逻辑脉络的一致性，把握好坚持与发展、继承与创新的关系。同时，要善于用这些理论去分析和解决当代中国发展和人类进步所面临的现实问题，在实践中不断赋予马克思主义以新的时代内涵。正如习近平指出的，"与时代同步伐，与人民共命运，关注和回答时代和实践提出的重大课题，是马克思主义永葆生机活力的奥妙所在"①。理论指导实践，实践产生认识需要。当前，关键要"坚持问题导向，聚焦我国改革开放和社会主义现代化建设面临的重大现实问题、全局性战略问题、人民群众关心关注的热点难点问题，为解决问题提供新理念、新思路、新办法"②。只有这样才能既掌握理论实质进而推动实践，又能够在实践中丰富和发展科学理论。

三、赓续精神品格，继承马克思的精神遗产

习近平在纪念马克思诞辰200周年大会上的重要讲话高度评价了马克思，指出马克思的一生，是胸怀崇高理想、为人类解放不懈奋斗的一生；马克思的一生，是不畏艰难险阻、为追求真理而勇攀思想高峰的一

---

① 《习近平新时代中国特色社会主义思想学习纲要》，学习出版社、人民出版社2019年版，第36页。

② 《习近平在中共中央政治局第五次集体学习时强调　深刻感悟和把握马克思主义真理力量　谱写新时代中国特色社会主义新篇章》，《人民日报》2018年4月25日。

生；马克思的一生，是为推翻旧世界、建立新世界而不息战斗的一生。"马克思是顶天立地的伟人，也是有血有肉的常人。他热爱生活，真诚朴实，重情重义。"① 今天，我们所说的马克思主义者，不光是要掌握马克思主义基本原理，更是要秉承马克思的高贵品质和精神遗志，成为真正继承人，始终不懈地追求无产阶级和全人类的自由和解放。

赓续精神品格，就是要继承经典作家的精神遗产，学习马克思的崇高品格和人生境界。知晓马克思生平的人都知道，"早在中学时代，他就树立了为人类幸福而工作的志向。大学时代，马克思广泛钻研哲学、历史学、法学等知识，探寻人类社会发展的奥秘。在《莱茵报》工作期间，马克思犀利抨击普鲁士政府的专制统治，维护人民权利。1843年移居巴黎后，马克思积极参与工人运动，在革命实践和理论探索的结合中完成了从唯心主义到唯物主义、从革命民主主义到共产主义的转变。1845年，马克思、恩格斯合作撰写了《德意志意识形态》，第一次比较系统地阐述了历史唯物主义基本原理。1848年，马克思、恩格斯合作撰写了《共产党宣言》，一经问世就震动了世界"② 。马克思一生始终坚持真理、不媚权贵，以实际行动同情和维护社会弱势群体。他对无产阶级和人类解放事业的执着、勤奋、顽强与勇于献身精神，以及朴实的学风和严谨治学精神，包括对待家庭、工作的责任感和对生活的热情与积极态度，永远值得后人学习。

我们要学习马克思善良真诚、重情重义的品质。不论从年轻时写给家里的信，还是后来和家人的关系，和朋友的关系，都能看出马克思是一个热爱生活、懂得孝顺，对生活充满激情的人。尽管因专注于劳苦大众的解放事业而常使这个家庭陷于窘迫，不得不靠朋友接济，但无论做父亲还是丈夫，他都尽职尽责，充满浓情爱意。即使是在人生最饱受

---

① 习近平：《在纪念马克思诞辰200周年大会上的讲话》，人民出版社2018年版，第5页。

② 习近平：《在纪念马克思诞辰200周年大会上的讲话》，人民出版社2018年版，第2页。

挫折和打击的时候，他也以积极乐观的心态面对生活。他对家庭和子女有着无比深厚的爱。在生活中和妻子燕妮患难与共，谱写了理想和爱情的命运交响曲。马克思和恩格斯之间的友谊，"超过了古人关于人类友谊的一切最动人的传说"①。我们应该学习马克思的这种人生旨趣和生活态度，使自己成为一个真诚善良、有情有义的人。在这一点上，马克思应该成为当代青年砥砺自我的榜样。

我们要学习马克思胸怀崇高理想，为正义事业不懈奋斗。马克思始终坚持为人类解放不懈奋斗，他在中学毕业作文《青年在选择职业时的考虑》中写道："如果我们选择了最能为人类而工作的职业，那么，重担就不能把我们压倒。"②尽管他一生饱尝颠沛流离的艰辛、贫病交加的煎熬，但他初心不改、矢志不渝，为人类解放的崇高理想而不懈奋斗，这充分展现了马克思顶天立地、百折不挠、始终站在斗争最前沿的伟大品格和坚强意志。马克思主义的理想就是要实现共产主义，以自由人联合体的社会取代阶级压迫和剥削的社会，真正实现人的解放。可以说，这是正义的事业。我们应该做马克思伟大思想的坚定守护者、忠实传承者，更应身体力行，勇于实践，敢于拼搏，乐于奉献，为全人类进步和正义的事业而努力奋斗。

我们要学习马克思执着追求真理，严谨治学。马克思曾经写道："在科学上没有平坦的大道，只有不畏劳苦沿着陡峭山路攀登的人，才有希望达到光辉的顶点。"③他博览群书、广泛涉猎，不仅深入了解和研究哲学社会科学各个学科知识，而且深入了解和研究各种自然科学知识，努力从人类创造的一切文明成果中汲取养料。马克思毕生忘我工作，经常每天工作 16 个小时，很多研究还不是浅尝辄止，他写下不计其数的文字直至今日还有许多需要整理和研究。习近平在哲学社会科学工作座谈会上的讲话中强调指出："对马克思主义的学习和研究，不能

---

① 《列宁论马克思和恩格斯》，人民出版社 1972 年版，第 42 页。

② 《马克思恩格斯全集》第 1 卷，人民出版社 1995 年版，第 459 页。

③ 《马克思恩格斯全集》第 44 卷，人民出版社 2001 年版，第 24 页。

采取浅尝辄止、蜻蜓点水的态度。有的人马克思主义经典著作没读几本，一知半解就哇啦哇啦发表意见，这是一种不负责任的态度，也有悖于科学精神。"① 这对我们马克思主义学习和研究者以及广大哲学社会科学工作者提出了明确要求。我们作为马克思主义学习和研究者要有严谨治学态度和求真科学精神，脚踏实地，实实在在地秉持和追求真理。

我们要学习马克思矢志不渝为绝大多数人谋幸福的崇高品格。正如《共产党宣言》所指出的，"无产阶级的运动是绝大多数人的，为绝大多数人谋利益的独立的运动"②。一切为了最大多数人，把人民作为历史的创造者，这一初心和使命我们应始终铭记。我们学习马克思永远为最广泛的人民大众谋幸福，就要坚守共产党人的初心和使命。作为青年学者，我们要自觉站在最广大人民的立场上去研究学问，以人民为中心作为学术研究的价值导向。正如习近平所深刻指出的："我国哲学社会科学要有所作为，就必须坚持以人民为中心的研究导向。脱离了人民，哲学社会科学就不会有吸引力、感染力、影响力、生命力。"③ 我们必须站在人民的立场去做学问，为人民的利益鼓与呼，才能赢得社会和广大人民群众的尊重，才能做出应有的学术贡献。

第三节　坚持马克思主义与发展马克思主义的统一

马克思主义是科学的理论，它犹如壮丽的日出，照亮了人类探索历史规律和寻求自身解放的道路。在人类思想史上，没有哪一种理论能达到马克思主义的高度，也没有哪一种思想能像马克思主义那样对人类文明进步产生了如此广泛而深刻的影响。习近平深刻指出："马克思主

---

① 习近平：《在哲学社会科学工作座谈会上的讲话》，人民出版社2016年版，第12页。
② 《马克思恩格斯选集》第1卷，人民出版社2012年版，第411页。
③ 习近平：《在哲学社会科学工作座谈会上的讲话》，人民出版社2016年版，第12—13页。

义就是我们共产党人的'真经'，'真经'没念好，总想着'西天取经'，就要贻误大事！"① 在坚持马克思主义指导地位这一根本问题上，必须坚定不移，任何时候都动摇不得。从马克思主义哲学的角度来看，"新的历史条件下，如何深化中国马克思主义哲学的研究、实现马克思主义哲学的创新，是马克思主义哲学界的一个重要课题。发展 21 世纪中国的马克思主义哲学，不仅在于扎实地开展基础理论研究、观照当代中国现实问题，更在于在方法论自觉中以马克思主义为指导，以中国的学术话语解析中国的发展道路、发展理念和制度特点，形成中国标识性的概念体系和具有世界普遍意义的经典著作，为人类文明的进步贡献中国智慧"②。

关于马克思主义认同和马克思主义信仰的问题，贯穿其中的一条主线就是如何正确认识和处理坚持马克思主义和发展马克思主义的关系。尤其是对当代青年来说，不应当把马克思主义信仰当作一种宗教信仰盲目崇拜，认为马克思主义的所有理论都是正确的，不顾实践的变化，机械地运用马克思主义基本原理指导我们的实践。理论来源于实践，又在实践中检验和发展。作为揭示了人类社会历史发展规律的马克思主义，也同样需要接受实践的检验。

一、坚持马克思主义是前提和基础

坚持马克思主义在意识形态领域指导地位的根本制度，是坚持正确发展道路、实现国家长治久安的必然要求。要认同马克思主义，当然必须坚持马克思主义，这是前提和基础。为什么要以坚持马克思主义为前提和基础，就在于马克思主义本身的科学性，在于她始终蓬勃发展、昂扬向上的生命力。

---

① 《习近平新时代中国特色社会主义思想学习纲要》，学习出版社、人民出版社 2019 年版，第 35 页。

② 李潇潇：《21 世纪中国马克思主义哲学研究的方法论自觉》，《中国社会科学报》2017 年 2 月 23 日。

第一，马克思主义世界观和方法论是经过历史和实践检验的。马克思主义哲学是在批判继承德国古典哲学的基础上，吸收了黑格尔的辩证法和费尔巴哈的唯物主义的合理内核，形成了不同于以往的新唯物主义。新唯物主义的"新"就在于这种唯物主义是辩证的、历史的和实践的。马克思主义政治经济学是在批判和吸收英法资产阶级政治经济学的有益成果，创立了剩余价值理论，揭示了资本主义必然灭亡社会主义必然胜利的规律。唯物史观和剩余价值学说是马克思一生最重要的成就，它使科学社会主义成为现实。

第二，马克思主义是无产阶级和全人类实现自身解放的强大理论武器。它揭示了无产阶级推翻资产阶级的统治的历史使命，它指明了无产阶级代表了最广大人民的利益，社会彻底的变革只有在无产阶级改变世界同时改造自身的过程中才能完成，人类也只有在不断的实践变革中以共产主义思想为指引才能真正实现自身的自由和解放。也就是说，坚持马克思主义就是要遵循理论与现实相结合的原则，用马克思主义的立场、观点和方法指导我们的实践，在这个过程中感受马克思主义的理论魅力，不断增强对马克思主义的认同。

习近平指出："只有在整个人类发展的历史长河中，才能透视出历史运动的本质和时代发展的方向。马克思的科学研究，就像列宁所说的那样，'凡是人类社会所创造的一切，他都有批判地重新加以探讨，任何一点也没有忽略过去。凡是人类思想所建树的一切，他都放在工人运动中检验过，重新加以探讨，加以批判，从而得出了那些被资产阶级狭隘性所限制或被资产阶级偏见束缚住的人所不能得出的结论。'马克思的思想理论源于那个时代又超越了那个时代，既是那个时代精神的精华又是整个人类精神的精华。"① 马克思主义之所以能引起绝大多数人的共鸣，最重要的原因就在于马克思主义是经过了时间考验和实践证明了的具有重要现实指导意义的思想理论体系。在人类思想史上，没有

---

① 习近平：《在纪念马克思诞辰 200 周年大会上的讲话》，人民出版社 2018 年版，第7 页。

一种思想理论像马克思主义那样对人类产生了如此广泛而深刻的影响。"从《共产党宣言》发表到今天，170 年过去了，人类社会发生了翻天覆地的变化，但马克思主义所阐述的一般原理整个来说仍然是完全正确的。"[①] 一种思想理论能够始终站在人民的立场上，始终站在时代前沿，始终以开放的姿态和求真求善的价值旨归面对人类社会纷繁复杂的各种现象和重要问题，这样的思想理论，怎么会失去其理论魅力呢？

认同马克思主义，首先以坚持马克思主义为前提和基础，而怎样来坚持马克思主义，习近平在纪念马克思诞辰 200 周年大会上的重要讲话作出了精辟阐释。今天，"我们要坚持和运用辩证唯物主义和历史唯物主义的世界观和方法论，坚持和运用马克思主义立场、观点、方法，坚持和运用马克思主义关于世界的物质性及其发展规律，关于人类社会发展的自然性、历史性及其相关规律，关于人的解放和自由全面发展的规律，关于认识的本质及其发展规律等原理，坚持和运用马克思主义的实践观、群众观、阶级观、发展观、矛盾观，真正把马克思主义这个看家本领学精悟透用好"[②]。为此，我们只有首先通过踏实地学习原著，感悟原理，系统掌握这些马克思主义基本原理，才能做到真懂进而做到真信这些原理。

二、发展马克思主义是要求和必然

马克思主义是科学的理论、人民的理论、实践的理论，也是不断发展的、开放的理论。"马克思一再告诫人们，马克思主义理论不是教条，而是行动指南，必须随着实践的变化而发展。一部马克思主义发展史就是马克思、恩格斯以及他们的后继者们不断根据时代、实践、认识发展而发展的历史，是不断吸收人类历史上一切优秀思想文化成果丰

[①] 习近平：《在纪念马克思诞辰 200 周年大会上的讲话》，人民出版社 2018 年版，第 25 页。

[②] 习近平：《在纪念马克思诞辰 200 周年大会上的讲话》，人民出版社 2018 年版，第 25 页。

富自己的历史。因此，马克思主义能够永葆其美妙之青春，不断探索时代发展提出的新课题、回应人类社会面临的新挑战。"① 面对时代的风云变幻，立足现实，紧紧依靠人民为了人民，不断推进人的自由解放与全面发展，必定能够推动马克思主义的发展。毛泽东思想、邓小平理论、"三个代表"重要思想、科学发展观、习近平新时代中国特色社会主义思想等一系列马克思主义中国化的理论成果的形成，充分说明了这一点。发展马克思主义，是社会发展、人类进步的内在的、必然的要求。

第一，马克思主义本身在实践中丰富发展。马克思主义不是书斋里的学问，而是为了改变人民历史命运而创立的，是在人民求解放的实践中形成的，也是在人民求解放的实践中丰富和发展的，为人民认识世界、改造世界提供了强大精神力量。正如马克思在《共产党宣言》中提到的理论"随时随地都要以当时的历史条件为转移"②。马克思和恩格斯创立新世界的过程中也同样是在不断发展充实自己理论的过程。一个明显的例子就是马克思主义关于建立无产阶级专政的学说。在巴黎公社运动爆发之前，马克思和恩格斯认为工人阶级应该掌握现有的国家机器来巩固自己的政权。但第一个无产阶级专政性质的巴黎公社的建立，虽然只存在两个多月，但是却表明，工人阶级只有打碎旧的国家机器，建立起与之前国家机器不同的无产阶级专政，才能实现无产阶级最终的目的。

第二，人们只有在实践，认识，再实践，再认识的不断往复的过程中才能对某一事物形成完整而准确的认识。同样的，马克思主义理论也要在实践中发展、在实践中接受实践的检验。马克思主义与现实紧密结合，在对现实问题的思考和探索中，不断丰富理论本身的内涵，提升理论的科学性，永葆理论的生命力，这正是增强马克思主义认同和马克思主义信仰的必然要求。恩格斯特别强调："马克思的历史理论是任何

---

① 习近平：《在纪念马克思诞辰 200 周年大会上的讲话》，人民出版社 2018 年版，第9 页。

② 《马克思恩格斯选集》第 1 卷，人民出版社 2012 年版，第 376 页。

坚定不移和始终一贯的革命策略的基本条件。为了找到这种策略，需要只是把这一理论应用于本国的经济条件和政治条件。"①

因此，无论是从马克思主义理论本身的发展角度来看，还是从社会实践发展的角度来看，发展马克思主义一直是坚持马克思主义的必然要求，也是推动社会发展进步的内在要求，是增强马克思主义认同与信仰的必由之路。

三、在实践中做到马克思主义的坚持与发展的统一

"为学之实，固在践履。"理论的价值在于指导实践，学习的目的在于运用。对于马克思主义的坚定认同与信仰，不仅是对马克思主义真理性认识的坚持，更是在实践中发展马克思主义，把对理论的认同和信仰转化为实际的行动。一方面，从理论的真理性来说，马克思主义是关于自然、思维与人类社会发展规律的科学，揭示了人类社会发展不以人的意志为转移的必然趋势；另一方面，从理论的价值性来说，马克思主义是无产阶级获得解放，最终实现共产主义理想的学说。增强马克思主义认同与信仰的最终落脚点都在于在实践中坚持和发展马克思主义。

在对待马克思主义的问题上，习近平深刻指出："对待马克思主义，不能采取教条主义的态度，也不能采取实用主义的态度。如果不顾历史条件和现实情况变化，拘泥于马克思主义经典作家在特定历史条件下、针对具体情况作出的某些个别论断和具体行动纲领，我们就会因为思想脱离实际而不能顺利前进，甚至发生失误。什么都用马克思主义经典作家的语录来说话，马克思主义经典作家没有说过的就不能说，这不是马克思主义的态度。同时，根据需要找一大堆语录，什么事都说成是马克思、恩格斯当年说过了，生硬'裁剪'活生生的实践发展和创新，这也不是马克思主义的态度。"② 这给了我们深刻的启示。正确处理坚持马克

---

① 《马克思恩格斯选集》第 4 卷，人民出版社 2012 年版，第 574 页。

② 《习近平新时代中国特色社会主义思想学习纲要》，学习出版社、人民出版社 2019 年版，第 36 页。

思主义和发展马克思主义的关系，需要我们在实践中做到下面几点：

第一，坚持马克思主义基本原理，坚持辩证唯物主义和历史唯物主义的立场和方法分析和解决问题。坚持辩证唯物主义的立场和方法就是坚持把实践作为马克思主义的首要观点，坚持从事物的普遍联系、永恒发展、对立统一中把握事物；坚持历史唯物主义的立场和方法就是坚持正确认识和处理生产力和生产关系，经济基础和上层建筑之间的辩证关系，坚持肯定人民群众在创造历史中的主体作用等。同时，坚持马克思主义的基本原理，也包括坚持马克思主义的立场、方法和观点。

我国马克思主义研究始终将马克思主义作为分析现实的科学方法，作为制定政策、方针的指导原则和基本立场，因此，我们的马克思主义思想史研究不能成为一种"考古学"，而应以现实关怀为归旨。所以，在面对西方"马克思学"时，一方面要坚定的便是这种理论立场，另一方面还要认识到坚守这一理论立场并不意味着只是政治立场上的固执，而是要求实事求是地对待马克思和恩格斯的著作和思想中的变化。只有这样，才能更好地批判吸收西方"马克思学"的研究成果，在对其作出正确定位的同时，推进中国的马克思主义研究。在 21 世纪的今天看来，最主要的研究工作并不在彻底去搞懂"那段文字应该在那段文字之后还是之前""这个词是什么意思"等问题。今天，我们马克思主义研究的重心应该是推进社会主义事业向前发展，发展中国特色社会主义理论体系，解决人们的现实问题，而不是再"从人间回到天堂"，去做纯而又纯的所谓"学术概念"的考证。

第二，在实践中发展马克思主义理论。马克思主义提出的一个重要的时代背景就是资本主义迅速发展，社会日益分化为对立的两个阶级，即资产阶级和无产阶级，无产阶级队伍中的工人群体为了保障自身最基本的生活需要，反对资产阶级的工人运动此起彼伏。正是在这样的背景下，马克思恩格斯提出工人阶级解放是工人自己的事，无产阶级只有打碎旧的国家机器，建立无产阶级国家政权，最终才能达到无产阶级的社会，真正建立一个每个人都自由全面发展的真正的共同体，马克思和恩格斯在这里更多地强调的是阶级斗争和暴力革命的作用。当前的中国，建立一个真正的共同体，依然是我们更长远的奋斗目标，但与马克思和恩格斯所处时代的不同，如果我们仍然坚持把阶级斗争放在各项工作的首位，把暴力革命仅仅理解为通过血腥的残忍的手段赢得政权，这样就会把马克思主义理论教条化，不能顺应当下社会矛盾的变化，这样做不仅对马克思主义理论是有害的，实践中也证明理论抛开变化的实际会造成严重的后果。此外，更重要的是，在实践中发展马克思主义，还要坚持问题导向。问题是创新的起点，也是创新的动力源。离开了问题导向，就不可能随时代的发展和新的问题推出新的理论。"坚持以马克思主义为指导，必须落到研究我国发展和我们党执政面临的重大理论和实践问题上来，落到提出解决问题的正确思路和有效办法上来。要坚持用联系的发展的眼光看问题，增强战略性、系统性思维，分清本质和现象、主流和支流，既看存在问题又看其发展趋势，既看局部又看全局，提出的观点、作出的结论要客观准确、经得起检验，在全面客观分析的基础上，努力揭示我国社会发展、人类社会发展的大逻辑大趋势。"[1] 只有聆听时代的声音，回应时代的呼唤，认真研究解决重大而紧迫的问题，才能真正把握住历史脉络、找到发展规律，推动理论创新。

第三，坚持和发展马克思主义还要与各种形形色色的错误的非马克思主义理论观点划清界限。马克思主义是在同各种非马克思主义理论观点或思潮的斗争中形成和发展起来的。在各种非马克思主义观点中，最重要的一点就是批判马克思主义过分强调经济的决定作用，忽视了对人的价值的理解和关怀。面对这样的错误观点，我们必须更加认真的研读马克思恩格斯的著作。从他们的著作中也可以看出，人的自由全面发展是贯穿马克思主义理论的一条主线，马克思并不是庸俗的经济决定论者，相反，他关注每个人的生存状况，他关注的是人向人的最真实的本质的复归，就连在被认为是批判资本主义罪恶的《资本论》中，都是围绕着人展开的，马克思关心的是最贫苦的下层群众，他揭示资本家剥削工人的秘密，目的不仅在于揭露资本主义生产方式的赤裸裸的剥削

---

[1]　习近平：《在哲学社会科学工作座谈会上的讲话》，人民出版社2016年版，第14页。

关系，更重要的是揭示资本主义的生产方式使人成为一台不会思想的机器，人越来越片面发展。因此，增强马克思主义认同与马克思主义信仰就要与各种错误的非马克思主义观点做最严格的批评与斗争，只有在与错误的理论和思潮的斗争中，马克思主义才能长久不衰，才能在一个长时期内占据主导地位，才能让人们对马克思主义的认同与信仰更加坚定和执着。

在纪念马克思诞辰 200 周年大会上，习近平强调指出，学习马克思，就要学习和实践"九个方面"，即马克思主义关于人类社会发展规律的思想，马克思主义关于坚守人民立场的思想，马克思主义关于生产力和生产关系的思想，马克思主义关于人民民主的思想，马克思主义关于文化建设的思想，马克思主义关于社会建设的思想，马克思主义关于人与自然关系的思想，马克思主义关于世界历史的思想，马克思主义关于马克思主义政党建设的思想。这为我们今天"怎样学习马克思、学习马克思什么"指明了方向。"学习"和"实践"结合在一起的表达，也充分说明了共产党人对待马克思主义应有的基本态度，那就是必须知行合一，做到真学真信真懂真用，这也彰显了学习马克思主义与实践马克思主义的统一性，也为怎样在实践中做到坚持马克思主义与发展马克思主义的辩证统一指明了方向。

习近平指出："马克思主义及其在中国的发展，为党和人民事业发展提供了既一脉相承又与时俱进的科学理论指导，为增进全党全国各族人民团结统一提供了坚实思想基础。马克思主义是我们立党立国的根本指导思想。背离或放弃马克思主义，我们党就会失去灵魂、迷失方向。"[①] 在坚持马克思主义指导地位这一根本问题上，我们必须坚定不移，任何时候任何情况下都不能有丝毫动摇。同时，面对新的时代特点和实践要求，马克思主义也面临着进一步中国化、时代化、大众化的问题。马克思主义并没有终结真理，而是开辟了通向真理的道路。恩格斯

---

① 习近平：《在庆祝中国共产党成立 95 周年大会上的讲话》，人民出版社 2016 年版，第 8 页。

早就说过："马克思的整个世界观不是教义，而是方法。它提供的不是现成的教条，而是进一步研究的出发点和供这种研究使用的方法。"① 时代是思想之母，实践是理论之源。实践发展永无止境，我们认识真理、进行理论创新就永无止境。今天，时代变化和我国发展的广度和深度远远超出了马克思主义经典作家当时的想象。我们要坚持用马克思主义观察时代、解读时代、引领时代，用鲜活丰富的当代中国实践来推动马克思主义发展，进而实现马克思主义的坚持和马克思主义的发展的统一。

---

① 《马克思恩格斯选集》第 4 卷，人民出版社 2012 年版，第 664 页。

第六章　社会主流价值观建设的国际视野

　　一个民族和一个国家如果没有共同的核心价值观，没有居于主流的价值观在全社会处于主导地位，就会行无依归、魂无定所。居于主导的主流价值观，或者核心价值观，是一个国家的重要稳定器。纵观苏联和美国这两个大国的现代化之路，一个遭遇解体分崩离析，放弃原本的社会主义制度走上改旗易帜的道路，一个在二百多年的时间里迅速崛起成为世界超级大国，追寻其根本原因都不约而同地指向了隐匿在经济实力或军事实力背后的意识形态。苏联解体前后在青年价值观教育上的错误立场和不切实际的政策使其主流价值观建设遭受重创。反观通过美国人对总统和领袖人物的态度可以看出，国民对领袖的尊重和维护反映出国民对这个国家社会制度的认同。无论何种结果，不可否认的是，苏联和美国在社会主流价值观乃至整个意识形态建设方面我们可以做个参照。

　　我国意识形态是以马克思主义为核心内容和理论指导的社会主义意识形态，其对指导中国特色社会主义的建设、改革、发展起着至关重要的作用。在全球化发展日趋深入的今天，我国主流意识形态工作总体上是好的，但也面临着严峻挑战，我们必须予以高度重视并始终将其视为一项极端重要的工作来常抓不懈。在我国进入新时代这一特定的历史条件下，社会主义核心价值观作为中国社会主流意识形态的鲜明标识与当代中国精神的集中体现，需要把培育和弘扬社会主义核心价值观作为凝魂聚气、强基固本的基础工程，提高全社会对社会主义核心价值观的认同感和实践力，积极促进社会主义核心价值观的国际传播。

第一节　苏联解体前后青年价值观教育的
实践反思与历史启示

改革开放40多年我国意识形态建设之功，恐难弃苏联之教训。很大程度上，中国特色社会主义的发展，苏共和苏联犹如一面镜子时刻给予我们警示，可谓前事不忘后事之师。从"以俄为师"到"以苏为鉴"，在中苏关系亲疏远近的历史交替中包含着中国共产党和中国人民对苏联意识形态建设的总体评鉴。总结改革开放40多年意识形态治理领域的历史与经验，有必要再回溯20世纪80年代初期至90年代中期前后十余年时间里苏联青年价值观教育的大致状况。

事实上，时至今日有大量关于苏联解体这场20世纪最大地缘政治事件的研究，特别是关于苏联何以轰然崩塌的原因，国内外学者对其展开了非常深入的研究。我国学者在对苏联解体抱以惋惜的同时，也更多对其解体背后的深层原因进行了多维度的分析，比如对经济、政治、文化、党建、意识形态等方面的研究形成了许多成果。随着时间的逝去，苏联解体前后关于青年价值观教育方面的许多问题尤其值得我们深入研究。这些问题对新时代的今天进一步加强和改进青年思想政治教育工作，培育和践行社会主义核心价值观，加强主流思想文化建设，具有非常重要的现实意义。

20世纪80年代，是苏联青年价值观教育急转直下的关键时段。所谓事物从量变到质变，这一时段正是一个"度"。自此以后，苏联解体、苏共垮塌。以青年价值观教育为视角考察这一"20世纪最大地缘政治灾难"[1]背后的原因，有太多教训值得我们吸取。

---

[1] 《普京文集（2002—2008）》，张树华、李俊升、许华等译，中国社会科学出版社2008年版，第180页。

一、苏联解体前后青年价值观教育的历史回眸

20 世纪 80 年代中期以前，苏联青年价值观教育所承袭的主流，总体上是马克思列宁主义、共产主义所倡导的价值观，但是，肇始于 20 世纪 50 年代中后期的所谓"解冻""反思""揭露"思潮，在其后的 30 余年里不断"发酵"且"蚕食"着人们既有的价值判断，以日积月累的方式改变了列宁和斯大林执政年代所奠定的一整套社会主义价值观教育的基石。

（一）时至 20 世纪 80 年代中后期的苏联青年价值观教育：由盛及衰的现实图景

1919 年 2 月，列宁在党纲草案中提出："在国民教育方面，俄共给自己提出的任务是：把 1917 年十月革命时开始的事业进行到底，即把学校由资产阶级的阶级统治工具变为摧毁这种统治和完全消灭社会阶级划分的工具。学校应当成为无产阶级专政的工具。"[1] 这一纲领对苏联青年一代的思想道德教育产生了巨大的积极影响。国民教育的目的即树立无产阶级世界观和人生观、培养全面发展的共产主义新人。把科学知识的启蒙与理想信念教育有机地结合起来，用共产主义思想教育人民大众，抵制封建主义、资产阶级思想的影响，克服各种旧的陋习，是当时青年价值观教育的一条主线。1924 年 1 月列宁去世，别具威望的人民领袖的失去，曾使得人们一度对社会主义短暂地感到迷茫，苏联共产党内关于社会主义的争论也时有发生，但很快，斯大林以坚定的共产主义信仰和从未动摇的社会主义信念带领苏联继续进行社会主义实践探索，继续重视思想文化领域的教育，也进一步统一了当时人们的思想。这一时期稳步形成的"苏联模式"尽管后来饱受争议但无疑创造出了非凡业绩，很大程度上成就了苏联社会主义的辉煌。1930 年 8 月苏联宣布在全国范围内普及初等义务教育，直接推动了各地学校的建设。"1937—1938 学年，苏联大学生人数超过英国、德国、法国、意大利和日本大学人数的总和。1939 年全国识字的劳动居民的比例已经达到 97%，基

---

[1] 《列宁全集》第 36 卷，人民出版社 1985 年版，第 164 页。

本上扫除了文盲。国家注重从德育、智育、体育、美育几方面培养学生，加强共产主义思想道德教育，为社会主义建设培养了一大批高素质的新人。"[1]正如霍布斯·鲍姆指出："无论何种尺度来衡量都非同小可，对数以百万计出生村野的人来说，即使在当年最艰苦的年代，苏联的发展之路也意味着新视野的开启，代表着由无知的昏昧走向光明先进的城市。至于个人的启迪、事业的开发，自然更不在话下。新社会证据确凿，不由得人民不信服。"[2]可以说，在列宁和斯大林时期，苏联青年价值观教育在正确思想的指引下蓬勃发展。

1953年9月，被后来评价为"一只脚跨进了新时代，而另一只脚又由于历史的原因，仍然深陷在旧时代的泥沼之中不能自拔"的赫鲁晓夫开始主政，但后而观之，在他执政11年的时间里显然在青年价值观教育这个问题上缺乏历史、长远和理性的考虑。1961年斯大林的遗体从红场的列宁墓中被迁出，重新葬在克里姆林宫的长墙之外，这一行为本身已不可避免地动摇了人们既往的思想基础。加之政治"解冻"之后逐步出现的价值贬损、理论与实践的脱节、现实与所宣扬的理想之间的鸿沟日益明显的现象，动摇了共产主义价值观的威信，青年一代的价值观教育实际上出现了价值认知的"断裂"。全盘否定斯大林的做法造成了苏联党和人民群众思想混乱和社会分化，并对世界各国共产党和左翼力量造成重大冲击，成为社会主义阵营分裂的重要诱因，也为西方资本主义世界攻击社会主义提供了口实。

1964年10月勃列日涅夫掌权后，试图将自己打造成斯大林一样的英雄人物，但他不注重积极有效地推进经济政治社会等领域的深化改革，实际上使得"苏联模式"的体制性弊端更加累积，保守主义、官僚主义日益增长，党群干群关系出现恶化，特权阶层逐步形成。他在意识形态领域不注重有效治理，没有很扎实的举措和坚定的立场应对纷繁复杂的各种思潮，任由错误思想舆论传播。勃列日涅夫长达18年的执政

[1] 《国际共产主义运动史》，人民出版社、高等教育出版社2012年版，第219页。

[2] ［英］艾瑞克·霍布斯鲍姆：《极端的年代（1914—1991）》，郑明萱译，江苏人民出版社1998年版，第574页。

期，大量社会矛盾形成并累积下来，学校青年价值观教育没有随着世情时情的变化而采取更有针对性的战略举措，实际上也逐步陷入了"走过场"的泥沼中。曾任俄罗斯教科院院长的尼康得洛夫在后来反思德育时也提到，"大约在 20 世纪七八十年代之交的时候，言行之间的不统一就越来越大，德育遇到的问题，直到苏联末期我们也没能够解决"①。价值观教育的形式化、无力化事实，恰恰是在勃列日涅夫主政时期逐步形成的。可以说，赫鲁晓夫和勃列日涅夫时期青年价值观教育在缓慢的发展中错失了改革创新的良机，转而出现了实践形式上的保守化和无力化。

1985 年 4 月戈尔巴乔夫担任苏共中央总书记。同年，苏联最高苏维埃颁布了新的《国民教育纲要》，明确提出苏联学校的主要任务之一是"通过思想政治教育使学生形成马克思列宁主义世界观，树立共产主义信念"。这一时期的苏联因循守旧之风甚重。表面上，这一学校面向青少年的价值观教育目标的定位与社会主义苏联的性质一致，但实际上长期主流价值观建设的松懈和失误，加之在治国理政实践中的不力和大量贪腐案件的频发高发，累积起来的社会不满情绪已经使得共产主义、社会主义、马克思列宁主义沦为一部分青年学生的"笑饵"。相比于宣扬共产主义理想信念，高级党政干部更觉得物质利益更加实际和管用。"到了 80 年代，意识形态对于大多数苏联精英来说已经很长时间不具有任何实际意义了。"②与此同时，戈尔巴乔夫所推行的"新思维"和"批评禁区"③再次掀起了更为严重的一股"反思历史"热潮。他宣称

---

① 转引自朱小蔓、李铁君：《当代俄罗斯教育理论思潮》，教育科学出版社 2009 年版，第 171 页。

② ［美］大卫·科茨：《来自上层的革命——苏联体制的终结》，曹荣湘、孟鸣歧译，中国人民大学出版社 2008 年版，第 5 页。

③ 戈尔巴乔夫把"禁区"分为五个方面，认为这些"禁区"都是在"维护国家最高利益"的旗号下存在的，直指这些"禁区"是在勃列日涅夫时期发展得尤为封闭，他寄希望于媒体和知识分子成为批评和打破"禁区"的主要力量。实际上这些焦点是对十月革命和斯大林时期党内斗争、大清洗、农业集体化和工业化、二战的初期失利和民族关系的重新评价。参见闻一：《俄罗斯通史（1917—1991)》，上海社会科学院出版社 2013 年版，第 486 页。

"全人类的价值和利益高于一切"，认为"社会主义选择的意义首先在
于它把具有普遍意义的价值观推到首位"①。他主张不分阶级、民族与国
家的"人类大合作"，以及排除社会制度和意识形态对抗的"世界大融
合"，放弃社会主义、马克思主义的指导地位，用"人道的、民主的社
会主义"取代科学社会主义。这实际上不是对原有价值观教育的弊端进
行改革，而是方向性的改变，这种改变无异于把青年的思想阵地向资本
主义世界拱手相让。1986 年开始，大学里"马克思主义哲学课"被改
为"哲学导论"，新编教材删去了有关"阶级和阶级斗争"的内容。同
年 11 月，在全苏社会科学教研室主任会议上，戈尔巴乔夫指责苏联历
史教科书存在着"公式主义、教条主义和形式主义"，要求重新编写教
科书。而后，苏联高校一些党史、国际共运，以及科学社会主义教研室
等纷纷改名或关闭，马克思主义哲学课成了被嘲讽的对象，相应课程被
迫取消，有的教师被迫改行，有的改换门庭，转而教授西方哲学、西方
政治学等课程。像安德烈伊娃②等这样一些坚持马克思列宁主义的人士
遭到了无情的打压。在当时的背景下，迫于一些历史问题混乱的无奈，
苏联教育部不得不在 1988 年 6 月宣布取消该学期的中学历史课程考试。
1988 年通过的《关于教育体制改革的决定》、1989 年出台的《教育条例》
等文件，都强调对教育要用"新思维"进行"根本性改革"，促使学校
教育"民主化"和"人道化"③。苏共主要领导人纵容或鼓吹指导思想上
的多元化直接导致党内思想混乱。雅科夫列夫有意识地放任对思想舆论

①　[俄] 米·谢·戈尔巴乔夫、勃兰特等：《未来的社会主义》，中央编译局国际发展
　　与合作研究所编译，中央编译出版社 1994 年版，第 23 页。

②　1988 年 3 月 13 日《苏维埃俄罗斯报》刊登了列宁格勒工学院教师安德烈耶娃《我
　　不能放弃原则》的书信。该信表达了她对当时苏联改革道路、公开性、取消批评
　　禁区和取消文化管制等许多问题而引起的青年价值观层面的极大消极影响的担忧，
　　但是之后她遭到了打压。

③　1989 年通过的《苏联高等学校暂行条例（示范）》把高等教育在价值观方面的教育
　　目标定为"实现个人对发展智力、提高文化水平和道德修养方面的要求"，已经抽
　　去了共产主义、社会主义价值观的本质内容，以抽象的"人道主义""个人主义"
　　来填补马克思主义的价值观。

的管理和引导，甚至鼓动社会上一些势力将批判矛头对准苏共和社会的所谓"阴暗面"，一些有争议的文艺作品被"解禁"，一些有影响力的报刊电视媒体的负责人员被大幅调整，整个意识形态阵地已经不再掌握在坚持马克思列宁主义的人的手中。① 此时，放开了思想"闸门"之后的各种混乱观念在青年人心中种下了"苏共历史一团漆黑""社会主义就是专制极权主义"的恶念，苏联意识形态阵地正逐步失守，"塔西陀陷阱"之悲剧正在这最早把社会主义从理论变成现实的国度上淋漓尽致地重现。

（二）20 世纪 90 年代初期俄罗斯青年价值观教育：迷失与无争

苏共垮塌和苏联解体似乎不可避免地到来。身为原苏共中央政治局委员的叶利钦出任俄罗斯首届总统。他全面否定苏联社会主义历史，宣布"由一种意识形态占垄断地位的时代一去不复返"，在教育领域推行"非政治化""非意识形态化"②。实质上这是全盘走向另一个极端的西化、自由化政策，俄罗斯意识形态领域继续着混乱的局面。这一时期，"青年人的公民教育和爱国主义教育实际上是不存在的"③。

1991 年 1 月，在苏联解体前夕，俄罗斯联邦教育部委员会通过了《关于普通教育机构教育活动的民主化》，直指原有价值观和道德教育的结果只能培养出循规蹈矩、缺乏理性认知的失去个性的学生，甚至认为对儿童的"社会化要求"已经达到不能容忍的程度。1994 年 12 月，俄罗斯教育部推出了一项过渡时期的历史教育战略，提出：废除人文学科教学的统一对国家意识形态的垄断，实现研究历史概念方法的多样性，

---

① 苏联部长议会主席雷日科夫在其《大国悲剧：苏联解体的前后因果》一书中谈到了"公开性""意见多元化"带来的政治和意识形态出版物大量出现。如《新世界》的销量在当时达到了 150 万份，但该刊 2005 年的印量不过 8000 份。

② 1991 年 1 月，俄罗斯联邦教育部委员会在《关于普通教育机构中教育活动的民主化》的决议中直指此前教育形式和目标的"统一化"和"唯一性"问题，认为对儿童"社会化"要求已经达到了不能容忍的程度，把以往的教育形式同侵犯个性和自由对应起来，实际上就是要取消对青年一代的统一的社会教育和管理，否定此前的青年价值观教育，鼓吹教育的民主化和无阶级差别。

③ 朱小蔓、李铁君：《当代俄罗斯教育理论思潮》，教育科学出版社 2009 年版，第 171 页。

更新历史教育内容，为教学体系编纂新一代的教科书。之后"去苏联化""去苏共化""否定社会主义"的历史书籍泛滥，否定历史、自我抹黑的教材大行其道。① 大中小学教育教学体系原有的马克思列宁主义的课程遭到了彻底的抛弃。人们既有的价值共识基础和社会认同根基被彻底颠覆了，过去被视为崇高而神圣的理想追求这一时期被视为荒诞可笑的，价值观教育已经沦为空洞、抽象的摆设。"在课程设置中，取消了原有的与共产主义道德教育有关的所有科目，增加了人文社会科学课程的含量。原有的开展道德教育的主要组织——共青团、少先队等也都陷入停滞状态，非正式组织、家庭则承担了更多的教育责任。道德教育的转型虽然使其破除了苏联时期道德教育中僵化教条、脱离实际、人性化缺失等弊端，但是国家在道德教育领域中的缺位，带来的不仅仅是突破僵化束缚的惬意，而且也导致民众的价值观陷入无所适从的迷茫之中，对成长中的青少年群体的消极影响达到了令人担忧的境地。以'自由''民主'等漂亮口号掩饰的放任往往比整齐划一的导引带来的结果更加可怕。"② 在抽象人性论支配下的青年价值观教育定然渐渐陷入虚无主义的泥潭。

俄罗斯教育科学院院士哈里乔夫认为："在今天的俄罗斯社会中，由于经济、社会、民族、教育、精神上的分化加深了，于是产生了关于人、关于社会的多种多样的看法，各不同阶级、集团、个人的利益和企望发生了冲突，社会政治上、精神道德上的矛盾激化了；涌现出无数政党、派别、社会组织及其行动纲领，他们各持不同的社会、民族、宗教、政治目标，形成了各自的、往往相互对立的教育目的。"③ 而关于这些相互对立的教育目的，利哈乔夫列举了8个：一是盲目服从权威的教育目的，教条式的灌输教育过于约束人的个性。二是小资产阶级的教育目的。它建立在各种私人所有制和合资所有制的基础上，确认利己主

① 张树华：《当今俄罗斯的历史教育与历史教材》，《俄罗斯学刊》2015 年第 1 期。

② 王春英：《转型中的俄罗斯道德教育》，人民出版社 2015 年版，第 116—117 页。

③ ［俄］Б. Т. 利哈乔夫：《教育学（第 2 版）》，（俄）普罗米修斯出版社 1998 年版，第 33 页。

义、个人主义优先于社会公共利益，确认贪图暴力、唯利是图、压服竞争对手、压倒道德和精神因素是合理的。三是民族主义的教育目的。煽起了沙文主义、极端主义、分立主义，无限赞赏民族主义的排他性，播撒民族相互仇视的种子，对立于真正的民族自我意识和民族振兴思想及国际主义精神。四是追求不顾世界现实社会的客观矛盾而达成全人类的一致性，并确认教育的非政治化、非意识形态化原则。五是宗教的教育目的，确信抽象的人道主义圣训。六是无政府主义的、具有破坏作用的教育目的。它是由于人们缺乏在民主、自由、文明交往条件下的社会活动经验而产生的，并因激烈的自发集会、罢工运动、不服从举动、恐怖主义行为、暴力行为、破坏文物行为等群众性实践而变得更加严重。七是君主帝制的教育目的。八是为获得自由轻松的工作而不惜犯罪的浪漫主义教育目的。显而易见，价值观的错乱无序及极端主义、个人主义、利己主义等思想充斥着俄罗斯社会，青年一代在这种社会生态之下其思想价值观念的养成本身就是受到"质疑"的问题，怎么还会有价值观教育之存在必要和可能呢？

曾于1991年1月考取苏联教育科学院教育心理研究所博士生部，师从苏联教育心理学家 B.B. 达维多夫院士的现为北京师范大学教育学部的肖甦教授在其著作中也提到了当时整个青年教育与青年发展的困境："教育和生产劳动相结合的制度遭到削弱，学校纪律水平下降，家庭联系明显弱化，青少年毕业学生的就业遇到了困难，犯罪团伙把青年人当作自己的后备军而加紧拉拢工作。"[①] 不少青年在社会的动荡和价值观的无序中不由自主地走上了犯罪道路。"1990年到1993年，少儿犯罪率增长了36%，其中重罪案增长了63%。1993年未成年人犯罪案和其参与性质的犯罪案达22.4万起。1993年俄联邦有10.5万名少年被判了罪，这比1990年多了32%。1991—1994年少年犯下的重罪增加了1.9倍，总数为5.7万人。"[②] "社会上的紧张局势在许多方面与理想信念的丧

---

① 肖甦、王义高：《俄罗斯教育变革探讨》，广东教育出版社2008年版，第160页。

② 肖甦、王义高：《俄罗斯教育变革探讨》，广东教育出版社2008年版，第241页。

失、与对政治的漠不关心、与青年人的全盘虚无主义联系着。青年人，甚至小孩子，全都陷入了无人道的族际冲突之中，少儿犯罪率径直上升着，年青一代的精神领域灾难性地恶化着。"①

俄罗斯教育科学院院士、俄美教育与未来研究中心主任 Б.С.格尔顺斯基于 1997 年出版的《21 世纪的教育哲学》中收录了一份材料——《致俄罗斯总统叶利钦的公开信》。1992 年和 1997 年他先后两度公开致信叶利钦以表达对教育隐忧之情和科教兴俄的建议。信中写道："在苏联悲剧地解体之后，形成了独立的俄罗斯新国家。已经很明显，俄罗斯执政当局面临着最严重的教育难题。""最近五年内（1992—1997）教育领域没有出现任何积极进展，相反，情况在许多方面变得更加严重了。中小学和高校教师们仍在罢教；各类学校的物质技术基础更加陈旧了……"，"而主要中之主要的，是人们在受苦受难；一度具有最高威信的俄罗斯教育和俄罗斯科学继续毁灭性地跌落；而生活成功的标准越来越少地跟所受教育的程度及其质量挂起钩来；有教养的人在今天的俄罗斯，越来越难以得到充分使用，现在时髦的完全是另一种价值观和人品……"②。在第二封信中，Б.С.格尔顺斯基接着写道："俄罗斯经历着可能是她历史上最悲惨的时期。"他直言不讳地指出，"我们的学校及所有教育环节的贫困窘境不仅持续下来，而且在许多指标上甚至急剧恶化了，走向了这样一个极限，超过此极限便必然出现社会的精神——道德的颓丧，导致对俄罗斯甚至对全世界的毁灭性后果"③。"在众多急欲执政的政党中，不论左派的还是右派的，没有任何一个政党具备多少有些论据的发展俄罗斯教育和文化的纲领。"④ 在一时失去明确的方向与责任之后，俄罗斯青年价值观教育甚至整个学校教育只能成为"无舵之船"，教育不再具有凝聚人心、完善人格、开发人力、培育人才、造福人民的

① 肖甦、王义高：《俄罗斯教育变革探讨》，广东教育出版社 2008 年版，第 230 页。
② 肖甦、王义高：《俄罗斯教育变革探讨》，广东教育出版社 2008 年版，第 225 页。
③ 肖甦、王义高：《俄罗斯教育变革探讨》，广东教育出版社 2008 年版，第 226 页。
④ 肖甦、王义高：《俄罗斯教育变革探讨》，广东教育出版社 2008 年版，第 225 页。

实质性功能。

戈尔巴乔夫在后来的回忆录中讲道："我的信条是社会应当被改造为自由、人道和民主的社会，应当以人民自己的行动和意识为基础，而不是以强制力为基础。这将有助于他们成为公民，能够避免整个20世纪中人民被不同集团的'牧羊人'所'吞噬'的情况重演。"同样，在其回忆录的最后，他也承认："所有这些经历使我得出了以下结论：人们在沿着改革和渐进发展的道路前进时，能够利用自由带来的益处。选择剧变就会导致混乱、破坏，还常常会出现新的不自由。"① 可惜时间永远无法回溯，戈尔巴乔夫主政的不力和所推行的这套错误改革，最终使得青年价值观教育的讲堂演变成虚无主义的泛滥之地，也最终把苏联人民带进了严重的社会灾难之中。

（三）新世纪之初的俄罗斯青年价值观教育：重新出现与逐步完善

戈尔巴乔夫、叶利钦执政前后历时近15年，解体前的苏联及独立的俄罗斯联邦② 在思想文化和历史领域可谓混乱不堪，指导思想的多元化造成人们思想上的虚无和混乱，严重误导了全社会特别是青少年的世界观、历史观和价值观。雅科夫列夫也曾回忆说，"俄罗斯当时就像一艘迷失方向的航船，在漆黑的没有航标的海面上漂泊"③。与此同时，学校极力强化政治化、非意识形态化，俄罗斯社会既往的价值观分崩离析，广大民众尤其是青少年群体失去了原有的政治信仰和精神支持，陷入无尽的迷茫和困惑之中④。"据研究资料表明，1/3 左右的 17 岁青少

---

① ［俄］米哈伊尔·谢尔盖维奇·戈尔巴乔夫：《孤独相伴——戈尔巴乔夫回忆录》，潘兴明译，译林出版社 2015 年版，第 302—303 页。

② 俄罗斯脱离苏联独立是 1990 年 6 月 12 日，苏联解体是 1991 年圣诞节。叶利钦在 1990 年 7 月苏共二十八大时退出苏联共产党，1991 年 12 月当选为俄罗斯联邦第一任总统。

③ ［俄］戈·波梅兰茨：《关于俄罗斯国家意识形态的争论》，《新时代》1997 年第 33 期。

④ 《俄联邦儿童教育社会调查（2000—2004）》显示，2002 年被追究刑事责任的青少年人数达到 47000 人之多，其中占 1/3 的人既不在学校上学，也不工作。

年不希望出生并生活在俄罗斯，而是希望出生并生活在其他国家，一半以上的回答者表示如果可以选择居住地，那么他们就不会留在自己的祖国。"①青少年对国家的消极评价占很大比例。当时，很多教育领域的措施都是为应对现实危机，转型期过后，一系列深层、长远问题必定凸显出来。很大程度上，这些问题延续到普京执政之后较长一段时间。

针对这种局面，2000年普京宣誓就任总统后大力整顿思想文化领域，提出"俄罗斯新思想"，倡导"新型爱国主义"，大张旗鼓地重启爱国主义教育。在这一理论指导下，爱国主义教育被重新摆到了俄罗斯国家教育的核心位置，一套崭新的爱国主义模式得以重构，为俄罗斯的改革发展提供了有力的精神支撑。《俄罗斯联邦公民爱国主义教育（2001—2005年）》和《俄罗斯联邦公民爱国主义教育（2006—2010年）》两份国家纲领的出台，目的就是在培养公众的爱国主义情感和意识的基础上凝聚全社会的共识，重塑国家形象，促进社会发展。同时，普京主张重新评价苏联历史中的若干问题，引导民众正确看待苏联解体，并加强青年组织建设，巩固俄罗斯思想政治教育成果。2015年在普京主导下成立了"俄罗斯学生运动"以实施2025年国家教育发展战略，其主要任务是培养青少年的爱国主义精神，让他们形成俄罗斯社会的传统文化、精神和道德观。即"完善青少年德育领域国家政策，促进青少年掌握俄罗斯社会固有的价值体系，并在此基础上发展青少年个性"②。

可以说，苏联解体后的初期时间里俄罗斯始终未能科学建立起一套适合自身社会发展需要的青年价值观教育体系，各种价值观教育措施尚缺乏相应的科学理论支撑。进入新世纪以来俄罗斯在反思历史和重塑民族精神的过程中，尽管时如"摇摆的天平"，但总体是渐好发展。普

---

① 朱小蔓、李铁君：《当代俄罗斯教育理论思潮》，教育科学出版社2009年版，第202页。

② 雷蕾、[俄]叶·弗·布蕾兹卡琳娜：《当代俄罗斯青年政治价值观教育的逻辑起点及对策研究》，《外国中小学教育》2016年第12期。

京政府更为重视探索积极向好的青年价值观教育方式，其青年一代的价值观教育逐步走出了地缘政治灾难所造成的扭曲和伤痛。俄罗斯青年价值观教育重新受到重视并逐步走上了符合当今俄罗斯实际的发展之路。

二、苏联解体前后青年价值观教育的历史教训

历史车轮滚滚向前。今天我国意识形态领域的整体格局也从"西强东弱"下的"独立前行"，走向了"自立自信"的新时代，意识形态治理领域已经有了明显的智慧、睿见和定力。但"殷鉴不远，在夏世之后"，历史上的教训必须牢牢吸取。"苏联解体的根本和关键原因在于执政党的变质。决定命运的关键因素在于是不是马克思主义者在领导这个党，执行的是不是马克思主义的思想路线和政治路线。"① 在青年价值观教育方面，苏联留给我们的教训极其深刻。苏联的解体与意识形态的转向、不作为、放任自流有很大关系。思想上的无序导致教育领域和社会秩序的混乱，青年信仰出现危机，共产主义理想信念教育遭到严重挫折。正如毛泽东指出的："凡是要夺取政权，总是要先制造舆论，做意识形态工作，革命的阶级是这样，反革命的阶级也是这样。"② 在社会主义国家实行和平演变，都是先把思想搞乱，使共产党组织涣散，丧失战斗力，敌对势力才有机可乘。我们需要深刻认识苏联解体前后青年价值观教育的实践教训，从中吸取教训并总结经验。

（一）不注重意识形态领导权和主导权的建设，思想意识领域"宽松软"

价值观教育本质上属于上层建筑的范畴，其既是意识形态建设的重要形式，又是意识形态本身的基础性内容，体现为内容与形式的统一。纵观 20 世纪 80 年代以来苏联解体前后青年价值观教育历程可以看

---

① 吴恩远：《苏联历史几个争论焦点的真相》，社会科学文献出版社 2013 年版，第 92 页。

② 《建国以来毛泽东文稿》第 10 册，中央文献出版社 1996 年版，第 194 页。

到，缺乏国家意识形态所确定的统一的价值体系的支撑，价值观教育必定出现偏移，最终导致价值虚无现象出现。公众对主流价值观的认同从来不是自发产生的，上层的意识形态主导权、领导权和话语权的建设至关重要。冷战时期，美国前总统尼克松坚信："使西方的信息穿过每一道屏障（不管是通过人员互访，还是通过交换书籍，还是通过相互广播），将会给这些屏幕后面的千百万人带来希望，并且逐渐侵蚀苏联制度的基础，就像渗透的水可能侵蚀一个监狱的基础一样"，"如果我们在意识形态上打了败仗，我们所有的武器、条约、贸易、外援和文化关系，都将毫无意义。"① 苏联致命的错误在于，在意识形态领导权和主导权问题上没有做到旗帜鲜明，甚至是不作为。自赫鲁晓夫之后，整个苏联意识形态领域建设行表面功夫，不做深，不求实，更缺乏整体性的、连续性的顶层设计，对社会思想意识层面出现的各种错误言论不做规范并深入引导，而且自上而下都是因循守旧之风、附和之风、形式主义之风。更主要的是沉醉于一种"自我优越感"中不自知，丧失忧患意识，在"宽松软"的氛围之下，苏共的青年价值观教育包括整个意识形态建设必定出现严重的形式化、失实化问题。

脱离苏联而独立的俄罗斯，出于稳定政局和社会的需要，无法较快地确定其相对规范且符合俄罗斯实际的学校价值观教育体系，加之激进改革进程中西方文化、生活方式及西方自由、民主等资本主义价值观所带来的同既往苏联时期价值观的极大冲突，以及部分人试图退回沙俄时代的保守思想倾向，林林总总，社会主流价值体系的突变及多种价值观念的并存、无序和混沌，使得俄罗斯青年价值观教育必然出现一个"阵痛期"，甚至是一个"真空期"。青年价值观教育系统是整个国家意识形态系统的重要组成部分，是"小环境"与"大气候"的辩证统一关系，脱离了意识形态领导权与主导权的强有力支撑，价值观教育必定成为无源之水、无本之木。

---

① ［美］尼克松：《1999年：不战而胜》，王观声等译，世界知识出版社1989年版，第96页。

（二）指导思想层面多元无序，导致公众思想陷入混乱和主流价值观失语

对一元主导和多样发展的辩证关系的失当对待，在自为或不自为的状态中使指导思想多元化，必然导致人们价值观念上的虚无主义、相对主义、极端主义，造成社会离心倾向加剧。苏共第二十八次代表大会《关于苏共在教育、科学和文化领域政策的决议》提出："改革的年代是克服意识形态教条和行政命令、注重精神遗产、同国际社会实际协作的时期。""党在教育、科学和文化领域必须采取向社会开放的和为社会所接受的政策，这种政策应以承认优先考虑全人类价值观为基础。"[1] 消弭资本主义与社会主义意识形态理论鸿沟的思想和政策蔓延至青年教育上，表现在重新编写教科书，取消相应的历史考试，倡导资产阶级自由化思想等，这必定搞乱了党心民心，违背了教育规律。从淡化马克思列宁主义、共产主义及诋毁领袖英雄、否定历史，到所谓"民主化"和"公开性"的逐步推行，民主的人道的社会主义逐步取代了马克思主义的指导地位。这种新思维"将世界相互依存的同一性和人类共同利益增长的趋势绝对化，抽掉了客观存在的阶级内容"[2]，由此造成了青少年思想上的虚无主义和无所适从。历史虚无主义盛行之下，被抽空了苏共历史，苏共的执政和社会主义制度必定丧失存在根基。

苏联解体后，既有的价值观教育体系被打破，马克思主义在意识形态领域的指导地位被彻底放弃，俄罗斯联邦引入西式"民主、自由"思想。同时，社会各阶层、集团从各自利益出发，提出各种思想理论，俄罗斯社会短时间内一度出现多达十多种社会思潮，出现了形形色色的所谓公共组织。这些多元思潮对人们的思想意识造成极大混乱。以前所熟悉、尊崇的许多东西被完全不同的东西取代，社会结构和秩序正在失

---

① 《苏联共产党第二十八次代表大会主要文件资料汇编》，人民出版社 1991 年版，第 162 页。

② 刘京希：《九十年代以来国内学界"苏联模式"研究述要》，《当代世界社会主义》1998 年第 1 期。

去其原有的稳定性，认知结构尚未完全定型的青少年无法及时地以既有的或者新的社会准则和规范调整自己的行为，价值观定然发生了急速变化，甚至出现文化上的"自我决裂"。"不假思索地仿效国外大众文化的卑劣模式，这加剧着人民精神的颓丧，造成着一种表面肤浅的以为能最轻快地吸收西方生活方式的幻想，使青年人产生着关于资本主义社会之真正动力的一种完全扭曲的观念。"[①] 在此状况下，极端民族主义、虚无主义、利己主义、无政府主义甚至封建专制主义乘虚而入，导致青年的国家观念、个人道德素质遭到弱化，拜金主义、享乐主义和极端自由主义大行其道，马克思主义的世界观、人生观和价值观必定失去其话语权和影响力。

（三）弱化马克思主义理论教育，抽象人性论动摇价值观教育的哲学基础

马克思主义是社会主义国家价值观及其教育实践的整个理论基石，马克思主义理论教育在青年价值观教育中本应处于核心地位。但是，苏联学校马克思主义理论教育的逐步弱化，决策层人为放弃对青年加强马克思主义的立场、观点和方法的教育，特别是改变了辩证唯物主义和历史唯物主义的价值观教育的哲学基础，用抽象的人道主义而不是唯物史观来构建价值观及其教育的理论体系，必定滑向价值虚无，造成价值观教育的虚无化、中性化。

应该看到，当时苏联一些理论家在反思哲学领域的教条主义问题时，从学术研究的角度有其积极意义，但在这过程中错误地走向另一个极端，片面认为"人的存在是哲学问题的核心和理论出发点"，提出"人的存在高于一切"，据此反对马克思主义哲学的基本理论，批评所谓"物质决定论""生产力决定论""历史决定论"，把本应引导学生确立科学世界观、人生观和方法论的马克思主义哲学课变成了抽象的"人与社会""科学与人生"之类的课程。一开始去掉了马克思主义理论当中一些具有根本性意义的范畴、概念和观点，尔后放弃共产主义理想信念和

---

① 肖甦、王义高：《俄罗斯教育变革探讨》，广东教育出版社 2008 年版，第 230 页。

集体主义道德理念，直至整个价值观教育失去了本该有的价值立场。当培养什么样的人定位不清甚至模糊错误之时，如何培养人必定变成"脚踩西瓜皮"，成为形式主义。可以说，马克思主义理论教育的弱化和抽象人性论的产生，是一个同一、互促的过程。未能把马克思主义理论教育始终贯穿于青年价值观教育全过程，未能引导学生用马克思主义的立场、观点和方法看待新出现的社会问题，转而用非马克思主义的态度对待马克思主义，是苏联留给我们的一大教训。

（四）价值观教育目标和政策体系缺乏一贯性，未能认清教育的根本问题

教育是民族振兴、社会进步的基石，是一代人接着一代人、久久为功的事业，必须有明确、相对稳定的目标、理念和保障体系。教育的本质在育人，根本任务在于立德树人。"立什么样的德，树什么样的人"，是根本和全局性的大问题。苏联时期，共产主义是道德教育的重点内容。肇始于赫鲁晓夫的全盘否定斯大林和所谓的"解冻"，随后而来的勃列日涅夫在意识形态问题上的"虚妄""自大"与"不力"，直到戈尔巴乔夫时期打着改革的旗号实质是推行反马克思主义的做法所带来的社会混乱，国家的价值共识如"倒立沙斗"一点点被卸空，青年价值观教育也逐步在一种所谓民主化、批判反思化的过程中逐步走向形式化、虚无化和空心化，最后被遗弃。学校首要的是立德树人，而立什么样的德、树什么样的德，这是根本问题。认不清这一问题，教育的目标和政策体系必然会左右摇摆、漂浮不定。对于广大青年来说，如果没有正面的价值引导和良好的道德环境，思想上就会出现困惑迷茫。当时苏联社会以政治斗争为主，国家和学校道德教育严重滞后，青年教育面临极大困扰和威胁。因此，"因政治搏斗而互相仇视的俄罗斯社会，越来越远离善良、仁慈、社会责任心这种全人类理想了"①。新世纪以来整个社会肩负着重塑民族精神、建构新的价值认同的重大使命，这也成为一大任务。

---

① 肖甦、王义高：《俄罗斯教育变革探讨》，广东教育出版社 2008 年版，第 225 页。

三、苏联解体前后青年价值观教育对我国的重要启示

正如邓小平在反思改革开放十年来的教育失误主要是思想政治教育，改革开放40多年我国意识形态领域稳健发展的宝贵经验中最重要的一条，就是逐步认识并强调"意识形态工作是党的一项极端重要的工作"①，高度重视思想文化建设和舆论工作，特别是围绕青年这一重点对象结合新的时代特点不断加强和改进价值观教育。以苏为鉴，新时代的今天我国青年价值观教育应着力做好以下方面。

（一）切实加强意识形态主导权话语权建设，营造价值观教育良好社会生态

任何时候青年价值观状况如何，都是整体意识形态状况的反映，也是一个社会生态的反映。青年价值观教育是意识形态建设的重点领域，也是意识形态建设的基础环节，意识形态决定了价值观教育的现实状况与发展进路。现实亦如此，意识形态总体不好，定然不可能有有效的青年价值观教育。"亨廷顿认为苏联败在了意识形态上，败在了对马列主义、对社会主义信仰和信念的动摇上。与之相对的是，中国社会主义改革之所以取得伟大成就，一个重要原因就是在意识形态的斗争中站稳脚跟，始终坚持马克思主义的指导地位，始终重视意识形态建设，保证了改革的社会主义方向。"②如果软化、放松、忽视社会主义意识形态主导权话语权建设，纵容历史虚无主义、价值相对主义、资产阶级自由化思潮泛滥，不注重党群干群关系和党风政风建设，必定导致整个社会思想领域的无序和混乱。因此，今天加强和改进青年价值观教育，必须不断加强意识形态建设，巩固全党和全国人民团结奋斗的共同思想基础，切实营造良好社会生态。

新时代我国青年价值观教育必须坚持马克思主义的鲜亮底色，以理想信念为核心，维护和巩固社会主义主流话语体系，警惕所谓"价值中立"和"后现代主义"的错误理念，避免价值观教育"走偏走邪"。

---

① 《习近平谈治国理政》第一卷，外文出版社2018年版，第153页。

② 郝清杰：《论意识形态工作的极端重要性》，《马克思主义研究》2016年第12期。

对当下可能出现的一些马克思主义"失语""失踪""失声"的现象，高校教育中弱化马克思主义理论教育的现象，必须高度警惕。要把马克思主义理论教育贯穿和融入整个价值观教育全过程，帮助青年牢固树立马克思主义的立场、观点和方法，学会用科学的思维方法分析解决问题。要重视承载价值观的理论内容建设，引导广大青年立足新时代深入学习和理解习近平新时代中国特色社会主义思想。只有坚持不懈传播马克思主义科学理论，抓好马克思主义理论教育，才能为青少年一生成长奠定科学的思想基础。

（二）坚定社会主义办学方向，坚持把立德树人作为学校教育的根本任务

只有坚定正确办学方向，始终把立德树人作为学校的根本任务，教育才能沿着科学的轨道健康发展。扎根中国大地，坚持社会主义办学方向，以人民为中心办教育，是从根本上确保国家长治久安、促进人的全面发展、增强中华民族创新的根本前提。"高校立身之本在于立德树人。"[①] 习近平在全国教育大会上强调指出："培养什么人，是教育的首要问题。我国是中国共产党领导的社会主义国家，这就决定了我们的教育必须把培养社会主义建设者和接班人作为根本任务，培养一代又一代拥护中国共产党领导和我国社会主义制度、立志为中国特色社会主义奋斗终身的有用人才。这是教育工作的根本任务，也是教育现代化的方向目标。"[②]

我们"要努力构建德智体美劳全面培养的教育体系，形成更高水平的人才培养体系。要把立德树人融入思想道德教育、文化知识教育、社会实践教育各环节，要贯穿基础教育、职业教育、高等各教育领域，学科体系、教学体系、教材体系、管理体系要围绕这个目标来设计，教

---

① 《习近平在全国高校思想政治工作会议上强调　把思想政治工作贯穿教育教学全过程开创我国高等教育事业发展新局面》，《人民日报》2016 年 12 月 9 日。

② 《习近平在全国教育大会上强调　坚持中国特色社会主义教育发展道路　培养德智体美劳全面发展的社会主义建设者和接班人》，《人民日报》2018 年 9 月 11 日。

师要围绕这个目标来教，学生要围绕这个目标来学。凡是不利于实现这个目标的做法都要坚决改过来"①。在实际工作中，各级各类学校要把立德树人作为中心工作和根本任务，内化到学校建设和管理各领域、各方面、各环节，将立德树人的成效作为检验学校一切工作的根本标准，真正做到以树人为核心，以立德为根本。

（三）以社会主义核心价值观为基础性任务，引导青年扣好人生第一粒扣子

苏联解体前后青年价值观教育的失误就在于错误定位了社会核心价值观的实质内容，不知道青年该有什么样的价值观，以及社会和学校应该怎样去培养青年的价值观。习近平深刻指出："我为什么要对青年讲讲社会主义核心价值观这个问题？是因为青年的价值取向决定了未来整个社会的价值取向，而青年又处在价值观形成和确立的时期，抓好这一时期的价值观养成十分重要。这就像穿衣服扣扣子一样，如果第一粒扣子扣错了，剩余的扣子都会扣错。人生的扣子从一开始要扣好。"② 在我国，加强青年价值观教育，最基本的就是要加强社会主义核心价值观的培育践行，必须长期坚持，久久为功，真正使社会主义核心价值观在广大青年中内化于心、外化于行。

习近平指出："一种价值观要真正发挥作用，必须融入社会生活，让人们在实践中感知它、领悟它。要注意把我们所提倡的与人们日常生活紧密联系起来，在落细、落小、落实上下功夫。"③ 应结合青年的思想实际和行为特点，把传统教育方式与现代教育方式结合起来，把理论与实践结合起来，柔性与刚性结合，增强法治思维，依托主渠道，探索新形式，搭建新平台，创新传播方式，将社会主义核心价值观真正融入到青年人的"日常"。各级各类学校应"坚持不懈培育和弘扬社会主义核

---

① 《习近平在全国教育大会上强调　坚持中国特色社会主义教育发展道路　培养德智体美劳全面发展的社会主义建设者和接班人》，《人民日报》2018 年 9 月 11 日。

② 《十八大以来重要文献选编》（中），中央文献出版社 2016 年版，第 6 页。

③ 《习近平谈治国理政》第一卷，外文出版社 2018 年版，第 165 页。

心价值观，引导广大师生做社会主义核心价值观的坚定信仰者、积极传播者、模范践行者"①。

（四）保持教育目标和任务的相对连续性一致性，突出教育实效性

苏联解体前后在价值观教育目标、任务、政策等方面的突变与模糊，既有价值体系的"自我否定"，又有与新的价值体系的"空洞重构"，造成了这一时期青年价值观教育的无序与无力。其启示就在于，无论何时，保持对社会主流价值观念体系的理性认知、自觉认同和实践确认，是价值观教育的实践者最可贵的一条智慧经验。反映在教育实践中，就是要维持教育目标、任务以及政策支撑体系的相对稳定，特别是教育目标和任务的连续性，并在实践中注重教育实际效果。从不同教育类型的特点来看，价值观教育相对于知识性教育来说，更具有稳定性，也更需要连续性，这是一定社会主导价值观具有的相对稳定的特性所决定的。从唯物史观原理来看，一定社会的上层建筑在特定经济基础的条件下得以保持相对稳定，价值观教育目标任务的贸然改变必定会带来观念上层建筑的改变，随之而来的就是经济基础的动摇，导致社会结构性风险。因此，不管一个国家发展阶段和水平处于什么样的历史方位，只要经济基础与上层建筑的统一体（社会形态）不改变，价值观教育目标、任务就应保证连续性和一致性。为了突出价值观教育的实际效果，要做到因事而化、因时而进、因势而新，不断完善和补充政策支撑体系，但不能从根本上动摇、否定价值观教育目标和任务。新中国成立70多年来，我国青年价值观状况能够与主流价值体系相符合，能够与社会主义现代化事业发展相同步相适应，就在于我们保持了价值观教育目标和任务的相对稳定，又能够因事而化、因时而进、因势而新，做到随着时代的发展不断加强和改进教育方式方法。

（五）引导青年树立正确的文化观，科学对待中国文化和西方文化

价值观既构成了文化的核心，又在文化中得到涵养。世界上各种

---

① 《习近平在全国高校思想政治工作会议上强调　把思想政治工作贯穿教育教学全过程开创我国高等教育事业发展新局面》，《人民日报》2016 年 12 月 9 日。

文化之争，本质上是价值观念之争。"历史和现实都表明，一个抛弃了或者背叛了自己历史文化的民族，不仅不可能发展起来，而且很可能上演一场历史悲剧。"① 苏联解体前后青年价值观教育的问题还体现在不能正确对待西方文化和本民族文化的关系上。文化的"自知之明"② 不足常常与价值观教育的乏效可谓"表"与"里"如一。由于整个文化战略的失误，苏联青年在 20 世纪 80 年代后期表现出对西方资本主义文化的浓厚兴趣，而在对待不同文化的问题上，苏共几乎没有采取任何有预见、合理科学的举措，从上到下都表现为"在自我的否定中"对西方文化的信赖甚至膜拜。这一教训非常深刻。

党的十九大报告指出："文化兴国运兴，文化强民族强。没有高度的文化自信，没有文化的繁荣兴盛，就没有中华民族伟大复兴。"③ 中国特色社会主义文化融合了中华优秀传统文化、革命文化和社会主义先进文化。价值观教育要引导广大青年树立正确的文化发展观，科学看待这三种文化及其内在联系，既不能固守本国文化，排斥外来文化，更不能崇洋媚外。要将传统文化和外来文化有机结合起来，促进中国当代文化的发展，发挥中华文化的影响力。一方面，要建设优秀传统文化传承体系，弘扬中华优秀传统文化。中华优秀传统文化是中华民族两千多年来的文化的结晶和积淀，是世代中国人的精神价值的基因和最大公约数，对于培育现当代的意识形态中的团结和凝聚力具有重要作用。中华优秀传统文化是中华民族的突出优势，是我们最深厚的文化软实力。要以科学态度对待传统文化，坚持古为今用、推陈出新，有鉴别地加以对待，有扬弃地予以继承，取其精华、去其糟粕，用中华民族创造的一切精神

---

① 《习近平谈治国理政》第二卷，外文出版社 2017 年版，第 339 页。

② 文化的"自知之明"一说是费孝通先生在《文化与文化自觉》中提出来的，所诠释的是文化自觉问题，意指一定文化中的人们对自身文化能够明白其来历、形成过程、所具有的特色和它发展的趋向。

③ 习近平：《决胜全面建成小康社会　夺取新时代中国特色社会主义伟大胜利——在中国共产党第十九次全国代表大会上的报告》，人民出版社 2017 年版，第 40—41 页。

财富来以文化人、以文育人。要引导青年承担起传承优秀传统文化的责任和使命，实现传统文化的创造性转化、创新性发展，从而增强民族自信心。另一方面，要善于学习他人的好东西，把他人的好东西化成自己的东西，这才形成我们的民族特色。文明因交流而多彩、因互鉴而丰富，对各国的优秀文明成果，都应该采取学习借鉴的态度，积极吸纳其中的有益成分，做到以我为主，为我所用。

总之，新时代的青年价值观教育我们应谨记苏联的教训，以习近平新时代中国特色社会主义思想为指引，特别是以习近平总书记关于青年价值观教育的重要论述为遵循，抓紧抓牢抓好马克思主义理论教育，"旗帜鲜明地坚持党管青年原则，理直气壮地加强青年价值引领，紧扣时代推进青年价值观教育创新"①。只有这样，才能使得青年价值观教育真正成为促进青年全面发展、提升全民族文明素养、强化全社会价值导向的重要途径。

第二节　美国社会核心价值观建设的主要路径与启示

当今世界各国特别是发达国家，随着全球化深度发展背景下国家间综合实力竞争的日益加剧，每个国家都高度重视本国社会的核心价值观建设问题。任何社会的核心价值观能否有效落实直接关系到该社会的长治久安，同时对社会核心价值观的认同是社会和谐最坚实的基础，是提升国家文化软实力的关键。美国作为世界上最发达的国家之一，在现代化的进程中成功地形成、构建了符合资产阶级利益的核心价值观，并得到了美国民众的广泛认可，也对当代世界产生了不可估量的影响。美国也因其在全球化进程中的主导权和影响力，使得自身社会核心价值观建设通常被视作一个"成功样板"，为世人所关注。考察美国的主要做法，对当前我国社会主义核心价值观建设具有一定的借鉴意义。

---

① 杨晓慧：《习近平青年价值观教育思想论要》，《马克思主义研究》2017 年第 11 期。

一、美国社会核心价值观建设的主要路径

从历史来看，美国社会的核心价值观建设是成功的。作为新兴移民国家，美国在不同民族、文化、宗教信仰等的融合方面是十分典型的成功案例。支撑美国社会高度融合的纽带正是共同的价值观念体系或意识形态。正如美国著名政治学家罗伯特·达尔所说："美利坚是一个高度重视意识形态的民族，只是作为个人，他们通常不注意他们的意识形态，因为他们都赞同同样的意识形态，其一致程度令人吃惊。"① 离开了民主、自由、理性、宽容、公平、个人主义等核心价值观的主导和维系，美国社会看似多元多样多变的背后的社会"一致性"是难以建立起来的。在美国，社会核心价值观建设始终是作为国家战略而长期坚持的，历届政府都非常重视，以多种方式来强化社会核心价值观建设。

（一）政党与民间组织的主导引领

美国政党和民间组织在核心价值观的传播中发挥了重要作用。执政党和民间组织的职能和功能各异，民间组织虽独立于政府之外却与政府有之十分一致的价值取向，特别在国家核心利益问题上。其实，我们以往对美国民间组织独立于政府之外的理解仅仅只是表层，实际上民间组织和政党一样都是美国社会核心价值观建设的重要力量，起着主导性的作用。

其一，执政党是社会核心价值观建设的倡导者。正如马克思所说："一个阶级是社会上占统治地位的物质力量，同时也是社会上占统治地位的精神力量。支配着物质生产资料的阶级，同时也支配着精神生产资料。"② 执政党必定是社会主流价值思想体系的缔造者和捍卫者。尤其是近现代以来，随着时代的发展，政党逐渐成为构建和传播主流意识形态的主体，在社会核心价值观的传播上起着不可替代的主导作用。美国虽然是两党制国家，但上台执政的必定只有民主党或共和党其中一个。执

---

① ［美］杰里尔·A.罗赛蒂：《美国对外政策的政治学》，周启朋、傅耀祖等译，世界知识出版社1997年版，第354页。

② 《马克思恩格斯选集》第1卷，人民出版社2012年版，第178页。

政党倡导和推行社会核心价值观，首先是通过政党精英的言论来推动。竞选活动、就职演说、新年讲话等方式是总统和政党领导人向民众传递核心价值观的主要形式。尽管美国历任总统发表就职演说时的社会背景、经济环境存在很大差异，但每篇演说中都贯穿着政治鼓动、爱国宣传和价值灌输。如罗斯福就职演说时说的"我们唯一惧怕的就是惧怕本身"已成为家喻户晓的名言，成了鼓舞美国人克服一切困难的座右铭；奥巴马在竞选获胜演讲中强调，共和党是建立在自立自强、个人自由以及全民团结的价值观上，这也是我们所有人都珍视的价值。这正是直接向人们宣扬自立自强、自由、团结等社会价值观。其次，执政党的纲领中也蕴含了社会的核心价值观。由于自身所代表的特定利益关系与社会共同利益的整体一致，美国政党的竞选纲领作为成文的条款，不可能违背主流的社会意识形态，在竞选过程中所宣扬的立场主张也会体现社会的核心价值观，只有这样才可能赢得选民支持。执政党通过自己的言论和政党纲领，向社会传达了主流价值观，倡导自由、平等、正义等价值理念，一方面使社会核心价值观深入人心；另一方面使自身的政治统治合法化，进而使人们自觉接受并认同资产阶级的统治。

其二，民间组织是社会核心价值观的积极捍卫者。法国思想家托克维尔曾在《论美国民主》中认为，活跃的乡镇自治和发达的社会团体支撑了美国式民主的发展，也促进了美国社会的平等。托克维尔对美国社会的直观判断，恰巧将美国核心价值观形成与建设所离不开的社会生态的特点给揭示出来了。美国社会中普遍存在的民间团体和组织表面上是区别、独立于政府之外的，似乎不承担社会主流价值观建设的职责，但其实这种理解是表层性的。这些非政府组织本身在开展慈善、环保、服务、救助、关爱、反战、维权等活动中就融入了美国自由、民主、公平、宽容、理性、个人权利至上等核心价值观，是一种现实的实践彰显。西方对"公民社会"的理解主要强调政府之外的社会组织的独立自主程度，但不能误以为非政府的民间组织本身是反对政府的，因为社会性组织可以批评政府恰巧是美国价值观的一种体现，事实上遵守、捍卫和维系了美国的核心价值观，而不是削弱或反对了社会的主流意识形态。美国民间组织以其特有的独立性，在保持社会稳定和增强社会凝聚力方面起了重大的推动作用。

（二）宗教与大众传媒的思想教化

首先，宗教教化是社会核心价值观构建、传播的重要平台。当今美国社会为我们呈现出了一些富于张力的问题：它是位居世界科技前沿的现代化国家，通常被认为是思想最为开放、最具有创新力、批判力，甚至"颠覆力"的国家。而它同时也是一个宗教国家，有约84%国民是宗教信徒，超过四分之三为基督教信徒，多种宗教并存。同时，还是一个多国移民杂居的国家，一方面呈现出高度多元的社会文化，另一方面也拥有较强的民族凝聚力和国民认同感。在民族凝聚力和社会核心价值观的传播方面，宗教起了十分重要的作用。一方面，宗教教义从多方面描述了人所应当具备的美德和价值观，明确了人民内心的价值信仰并净化人们的心灵，提供一种道德上的约束力，有时某些宗教思想也直接变成了社会核心价值观。宗教是美国社会最基本的个人精神信仰和社会道德的源泉，它要求人们坚持个人的精神信仰、虔诚、忠贞和团结。"美国人传统价值观中的平等自由、友爱互助、同情弱者、自尊自爱、尊重他人等都源于宗教信念所提倡的价值准则和处世哲学。"[①] 另一方面，统治阶级利用宗教教育加强社会核心价值观的建设。遍布各地的大大小小的宗教始终是国家进行道德教育的一种有效手段。宗教对美国社会具有一种强大的整合力，正如美国著名政治学家肯尼迪·沃尔德所说："从某种意义上讲，教堂是公民的孵化器。"[②] 正是基于宗教在美国社会生活中的独特作用，美国在社会主流价值观建设方面必须依赖宗教，并重视发挥宗教的功能，以此影响公民社会核心价值观的养成。

其次，大众传媒在美国社会核心价值观的传播中起着重要作用。

---

① 周利方、沈全：《国外核心价值观建设的实践类型及启示》，《理论月刊》2011年第11期。

② ［美］卢瑟·S.利德基：《美国特性探索》，龙治芳等译，中国社会科学出版社1991年版，第314页。

大众传媒不仅是信息载体，更是意识形态、价值观念的承载者，自然也是社会核心价值观的维护者。西方将大众传媒看作是"第四种重要的社会化力量"，认为"受控制的大众传播媒介可以是形成政治信念的一种强大力量"[①]。一直以来美国政府高度重视媒体在社会核心价值观建设中的作用。每年美国进行大量的投入来运用大众媒介推进社会核心价值观的大众化，许多报纸杂志、图书、互联网、电影电视、广播等大众传媒都在有形或无形、直接或间接地宣传、阐释美国的核心价值观。比如，表面对市场的抢占实际遮蔽了美国的意识形态战略，通过推出美式大片占领市场赢得票房的同时，也成功宣扬了美国精神及其核心价值的至高无上性，应该说是社会效益与经济效益高度统一的"典范"。如今随着网络和全球化的发展，美国的电影事业覆盖了绝大多数国家，美国国务院的一份报告认为，"美国电影就像不用美国纳税人供养的亲善大使，让世界各国了解美国的生活方式，无论从政治上、文化上，还是商业的角度来讲，其价值都是无法估量的"[②]。随着高科技的发展，大众传媒在人们生活中的作用越来越重要，由此在传播社会核心价值观方面的作用也日益凸显。除了利用大众传媒使其社会核心价值观大众化，还有一个重要的方式就是通过各种文化载体，如总统图书馆、纪念碑、展览馆和名人雕像等，几乎都与美国历史文明和伟大人物有着密切关系。在这些实物性的文化载体中承载了美国人的爱国意识和美国精神，对于凝聚社会力量起到了十分重要的作用。

再次，国民教育发挥社会核心价值观建设的主渠道作用。国民教育对社会核心价值观建设起着基础性、根本性的作用。美国非常重视家庭、学校和社会在教育过程中的作用。一是家庭作为社会的"细胞"，是推进社会价值观建设的基本单位，历来为美国国家战略决策层所重

---

① ［美］加布里埃尔·A.阿尔蒙德、小 G.宾厄姆·鲍威尔：《比较政治学——体系、过程和政策》，曹沛霖等译，上海译文出版社 1987 年版，第 48 页。

② 来永红：《美国国际文化战略十年（1991—2001）：马克思主义文化观视域下的历史解读》，人民出版社 2018 年版，第 145 页。

视。前总统克林顿就曾指出："家庭代表的价值观，家庭传授给自己孩子的经验教训，家庭为塑造自己的未来而担负的责任，以及家庭试图实现的梦想，在很大程度上决定着我们将是一个什么样的民族，以及我们能成为什么样的国家。"① 培养孩子自主自立的精神，磨砺孩子的意志，努力使孩子成为既独立自主又有文明礼貌的社会主人，是很多美国家庭的信条。二是学校是推进社会核心价值观教育的最主要阵地。学校通过教师行为的规范性，教材内容的设置，举办各种爱国主义教育活动及校园文化潜移默化的影响渗透他们所提倡的价值观念，给学生以润物细无声的熏陶。三是美国特别注重运用社会教育对人们进行核心价值观的教育。他们善于利用各种实践活动形式对社会成员特别是青年学生群体进行教化影响。组织他们参加服务、志愿性质的劳动活动，如帮助移民子女补习英语、帮助残疾人、救济无家可归者等，通过此类活动强化社会成员的责任意识，也促进了社会核心价值观的传播。可以说，家庭、学校和社会在核心价值观建设方面是协调配合、系统联动、有序推进的，这在美国体现得很鲜明。

最后，政策和法律法规是社会核心价值观运行和传播的保障。国家公共政策和法律法规是统治阶级意志的体现。道德和法律在社会公共生活中都扮演着重要的角色，只不过法律更具有底线性的意义，对于社会的稳定发展而言更是不可或缺的。正如康德所说：这个世界上唯有两样东西能让我们心灵感到深深的敬畏，一是我们头顶上璀璨的星空，二是我们内心崇高的法则。以政策和法律法规的方式对人们的思想言行加以规约，增强社会公共性层面的规劝与惩训，是美国推动社会核心价值观建设的重要途径之一。法律与政策的刚性，维系了社会核心价值观建设的长期性与持续性，为社会核心价值观的生活化提供了保障，有力地加强了社会核心价值观的传播。法律和政策可以规范、引导人们的行为，为人们提供社会公共生活的准则，有力地保障了社会核心价值观的落实。

---

① 转引自王瑞荪：《比较思想政治教育学》，高等教育出版社 2004 年版，第 197 页。

二、美国社会核心价值观建设对我国的启示

美国社会核心价值观建设的主要路径与其政治制度和历史文化特点紧密联系，本质上同美国政治制度是相适应的，体现了资产阶级的核心利益要求，具有主导性、隐蔽性、系统性、协同性、长期性等特点。中美历史文化、国情和政治制度不同，社会核心价值也有明显差异，但美国的一些经验和做法值得我们借鉴。现阶段，我国培育和践行社会主义核心价值观是在全球化、网络化等深刻变革和全球范围内意识形态斗争日趋复杂的背景下展开的，如何使人们对社会主义核心价值观真正做到"内化于心，外化于行"，夯实思想意识基础，增强社会凝聚力，是我们需要深入思考的问题。透过美国的主要做法，结合我国现实，可以得出如下启示。

（一）发挥党的自身优势，加强社会主义核心价值观建设的主动权领导权

作为中国特色社会主义事业的领导核心，我们党不仅承担着文化建设和主流意识形态建设的重要职责，而且本身也是社会主义核心价值观的鲜明代表者和诠释者。在社会主义核心价值观建设过程中，应充分发挥我们党的领导优势。首先，要发挥党员干部的先锋作用，通过带头示范，成为社会主义核心价值观学习的先行者、理论的倡导者和实践的行动者。不论政府机关和企事业单位，还是其他组织机构，只要是党员干部，都应该树立主体意识，自觉带头践行"三个倡导"。其次，要加强党的思想理论宣传教育与文化工作队伍建设，打造一批素质过硬、业务精湛、理论与实践有机结合的人才队伍。避免在社会主义核心价值观的传播中生搬硬套，采取更灵活和人性化的宣传教育方法。最后，政府在决策、施政过程中应将社会主义核心价值观的具体要求贯穿于全过程，民主科学决策、合理有效管理，让所制定的政策和规定体现"三个倡导"的要求，使之相向而行。

（二）立足中国传统思想文化，促进传统文化的精髓与现代文化相结合

突出文化对价值观塑造与培育的独特功能，是美国社会核心价值观

建设的亮点。我国传统文化作为民族文化之根，植根于我国悠久的历史，有着深厚的底蕴和良好的群众基础，其精髓也是建设社会主义核心价值观的重要来源。认真挖掘传统文化中的宝贵思想资源，如"和合""民本""知行合一""爱国主义"等对于培育和践行社会主义核心价值观具有非常重要的意义。在社会主义核心价值观建设过程中积极加入中华优秀传统文化元素，能够增强说服力、感染力和吸引力，使人们更容易接受和认同。随着全球化进程的加快，中西文化交流和融合现象也更加明显，如何守住自己文化的阵地，呵护好精神家园，有效地应对其他国家意识形态渗透和冲击，对我们来说任务艰巨。为此，我们应将传统文化的思想精髓和"三个倡导"的现代内涵结合起来，同时吸收世界文明的共同成果，增强其合理性和认可度，在讲好中国故事的过程中传播好中国声音，使社会主义核心价值观也能够更好更快地传播出去。

（三）协同联动对接，打造社会主义核心价值观大众化、生活化的平台

美国在社会核心价值观的建设中非常注重家庭、学校和社会的良性互动，充分利用各种资源促使社会核心价值观的大众化传播。这启示我们，要使社会主义核心价值观真正深入人心，必须充分利用各方面的资源，使家庭、学校、社会和大众传媒都成为社会主义核心价值观的传播阵地，使之联动对接、协调互动，切实体现大众化、生活化。一是要形成家庭教育是基础，学校教育是主阵地和主渠道，社会教育积极配合的教育合力，并通过创新教育方式方法，促进显性教育和隐形教育的有机结合，达到潜移默化的效果。以学校为例，可以通过话剧、小品等节目，使学生在观赏节目过程中受到教育并形成良好道德。如清华大学学生自编自导自演的话剧《马兰花开》，通过展现"两弹"元勋邓稼先在西北荒漠的工作事迹，向学生传递了邓稼先的爱国敬业精神，使学生思想得到了升华，无形中浸润了学生的内心。再如北京师范大学创作致敬"时代楷模"黄文秀原创话剧《心中的长征》，以艺术手法真实再现黄文秀的崇高理想和可贵品质，在青年学生中产生了强烈反响，激起了青年学生的使命担当。二是要注重发挥大众传媒的宣传功能，突出巧妙性，提升宣

传效果。一方面，引导媒体把"三个倡导"的要求贯穿到日常宣传报道中，通过树立典型，弘扬社会的正能量，使人们感受到社会主义核心价值观带给人无限的正能量，从而更好地践行社会主义核心价值观；另一方面，随着全球化的进程不断加快，社会主义核心价值观不能只是满足于国内传播，更需要将视域扩展至全球范围，通过各种方式和手段促进核心价值观在世界范围内的交流和碰撞，从而增强社会主义核心价值观的国际话语权和影响力。必须推动文化走出去，运用网络和新媒体的影响力，加大传播和宣传。通过拍摄好的国产电影，反映社会主义核心价值观内涵的文艺片，加大社会主义意识形态的影响力。三是要积极引导社会组织强化责任意识和服务意识，加强自身社会服务职能建设，发挥社会组织在我国作为党和政府联系人民群众的桥梁和纽带的基本功能。社会组织应通过自己的宗旨和行动传递爱国主义、人道主义、志愿精神和荣辱观念，着力弘扬社会主义核心价值观念。四是要加快和完善展览馆、纪念馆、博物馆、历史遗迹、名人故居和爱国主义基地等社会公共文化设施建设，充分利用重大节庆、纪念日等有利时机开展主题教育活动；通过升国旗、成人礼等形式，激发广大青少年的爱国情感。通过社会环境潜移默化的影响和教育，使社会主义核心价值观深入人心并真正落实。

（四）完善有关政策和法律，突出依法治国，为社会主义核心价值观建设提供保障

美国具有完善的法制，运用法治保持社会稳定，凝聚社会力量，传播社会主流意识形态。目前，在我国落实社会主义核心价值观的过程中要注重发挥法治的作用。习近平在五四青年节的重要讲话中指出："核心价值观其实就是一种德，既是个人的德，也是一种大德，就是国家的德、社会的德。国无德不兴，人无德不立。"[①] 在我国，要使社会主义核心价值观的传播和落实取得良好效果，一是要充分发挥国家政策的导向和示范作用，使各方面政策都能与社会主义核心价值观的精神保持基本一致，防止彼此背离的现象。二是要通过健全社会沟通和协商机

[①] 《习近平谈治国理政》第一卷，外文出版社 2018 年版，第 168 页。

制，切实了解群众的需求和困惑，把推进社会主义核心价值观的工作纳入民主化、规范化的轨道，做到上传下达。三是要保证法律的精神与社会主义核心价值观相一致，努力将"三个倡导"的要求转化为法律的实质规定，不断用法律权威来促进社会主义核心价值观的践行落实。通过法律的逐步完善，真正为社会主义核心价值观的落实提供保障，从而使社会主义核心价值观深入人心。

综上，当今世界主要发达国家都重视社会核心价值观的建设，特别是美国因其在全球化进程中的主导权和影响力而使得自身社会核心价值观建设通常被视作一个"成功样板"。美国社会核心价值观建设的主要路径体现在：从建设主体方面形成了政党和民间组织等不同类型的建设力量；从传播方式上形成了宗教和大众传媒等立体多种协同性途径；从日常教育方面形成了家庭、学校、社会等多格局的育人合力；在可持续性方面注重政策和法律的实施来为核心价值观的大众化生活化提供保障。结合我国实际，在当前社会主义核心价值观建设过程中，应积极强化党和政府对核心价值观建设的主导地位，促进家庭、学校和社会等之间的良性互动，通过建章立制为核心价值观"内化于心，外化于行"提供保障，同时还要深入挖掘传统文化的精髓并善于吸收世界的优秀文明成果。

歌德在《浮士德》里曾经说过："理论是灰色的，而生活之树是常青的。"社会主义核心价值观要想真正充满活力，必须融入广大人民的生活实践中去。因为实践之树，尤其是千百万人民群众的实践之树始终是充满活力的，总是不断抽出新枝条，发出新叶芽，当然是常青的。由此可以得出一个结论：理论的根基在基层，活力在实践，归宿在群众。使"三个倡导"的社会主义核心价值观深入实际、深入基层、深入人心，需要认识到其长期性、系统性，它的贯彻落实需要我们每一个人的积极配合和社会各面的协调推进。同时，还应认识到，在全球化和文化多元化时代，社会主义核心价值观与公民个人的价值信仰自由并不冲突，相反核心价值观建设对公民个人价值信仰自由而言，有时还是一种充分的外部保障。我们需要不断的努力来使"三个倡导"发挥出广泛的感召力、强大的凝聚力和持久的引导力。

第三节　新时代社会主义核心价值观国际传播问题

党的十九大提出了"中国特色社会主义进入了新时代"这一既有世界观又有方法论的重大判断。新时代，是我国日益走近世界舞台中央、不断为人类做出更大贡献的时代。"新时代之'新'，首先在于我们进入了一个新的发展阶段，发展环境、发展条件都发生了新的变化，目标任务也发生了新的变化，已经从'未发展起来'时期进入到'发展起来以后'时期。"① 在这一特定历史条件，社会主义核心价值观作为当代中国精神的集中体现，也是对外展示中国形象、诠释中国精神的重要价值理念。世界认知当代中国、感受中国国家魅力和国家形象，自在地包含着对社会主义核心价值观的认知与评价。如何扩大社会主义核心价值观在海外的影响，是当代中国日益发展进程中自然而然会提出、也必然会提出的时代性、战略性课题，也是新时代中国文化"走出去"、增强我国文化软实力、更好构筑中国精神、中国价值、中国力量的重要任务之一。

一、社会主义核心价值观"走出去"：何以必要

核心价值观是一个国家的重要稳定器。"一个民族、一个国家的核心价值观必须同自身的历史文化相契合，同自身正在进行的奋斗相结合，同自身需要解决的时代问题相适应。"② 党的十八大以来我们坚持倡导的社会主义核心价值观，"把涉及国家、社会、公民三个层面的价值要求融为一体，深入回答了我们要建设什么样的国家、建设什么样的社会、培育什么样的公民的重大问题，是当代中国精神的集中体现，凝结着全体人民共同的价值追求"③。党的十九大提出培育和践行社会主义核

---

① 《习近平新时代中国特色社会主义思想三十讲》，学习出版社 2018 年版，第 2 页。

② 《习近平新时代中国特色社会主义思想三十讲》，学习出版社 2018 年版，第 196 页。

③ 《习近平新时代中国特色社会主义思想三十讲》，学习出版社 2018 年版，第 197 页。

心价值观，"要以培养担当民族复兴大任的时代新人为着眼点，强化教育引导、实践养成、制度保障，发挥社会主义核心价值观对国民教育、精神文化创建、精神文化产品创作生产传播的引领作用，把社会主义核心价值观融入社会发展各个方面"①。从党的十八大到十九大，社会各界培育和践行社会主义核心价值观的实践方兴未艾，学界对社会主义核心价值观的认识更为深刻、更为全面，站位也更高远。这当中最重要的是，伴随着中国近年来所取得的历史性成就和历史性变革，当我国在国际上的影响力空前凸显的背景下，人们更为深刻地认识到了社会主义核心价值观对当今世界所具有的重要价值，人们也逐步开始跳出中国从世界的角度审视当代中国的社会主流价值观。

从整体上来看，社会主义核心价值观不仅具有中华民族特色的价值观，而且也具有世界历史意义的价值观。这一点，我们过去常常会有认识缺位，认为社会主义核心价值观只牵涉国内，只是对国内而言的，因而培育和践行社会主义核心价值观主要是一项只针对我国国内的战略任务，只解决如何"铸魂"的问题，实际上没有更深层地、包括更为自信地理解社会主义核心价值观本身在当今时代条件之下的进步性，也就是相对于当今仍处于强势话语的资本主义主流价值观而言，社会主义核心价值观所具有的内在先进性和彻底超越性。② 离开了对社会主义核心

---

① 习近平：《决胜全面建成小康社会　夺取新时代中国特色社会主义伟大胜利——在中国共产党第十九次全国代表大会上的报告》，人民出版社2017年版，第42页。

② 学界对社会主义核心价值观同以往社会主流价值观特别是资本主义社会主流价值观的差异性及超越性的分析已经形成了基本共识。如韩震教授的观点颇具代表性。他认为从历史发展的角度来看，价值观的变迁是以社会发展的阶段和生产方式的变化为基础的。社会主义是基于一种崭新的价值理想而产生的，即建立使每一个人都能够得到自由全面发展的、基于生产资料公有制的公平正义的社会。社会主义并不抽象地反对资本主义社会提出的民主、自由、人权等价值观，而是从社会发展的角度考虑价值观的合理性。与此同时，社会主义核心价值观必须是代表历史前进方向和具有世界意义的理念，可以吸引全人类的认同和向往。参见《培育和践行社会主义核心价值观热点问题探析——访北京师范大学韩震教授》，《高校马克思主义理论研究》2018年第3期。

价值观的世界历史意义的科学认识，就不可能真正理解社会主义核心价值观并做到内化于心、外化于行，也不可能真正树立起"四个自信"。可以说，新时代社会主义核心价值观"走出去"，既是一种体现最大正当性、合理性和价值性的价值观念展现其自身魅力的逻辑必然，又是一个孕育和实践这种进步价值观念、具有悠久且未曾中断之文明形态的主权国家在发展过程中必然会带动其主流价值观念外溢传播进而产生深远影响的逻辑必然。新时代社会主义核心价值观"走出去"何以必要，突出体现在以下五个方面：

其一，社会主义核心价值观国际传播有助于展现新时代中国的进步和自信、指引世界未来发展。社会主义核心价值观不仅是中国成功实践的价值精髓，也是引领中国与世界未来实践的价值观念，对自信中国和文明世界都会产生深远影响。党的十八大以来，以习近平同志为核心的党中央领导中国前所未有地走近世界舞台中央，中国的发展理念、发展道路的影响力显著增强，中国在国际舞台的话语权显著增强，中华文化中所蕴含的天下为公、求同存异、和合共生等理念越来越显示出独特价值，赢得广泛理解认同。可以说，世界需要中国智慧、中国理念、中国方案，中国也正在发挥着世界和平建设者、全球发展贡献者、国际秩序维护者的重要作用。社会主义核心价值观与中国特色社会主义发展要求相契合，与中华优秀传统文化和人类文明优秀成果相承接，体现了继承性与创新性、民族性与时代性、特殊性与普遍性的统一。"一个时代的画卷，底色是人心；一个民族的复兴，关键在精神。"① 中国人民的特质、禀赋不仅铸就了绵延几千年发展至今的中华文明，而且深刻影响着当代中国发展进步，深刻影响着当代中国人的精神世界。"伟大的民族不仅要有自己独特的文化传统，而且这种传统应该是引领人类历史和文明进步的先进文化和理念。""在经济全球化和文化多样性的背景下，只有符合历史发展规律、反映社会前进方向的价值观才具有超越时空、跨

---

① 《努力开创宣传思想工作新局面——论学习贯彻习近平总书记在全国宣传思想工作会议重要讲话精神》，《人民日报》2018 年 8 月 24 日。

越国度的世界历史意义。我们的社会主义核心价值观是基于中国道路和中国实践，因而必定具有中国特色和形态。但是，从历史发展的角度看，由于中国特色社会主义道路和实践遵循着人类社会文明进步的轨迹，因此我们的核心价值观必定是具有普遍的世界历史意义。也因如此，我们应该把注意力放在阐发社会主义核心价值观反映人类历史发展方向的先进性上，放在这种价值观的超越时空、跨越国度的永恒魅力上。社会主义核心价值观是具有中华民族特色的价值观，但是也是具有世界历史意义的价值观。"①

其二，社会主义核心价值观国际传播有助于切实增强我国文化软实力、建设社会主义文化强国。全球化日益纵深的今天，文化在综合国力竞争中的地位日益凸显。任何国家要维护自身利益和文化安全，自觉抵制腐朽文化和外来强势文化的侵蚀，扩大自身文化的影响力、实施文化强国战略必然成为一项国家层面的战略决策。"一个国家的文化软实力，从根本上说，取决于核心价值观的生命力、凝聚力和感召力。"② 社会主义核心价值的传播同我国整个文化发展的趋向是同向而行、内嵌互促的，社会主义核心价值观对外传播自然是增强国家文化软实力的路径选择。新时代建设社会主义文化强国，也必须以更加积极主动的姿态实施文化"走出去"战略，不断扩大中华文化的国际影响力。社会主义核心价值观国际传播，直接影响文化"走出去"战略的影响和效果。因此，推动社会主义核心价值观国际传播，是增进社会主义核心价值观的国际理解，推动中华文化走向世界，提升我国国家文化软实力的必然选择，也是实现社会主义文化强国目标的解决的关键问题。

其三，社会主义核心价值观国际传播有助于传播当代中国价值观念、不断提高我国国际话语权。"当代中国价值，就是中国特色社会主

---

① 韩震：《大国话语》，人民日报出版社 2018 年版，第 164 页。

② 《习近平在中共中央政治局第十三次集体学习时强调　把培育和弘扬社会主义核心价值观作为凝魂聚气强基固本的基础工程》，《人民日报》2014 年 2 月 26 日。

义价值观念，代表了中国先进文化的前进方向。"① 把当代中国价值观念贯穿国际交流和传播方方面面，从历史、理论和现实三重维度说清楚、讲明白，必须同社会主义核心价值观的对外传播统一起来。② 社会主义核心价值同当代中国价值观念虽各有不同指向和侧重点，但从实质而言，二者同为相同性质的价值观念在不同论域、不同层面的不同阐释，具有共源关系、同构关系和互促关系，都统一于中国特色社会主义的理论与实践，体现为社会主义的性质。当代世界，国际话语权在国际交往和国际秩序的建构中发挥着越来越重要的作用，掌握国际话语权的国家往往能够以自己的价值标准和话语体系来为国际事务提供方案，甚至作为一种事实的判定依据。中国只有拥有自己的话语体系，对国际事务和国际问题作出清晰价值判断和价值选择，才能抢占话语优势，让世界听到中国的声音。使社会主义核心价值观被世界认可和接受，从而增强我们主流价值观在世界上的影响力的过程，也是抢占国际话语权的过程。中国特色社会主义进入新时代，对打造国家话语权、主动权提出了新的要求，对外传播中国价值观念，讲好"三个故事"，同以往相比更为急迫，因此加强社会主义核心价值观的国际传播也成为极具现实性的客观要求。

其四，社会主义核心价值观国际传播有助于营造和平发展的良好

---

① 《习近平新时代中国特色社会主义思想三十讲》，学习出版社 2018 年版，第 210 页。

② 学界对当代中国价值即中国特色社会主义价值观念，与社会主义核心价值观的关系还很少有文献从学理上来阐释。有学者认为社会主义核心价值观是当代中国价值观念的集中体现。参见郝立新：《核心价值观：当代中国精神名片》，《光明日报》2017 年 10 月 18 日。笔者认为，应适当保持社会主义核心价值观与当代中国价值观念的区分。社会主义核心价值观是我们社会占主导地位的价值观，其从整体上回答国家发展的目标、社会前进的方向、公民行为基本准则的问题，侧重于公民的价值观层面的塑造养成与实践自觉。而当代中国价值观念，集中反映中国特色社会主义道路、理论、制度和文化的发展要求，侧重于从总体上讲中国经济政治社会文化等发展的理念及人们的价值诉求，指向的是社会发展的价值方位。这里，需要说明的是，《习近平新时代中国特色社会主义思想三十讲》第 210 页在阐述这一问题时同《习近平谈治国理政》第一卷第 161 页少了"观念"二字。

外部环境、塑造良好国家形象。影响或构成国家形象的关键要素之一，就是在国际社会或国际关系中所宣示的价值理念。社会主义核心价值观蕴涵和彰显着开放、自信、包容的现代中国形象及其内在精神气质。2014 年习近平在中法建交 50 周年大会上的讲话中指出："拿破仑说过，中国是一头沉睡的狮子，当这头睡狮醒来时，世界都会为之发抖。中国这头狮子已经醒了，但这是一头和平的、可亲的、文明的狮子。"① 这是对中国始终坚持和平发展道路十分形象且深刻的诠释。改革开放 40 多年来，中国的快速发展引起了西方社会对中国是否会走上"强国必霸"的道路而产生了疑虑，如何消除这些疑虑，更好展现一个负责任的社会主义大国的良好形象，是一个极具现实意义的问题。社会主义核心价值观集中体现了中国的国家精神和社会风貌，同"和平、发展、公平、正义、民主、自由"的全人类的共同价值具有内在的契合性②，同实现持久和平、普遍安全、共同繁荣、开放包容、清洁美丽的世界所需要的价值观念指引在实质上是相融相向的，而不是相互离反的。因此，要坚定和平发展道路、展示现代、开放的社会主义大国形象，必须加强社会主义核心价值观国际传播。

其五，社会主义核心价值观国际传播有助于丰富人类共同的价值理念、维护世界文明的多样性。社会主义核心价值观凝结着中国人共同

① 习近平：《出席第三届核安全峰会并访问欧洲四国和联合国教科文组织总部、欧盟总部时的演讲》，人民出版社 2014 年版，第 25 页。

② 学界对社会主义核心价值观与全人类共同价值的关系总体有共识。如有学者认为社会主义核心价值观是全人类共同价值的具体表现形式，是对全人类共同价值的吸纳和发展，二者是辩证统一的，存在一种特殊与普遍的关系。参见戴木才：《全人类"共同价值"与社会主义核心价值观》，《光明日报》2015 年 10 月 28 日。也有学者认为全人类共同价值与社会主义核心价值观相生相伴、和谐共生，认为全人类共同价值与社会主义核心价值观的关联主要体现在三个维度上，一是社会主义核心价值观是与全人类共同价值的对接，二是社会主义核心价值观体现了对全人类共同价值的民族性彰显与贡献，三是二者存在辩证统一的关系。参见易刚、林伯海：《共同价值与社会主义核心价值观的关系探究》，《思想理论教育》2016 年第 7 期。

的价值追求，也展现着当今中国人对世界的总体态度。社会主义核心价值观本质上同人类一切合理、美好、共同的价值理念相向同行，同世界走向相互尊重、公平正义、合作共赢的新型国际关系相向同行。"社会主义核心价值观把全人类的'共同价值'作为重要来源和有益补充，既反对西方价值观念作为'普世价值'，也反对不注重属于人类社会共同追求的精神价值。社会主义核心价值观广泛借鉴吸收了和平、发展、公平、正义、民主、自由、平等、法治、人权、科学、效率、全球治理等人类共同的文明成果，提出并积极倡导建设'和谐世界'，积极构建人类命运共同体，凸显了国际视野、全球共识和世界潮流，既积极融入世界文明共同发展的历史进程，又为推进世界文明共同发展提供中国智慧和中国方案。"① 以文明交流超越文明隔阂、文明互鉴超越文明冲突、文明共存超越文明优越，尊重和维护世界文明多样性，是当代中国支持的，也是主流价值观所倡导和坚持的。对外传播社会主义核心价值观，让各国人民了解和认知当今全体中国人民共同的价值追求，理解当代中国的政策主张，必定能够增进国际互信和价值共识，守护人类精神家园，有利于构建人类命运共同体。

总而言之，不论是从我国的主体角度来看，还是从当今世界现实角度来看，社会主义核心价值观国际传播，都具有一定的必然性和正当性，体现着真理性与价值性的统一。我们应充分认识社会主义核心价值观在新时代的今天"走出去"的重要性和必要性。社会主义核心价值观国际传播，既是社会主义核心价值观本身的进步性、超越性所内生的实践要求，又是一个现代、开放和自信的社会主义中国对人类精神家园作出突出贡献的逻辑进路。当社会主义核心价值观对丰富人类共同的精神家园所起到的积极作用越来越大，一定是中国国际话语权、文化软实力、国家形象全面提升的鲜明标识。

---

① 戴木才：《论坚定社会主义核心价值观自信》，《马克思主义研究》2018 年第 8 期。

二、社会主义核心价值观 "走出去": 何以可能

任何一种社会主流的价值观能够产生积极影响成功走出去，一方面取决于这种价值观本身具有正当性和合理性，另一方面取决于主导这种价值观的国家在国际上的影响力和感召力。新时代的今天，社会主义核心价值观 "走出去" 不仅成为客观现实所需，成为时代发展所要，而且也是历史发展的必然。

首先，中国国际影响力显著提升，自身发展成为世界的机遇。说到底，价值观影响的强弱，是由主导该价值观的主体的强弱所决定的。正如法国思想家福柯所说，话语的强弱是由话语者地位的强弱所决定的，一种价值观的国际传播往往与一国的世界影响力高度相关。近年来，正是 "牢牢扭住经济建设这个中心，毫不动摇坚持发展是硬道理、发展应该是科学发展和高质量发展的战略思想。推动经济社会持续健康发展，才能全面增强我国经济实力、科技实力、国防实力、综合实力，才能为坚持和发展中国特色社会主义、实现中华民族伟大复兴奠定雄厚物质基础"[1]，也才能为新时代社会主义核心价值观 "走出去" 创造前所未有的历史机遇，这也使得社会主义核心价值观海外传播有了空前极大的可能性。新时代我国 "成为国际社会公认的世界和平的建设者、全球发展的贡献者、国际秩序的维护者"[2]。在此背景下，世界各国人民对中国道路成功的经验极为关切，"在很多发展中国家的精英开始反思西方的 '民主发展模式' 的时候，中国的发展经验开始对发展中国家产生很大的吸引力"[3]。"中国智慧" 和 "中国方案" 成为世界的关注点，中国社会主流价值观念的吸引力也必然大为增强。这一点，从国际社会的关注度可见一斑。剑桥大学政治与国际关系高级研究员马丁·雅克认为：

---

① 习近平:《在庆祝改革开放 40 周年大会上的讲话》，人民出版社 2018 年版，第 31 页。

② 习近平:《在庆祝改革开放 40 周年大会上的讲话》，人民出版社 2018 年版，第 18 页。

③ 郑永年:《中国的文明复兴》，东方出版社 2018 年版，第 104 页。

"越来越多的人相信，中国的崛起会促进世界的转型。"[1] 今天，海外对汉语的关注度也空前提升，全球约 500 万海外求学的学子中，约 25%是中国学生。全球已有 60 多个国家通过颁布法令政令等方式将汉语教学纳入国民教育体系[2]，170 多个国家开设汉语课程或汉语专业，美国、日本、韩国、泰国、印尼、蒙古、澳大利亚、新西兰等国的汉语教学均由第三外语上升为第二外语。[3]

其次，我国的国家形象发生了深刻变化，国际吸引力明显提升。改革开放 40 多年来尤其是党的十八大以来，我国作为文明大国、东方大国、负责任大国和社会主义大国的当代中国的重要形象基础有了更明显的进步。正像美国约翰霍普金斯大学赛斯·卡普兰所说，"中国的国际形象在过去 40 年的改革开放过程中发生了巨大转变"[4]。2013 年 12 月 30 日，习近平首次从战略角度明晰了中国国家形象的独特内涵，"塑造中国的国家形象，重点展示中国历史底蕴深厚、各民族多元一体、文化多样和谐的文明大国形象，政治清明、经济发展、文化繁荣、社会稳定、人民团结、山河秀美的东方大国形象，坚持和平发展、促进共同发展、维护国际公平正义、为人类作出贡献的负责任大国形象，对外更加开放、更加具有亲和力、充满希望、充满活力的社会主义大国形象"[5]。国家形象改变不是迎合西方人士偏好，而是真实地使得一个古老的东方大国以崭新姿态屹立于世界的东方，给世界上那些既希望加快发展又希

---

[1] 英国知名咨询公司品牌财经发布"2018 年全球品牌 500 强"报告显示，中国上榜品牌连年攀升，共 22 个中国品牌进入全球 100 强，10 年来价值上涨近 9 倍，在全球品牌 500 强价值占比从 3% 提高至 15%。2017 年世界 500 强榜单中，中国上市公司数量连续第 14 年增长，达到 115 家，是仅次于美国的第二大国。

[2] 目前除中国（含港澳台）之外，全球学习使用汉语的人数已超过 1 亿人，其中包括 6000 多万海外华人华侨，以及 4000 多万各国主流社会的学习和使用者。目前全球学习汉语的人数从 2004 年的近 3000 万人攀升至 1 亿人。

[3] 《国外学习使用汉语的人数已超过 1 亿》，《光明日报》2017 年 10 月 28 日。

[4] 《中国为世界带来更多正能量》，《人民日报》2018 年 1 月 24 日。

[5] 《习近平在中共中央政治局第十二次集体学习时强调　建设社会主义文化强国着力提高国家文化软实力》，《人民日报》2014 年 1 月 1 日。

望保持自身独立性的国家和民族提供了全新选择，这必定大大提升当代中国价值观念的影响力，使得社会主义核心价值观能够为西方人士所了解和认知。

再次，推动构建人类命运共同体和"一带一路"倡议深得人心。共建丝绸之路经济带和 21 世纪海上丝绸之路重大倡议，是习近平深刻思考人类前途命运以及中国和世界发展大势，为促进全球共同繁荣、打造人类命运共同体所作出的重大战略决策，开辟了我国参与和引领全球开放合作的新境界。当下，国际社会对"人类命运共同体"和"一带一路"有着较为广泛的共识。"一带一路"承载着人文交流合作的重要内容，凝结着人类通往现代文明的新智慧。"真正要建成'一带一路'，必须在沿线国家民众中形成一个相互欣赏、相互理解、相互尊重的人文格局"①，这能够促进多元、开放、合作、平等、共赢等价值共识的生成。习近平强调的人类命运共同体，是严谨的理论逻辑，也是伟大的实践建设，其实质是从理论和实践的"双重"层面，为破解国际关系调整面临的时代难题、构建人类文明的新秩序提供的中国智慧和中国方案。"作为习近平新时代中国特色社会主义思想重要组成部分的人类命运共同体，其共同价值即和平发展、开放包容、平等民主、合作共赢，实质上就是社会主义核心价值观社会层面'自由、平等、公正、法治'的价值追求在国际关系和国际治理中的集中体现。在当代中国，我们倡导人类命运共同体思想，既要讲人类共同价值，又要讲不同国家、民族的社会核心价值。构建人类命运共同体，积极培育社会主义核心价值观，两者相互联系、不可替代，有机统一于中国特色社会主义事业的伟大实践。"② 实践表明，当我国在国际规则制定中发出更多声音，并且以实际行动造福于世界各国人民之时，中国所倡导并践行的价值观也必定具有感召力，能够真正实现"走出去"。

---

① 《习近平谈治国理政》第二卷，外文出版社 2017 年版，第 502 页。

② 吴潜涛：《打造人类命运共同体的理论与实践》，《社会主义核心价值观研究》2017年第 5 期。

最后，中华文化改变自近代以来形成的"式微"或落后境况是必然趋势。在过去较长一段时间里，"如同地形地势上的落差一样，世界文化话语权的比对当中，明显呈现出'西高中低'的特征，那么西方文化的河水往中国浩浩荡荡奔涌而来也便成为了必然。在西方中心论的视野之下，中国文化被矮化与边缘化，中国文化软实力的话语权日渐式微。这也如同国际贸易中的顺差与逆差一样，中国要积极主动地改变文化话语权上的'逆差'现象，将中国的文化价值观念或直接或间接地传播出去"①。现实地看，我们对自身文化影响力的全面提升有一种"焦急"，也可以说是一种期盼，中华民族伟大复兴最主要的一点，就是需要实现汇聚中华优秀传统文化、革命文化和社会主义先进文化的当代中国文化的复兴（毕竟在漫长历史长河中中华文化的影响力曾经是最显著的）。这一点，哲学家黑格尔和历史学家汤因比都对中国文化作了赞誉。尽管近代以来中华文化陷入衰落，但不意味着这种"式微"总是常态。在美国政治学家塞缪尔·亨廷顿看来，非西方文明的提升有其必然的逻辑和趋势："在所有的文明之中，唯独西方文明对其他文明产生过重大的、有时是压倒一切的影响。因此，西方的力量和文化与所有其他文明的力量和文化之间的关系就成为文明世界最为普遍的特征。当其他文明的力量相对增强、西方文化的感召力消退之时，非西方国家的人民对其本土文化的自信心和责任感也随之增强。"②应该说，亨廷顿阐释了这一趋势。一方面，事实性地看新世纪以来的东西文化格局确实发生了变化；另一方面，从理论层面看世界文明多样性发展是总的历史趋势。"人类文明多样性赋予这个世界姹紫嫣红的色彩，多样带来交流，交流孕育融合，融合产生进步。文明相处需要和而不同的精神。只有在多样中相互尊重、彼此借鉴、和谐共存，这个世界才能丰富多彩、欣欣向荣。不同文明凝聚着不同民族的智慧和贡献，没有高低之分，更无优劣之

---

① 项久雨：《新发展理念与文化自信》，《中国社会科学》2018年第6期。
② ［美］塞缪尔·亨廷顿：《文明的冲突与世界秩序的重建》，周琪等译，新华出版社2009年版，第161页。

分。"① "社会主义核心价值观有着深厚的历史底蕴、有着坚实的实践基础，它所昭示的前进方向契合中国人民的美好价值愿景，站在人类文明有益成果和全人类'共同价值'的制高点上，具有强大的道义力量。"② 因此，在中国特色社会主义文化的发展连同其对社会主义核心价值观的涵养，一定意义上也具有发展的逻辑必然性；饱含有当今时代极具进步性、先进性意义的社会主义核心价值观的对外传播，也是世界文化多样发展、文明交流互鉴的现实需要和历史必然。

总之，正如习近平所指出的："我们提出的社会主义核心价值观，把涉及国家、社会、公民的价值要求融为一体，既体现了社会主义本质要求，继承了中华优秀传统文化，也吸收了世界文明有益成果，体现了时代精神。"③ 这里所指的"时代精神"，蕴涵和彰显着社会主义核心价值观合乎人类道义"制高点"、符合历史发展总趋势的"元素"，这是社会主义核心价值观"走出去"之正当性的基石，而新时代中国的文明发展之路则为其"走出去"创造了条件、蓄积了力量、标识了趋势、孕育了一切可能。

三、社会主义核心价值观"走出去"：何以成效

社会主义核心价值观是对外展示中国形象、诠释中国精神的重要价值理念。新时代社会主义核心价值观国际传播，绝不仅仅只是 24 个字简单地、字面地传播宣传的问题，而是内涵和熔铸着社会主义核心价值观之基本理念的中国特色社会主义文化的影响力提升问题。脱离了文化本身的浸润，价值观念必然失去强有力的支撑，可以说，"核心价值观是文化软实力的灵魂、文化软实力建设的重点。这是决定文化性质和方向的最深层次要素"④。总体上讲，当代中国文化"走出去"的过程也

① 《习近平谈治国理政》第二卷，外文出版社 2017 年版，第 524 页。

② 戴木才：《论坚定社会主义核心价值观自信》，《马克思主义研究》2018 年第 8 期。

③ 《习近平谈治国理政》第一卷，外文出版社 2018 年版，第 169 页。

④ 《习近平在中共中央政治局第十三次集体学习时强调 把培育和弘扬社会主义核心价值观作为凝魂聚气强基固本的基础工程》，《人民日报》2014 年 2 月 25 日。

应是社会主义核心价值观国际传播的过程。具体来说，社会主义核心价值观有效"走出去"需依循以下路径。

一是立足中国实际，树立世界眼光和文明多样性的认知视角，打破西方价值偏见与话语垄断。立足国内我们首先必须对社会主义核心价值观坚定自信和充分认同，深刻认识其所具有的世界性意义与人类文明价值，看到社会主义核心价值观本身对当今中国的进步意义，这是以自信、理性、科学的态度应对西方某些话语垄断和价值偏见的前提。在涉及民主、自由、人权等问题时应旗帜鲜明，讲清楚当代中国在这些问题上所坚持的立场及采取的积极行动。近些年，针对中国经济社会快速发展，一些国外媒体作出各种解读，其中不乏"中国威胁论"之类的曲解和误读。针对西方"戴着有色眼镜"看中国的各种现象应有理有节地驳斥，有效做好澄清谬误、明辨是非的工作。

二是展现中华文化自信风貌，塑造良好国家形象，使社会主义核心价值观在海外能够具象化。文化自信彰显着中国特色社会主义的价值底蕴，成为支撑当代中国发展的强大精神力量。而国家形象则表现、蕴含、传递着一个国家的核心价值观。特定的具象化的声音、图片、文字等蕴含着特定的价值观。社会主义核心价值观的海外影响力更主要是在中国的文化认可和国家形象的感知之中，在新时代，塑造和展现良好的文化自信风貌和国家形象是社会主义核心价值观"走出去"的必然选择。为此，要展示体现当代中国人形象的价值形象标识，展现中国人文化自信的风貌。让全世界充分认识中国人积极正面、健康豁达、昂扬向上、开放包容等时代精神特点。要活化中华优秀传统文化的价值形象标识，充分展示中华优秀传统文化的厚重、大气、坚实，增强中国文化的历史感和吸引力。此外，具有竞争力强、全球性的、传播范围广的企业生产出来的商品不但具有实用价值，也传递着社会主义核心价值观。①

---

① 2018 年 11 月 2 日在南京"文化科技融合热点与趋势"论坛上发布了"中国文化科技融合 TOP30 企业品牌"，其中大部分都是我们耳熟能详的，这些品牌在国际上也颇有影响力，通过这些品牌的国际传播，不仅是企业文化和组织信誉的重要体现，更成为展现中国积极主动融入世界大国形象的重要载体。

我们还应大力扶持具有全球性特征和传播优势的文化科技公司品牌，使其成为中国形象的闪亮名片。总之，应高度重视运用新思维和新手段去塑造和宣传国家形象、展示中国文化魅力。

三是明确话语表达，在对外讲好中国故事、传播中国声音的过程中贯穿社会主义核心价值观。话语作为信息传递的工具，不仅关系到传播主体的思想能否被清晰地表达出来，而且影响着传播受众的理解与接受，而故事是有效的叙事表达，也是话语传递的有效方式，因此在对外传播社会主义核心价值观时应充分重视话语问题，讲好当代中国故事，传播好中国声音。首先要提高国际传播的积极性主动性创造性，主动讲好中国共产党治国理政的故事、中国人民奋斗圆梦的故事、中国坚持和平发展合作共赢的故事，让世界更立体、更全面地了解中国。其次要精选故事素材，注重议题设置，用有感召力的主题，例如"一带一路"倡议和构建人类命运共同体理念，有感染力的故事和融通中外的话语体系吸引国际社会的关注，突出中国实践、理念对于世界的意义，既体现中国特色，又彰显世界价值。最后要促进知识界的互动交流。一方面中国通过自身知识体系的重建①与完善，使自身知识体系产生更大的世界影响；另一方面通过加强与其他国家的人文交流，促进不同国情文化间的理解。通过知识界的互动交流，有助于社会主义核心价值观的"走出去"。

四是整合传播资源和拓展传播渠道，推动媒体间的深度融合，实现信息海外传播的功能互补。我们对外传播社会主义核心价值观必须坚持党和政府的指导地位，这是主流价值观的国家属性决定的。具有社会影响力的高校、智库发挥着对外传播社会主义核心价值观的中坚作

---

① 新加坡国立大学郑永年教授认为，没有知识体系就没有国际话语权。在没有自己的知识体系的情况下，中国不可避免要面临一个"对外宣传什么"的问题，而知识体系的创造责任并不在外宣部门。中国努力借用外在世界的尤其是西方的知识体系来认识自己，解释自己。借用他人的话语体系来认识自己，这是中国知识界所面临的一种困境。参见郑永年：《中国知识的重建》，东方出版社2018年版，第103页。

用，主动对外传播同时要激发社会主体即企业组织、个人和大众传媒的作用。在对外传播社会主义核心价值观过程中，大力推动传统媒体与新兴媒体的深度融合，形成功能互补、良性发展的态势。发挥报纸、广播、电视、通讯社等传统媒体大众传媒主渠道作用的同时，积极运用以互联网、手机、平板电脑为代表的新兴媒体平台，体现它们数字化、信息化的优势。自觉提升我国主流媒体对外传播的原创率、首发率，增强主动设置中国议题的能力。发挥国际主流传播的主力作用，构建主流媒体联盟，依托现有资源打造全新的国际融合媒体，推动中国社交媒体平台国际化。通过构建全媒体、全社会、立体化传播渠道，整合多种传播资源，创新适应时代要求的传播方法，更好对外传播社会主义核心价值观。

五是树立受众本位与精准传播的意识，有计划分层次实施社会主义核心价值观国际传播策略。对外传播社会主义核心价值观的受众与国内受众不同，国际受众分散在世界各地，拥有复杂多样的文化背景、价值观念、思维方式和心理特征，因此对外传播社会主义核心价值观必须树立受众本位意识，针对国际主流社会、中华文化圈和发展中国家，制定不同价值观传播策略。应加强不同受众群体研究，通过调查访谈等形式及时掌握国际受众反馈的信息，做到因地制宜、因人而异，从而优化社会主义核心价值观国际传播策略。同时，采取"分众"型传播策略分析国际受众的思维习惯和接受心理，有计划地利用国际受众原有的文化元素，借用国际受众熟悉的中国故事，发掘其身上符合我们价值观的一面，精准发力、精准传播，增强对外传播的针对性和有效性。

六是积极推动不同国家间民众友好交流，促进人文对话，扩大社会主义核心价值观国外影响。民间交流和人文对话有利于社会主义核心价值观为外国民众了解认知。通过建立国际友好城市、结交国际友好组织、加强与民间组织合作等活动来加强国际间的友好往来，扩大民间外交，扩大国际交流合作网络。通过公共外交，推动对外经贸活动交流、文化往来、学术交流，润物无声地传播社会主义核心价值观，提升当代中国主流价值观对外传播的效果。发挥普通公民传播社会主义核心价值观的基础性作用，倡导文明出境游，让中国游客成为本国文化价值观的自觉展示者。引导和鼓励那些既了解中国文化，又熟悉外国文化的华人华侨和国际友人，通过自身日常活动在潜移默化中发挥传播作用。可以有选择、有计划地邀请一批对我国友好的国外知名政治家、学者、活动家来华访问，使他们能成为客观反映中国现实和发展理念的传播者。还可以通过境外在华留学生真实的学习生活经验以及境外旅游者来华旅游的体验，凸显独具中国特色的形象，提高社会主义核心价值观在国外民众中的口口相传。可以探索多种渠道和方式扩大民间友好交流，不断扩大社会主义核心价值观在海外的影响力。

　　总之，社会主义核心价值观是当代中国精神的集中体现，凝结着全体人民共同的价值追求，也是对外展示中国形象、诠释中国精神、展现中国力量的重要价值理念。社会主义核心价值观蕴涵和彰显着属于人类文明进步的共同价值追求，其国际传播本身对丰富人类精神家园、促进世界文明多样发展，具有重要正向作用。中国特色社会主义进入新时代为社会主义核心价值观的国际传播提出了新要求，也带来了新机遇。社会主义核心价值观的国际传播需要清晰定位三个基本问题，即社会主义核心价值观国际传播何以必要、何以可能、何以成效。社会主义核心价值观在国外影响力的提升，是当代中国崛起的逻辑必然，必须在认识社会主义核心价值观国际传播这一问题上有新的更高站位。

第七章　当代马克思主义认同有效
生成路径的多维审思

马克思主义归根到底要在现实中发挥作用，而怎样才能更好发挥"变革力量"，首要的前提就是人们要切实真信真懂马克思主义。"当今时代，社会思想观念和价值取向日趋活跃，主流的非主流的同时保存，先进和落后的相互交织，社会思潮纷纭激荡"①，马克思主义认同与教育包括整个意识形态工作需要做到"因时而变，随时而制"，不断随着时代和形势的变化而加快创新步伐，切实提升意识形态工作的能力和水平。在当前复杂多变的社会条件下，外部诸多复杂性因素对马克思主义认同及理论教育发展的反哺和支持是不可或缺的，社会生态视角给我们的启示，就是要用一种联系、发展、动态、整体的思维来研究整个马克思主义认同有效生成的相关问题，力求通过整个生态系统中的每一个要素得到优化进而形成正向合力，共同推动马克思主义认同及理论教育的有效性生成。

第一节　"互联网＋"时代马克思主义理论教育问题

"互联网＋"的出现并非偶然，而是一种必然。近年来，互联网、大数据、云计算等技术迸发出的强大力量，使得"互联网＋"成为社会各个领域发展的新引擎，社会各个行业乘上"互联网＋"的翅膀，在短

---

① 《习近平谈治国理政》第二卷，外文出版社 2017 年版，第 328 页。

时间内实现了显著变革。"互联网＋"计划自 2015 年提出以来，也深刻改变着高校教育教学的思维和方式。作为高校思想政治教育的核心，马克思主义理论教育以课堂教学为主渠道，是大学生掌握马克思主义立场、观点及方法的主要途径，其对于大学生成长成才发挥着重要作用。"互联网＋"，实际也是一个时代的开端，高校马克思主义理论教育与"互联网＋"的结合是时代发展与现实需要的共同要求。当前，"互联网＋"条件下高校马克思主义理论教育的相关问题受到关注。近几年来，相关研究主要集中在"互联网＋"的相关认知问题，"互联网＋"给高校马克思主义理论教育带来的机遇与挑战，以及提升高校马克思主义理论教育实效性等方面。

一、"互联网＋"的基本内涵

关于"互联网＋"概念，有关专家学者和业内人士从不同角度、不同层面做了阐释，其中对其内涵、特征方面的解读，是最根本，也是最关键的。

"互联网＋"的内涵研究。在党的新闻舆论工作座谈会上，习近平在讲话中针对媒体融合发展问题谈到"＋互联网"与"互联网＋"的差异问题，实际上道出了"互联网＋"的潜在深刻内涵及其所带来的理念、思维、行动逻辑与方式的变化。国务院《关于推进"互联网＋"行动的指导意见》指出，"互联网＋"是把互联网的创新成果与经济社会各个领域深度融合，推动技术进步、效率提升和组织变革，提升实体经济创新力和生产力，形成更广泛的以互联网为基础设施和创新要素的经济社会发展新形态。马化腾认为，"互联网＋"以互联网平台为基础，以跨界融合为根本特征，利用信息通信技术，推动各传统产业的转型升级，由此形成连接一切的新生态。阿里研究院在《"互联网＋"研究报告》中对"互联网＋"的定义是"以互联网为主的一整套信息技术（包括移动互联网、云计算、大数据技术等）在经济、社会生活各部门的扩散应用过程"。华海敏在《创新引擎："互联网＋"时代的机遇与挑战》一书中指出，"互联网＋各个传统行业"就是"互联网＋"。但这种"＋"

不是简单、机械的相加，而是以信息通信技术为依托，以互联网为平台的深度融合，是创造出新生态的过程。有学者认为"互联网＋"是一种改造，体现在互联网对其他行业的影响与改革，由此产生更符合人们个性特点的模式。他们认为"互联网＋"时代的产生有其必然性，是互联网社会发展到一定阶段的必然结果，基于此，经济发展方式、人们思想观念及互联网技术三者的相互交融，促使各行业升级，最终产生全新的社会发展模式。

"互联网＋"的特征研究。关于"互联网＋"的特征，各领域学者专家普遍有共识，大体上认为"互联网＋"的特征主要有五个：跨界融合、创新驱动、重塑结构、尊重人性、开放生态及连接一切。如吴绍芹从"互联网＋"对教育的影响角度提出"互联网＋"时代的特征是跨界融合、用户关系的变革、创新驱动、技术变革。[①] 王国华等认为互联网与各行各业的融合及相关机制的改革创新，形成了"互联网＋"的发展特点：一是跨界融合，"＋"就是跨界、变革、开放和重塑融合；二是创新驱动发展；三是注重"人"的力量，形成全民总动员态势；四是"互联网＋"，"＋"一切，"互联网＋"的目标就是连接一切。[②]

"互联网＋"研究评析。通过文献梳理发现，当前人们对"互联网＋"的内涵并未达成一致看法，由于不同领域、不同主体考虑问题的角度不同，由此对"互联网＋"产生的界定与解析也各异。但是，分析不同定义，我们可以发现其内涵虽有差异，但也有共性。整体来看，"互联网＋"的本质是现代信息技术与传统产业的跨界融合与应用创新，是互联网思维的进一步深化与发展。依托现代科技技术，"互联网＋"使大数据与云计算等技术与社会各方面深度融合，创新各种业务体系发生作用的方式，最终实现更有效的发展。不难看出，目前对"互联网＋"的讨论大多还停于经济领域，对其定义的理解偏重于"互联

---

① 吴绍芹：《"互联网＋"时代的思考》，《网络与信息工程》2016 年第 8 期。

② 王国华、骆毅：《"互联网＋"下的社会治理转型》，《人民论坛·学术前沿》2015 年第 5 期。

网+"与传统行业的结合，对于与其他领域，尤其是与高校马克思主义理论教育相结合的研究还不足。对"互联网+"本身的"条件"如何理解，也是需要不同的行业和领域加以探讨的问题。"互联网+"作为一种条件，或作为一个时代性意义的象征，已经对大学教育产生了影响，对高校马克思主义理论教育而言，同样如此。

二、"互联网+"条件下高校马克思主义理论教育机遇

"互联网+"为高校马克思主义理论教育带来的机遇主要集中于四个方面：提供更加多样化的教育资源，拓展更广阔的教育平台，增强理论教育的实效性，以及创新教育理念与方法等。

一是提供更加多样化的教育资源。"互联网+"条件下，高校马克思主义理论教育以大数据、云计算等技术为依托，通过发挥网络信息融合创新的优势实现优质教育资源的共享共建，突破了之前教学资源有限的问题。一直以来由于种种原因，高校马克思主义理论课教师讲授的教材内容在延展上存在一些不足，教学案例和素材的挖掘与更新有待加强，教学资源方面面临一定困境。"互联网+"环境下，教师在做课前准备时可以全网搜索需要的资料，并结合教学目标进行筛选和整合。大数据的广泛应用，信息处理技术的飞速发展，教育者迅速高效查找所需的文本、视频、音频、动画等资源，促进教学数据资料由单一向多元化方向转型，加之教育信息化带来的思政课共享共建融合创新的趋势大大增强，高校马克思主义理论教育教学的趣味性、丰富性、即时性和交互性等极大增强，大大改善了课堂教学现状。同时，"互联网+"时代，教师可以观摩名师名家在线公开课、直播课、示范课及精品课，学习优秀教学范例，了解网络热点聚焦，全面及时地捕捉社会热点，从而掌握学生感兴趣、有疑惑的问题，丰富教学内容，增强教学素材的针对性，提升教学的实效性。此外，"互联网+"时代，多媒体技术促进教学内容与形式由静态向动态化、形象化与具体化方向发展，有助于高校马克思主义理论教育由"讲明白"转变为"讲鲜活"，从而真正使马克思主义理论教育入脑、入心。

二是拓展更广阔的教育平台。以往的高校马克思主义理论教育大多情况下主要依托于传统的"线下"教学,一间教室、一个老师、一台投影、一支粉笔就足以,教学渠道相对单一,受众群体范围小。"互联网+"时代,网络空间成为高校学生活动的主阵地,微博、微信、QQ等微载体在信息获取和传递方面的作用更加凸显,并日益成为高校学生获取知识、传递信息的主要方式。高校马克思主义理论教育活动空间得到进一步延伸,教育平台得到进一步拓展。课堂教学的时空实现了立体化的延展,课堂教学可以利用"互联网+"平台,实现"线上"教学与"线下"教学的有机结合,延展教学环境,为学生交流搭建立体化平台。①APP平台、微信公众号、各类论坛、微博、线上直播平台、虚拟互动社区等为高校马克思主义理论教育的"线上"传播与发展提供多种可能性,它们及时、高效的特性,有利于教师与学生的交流互动,促成良好有效的讨论环境。

三是使教育更具针对性和个性化。"互联网+"时代,每个人都可以成为信息的"制造者",每位受教育者均有机会阐述自己的观点。网络新型媒体的及时性、交互性、便捷性、灵活性、具象化等特征,促使高校马克思主义理论教育有可能顾及到每一位受教育者,从而使教学双方的沟通交流得以加强,由此,马克思主义理论教育者可以捕捉到高校学生对于马克思主义理论教育的心理、态度等,并借用大数据技术分析、测评其思想动态,有助于增强马克思主义理论教育的针对性。其次,利用大数据技术,记录跟踪学生的学习行为,对其进行量化分析,打造符合学生学习特点、进度、需求的个性化方案,最终落脚于马克思主义理论教育的具体学习活动。

四是不断带来教育理念与方法、手段的创新。"互联网+"和马克思主义理论教育的融合将使马克思主义的发展理念发生质的突破,与新兴媒介的融合将使原本枯燥难懂的理论改换头面,以朝气蓬勃、活力四

---

① 付秀荣、刘蕊萱:《"互联网+"背景下思想政治理论课教学的"素质教育翻转"——以"马克思主义基本原理概论"课为例》,《思想教育研究》2016年第9期。

射的姿态被大家所接受。①"互联网＋"时代，高校马克思主义理论教育的理念得以改变，高校马克思主义理论教育方法得到更新。互联网思维在高校马克思主义理论教育中的延伸，促使学生主体地位的确立，教育内容也依据贴近用户的原则，选择适合高校学生特点、立足社会热点等内容，打破了课本到课本的传统形式。"互联网＋"时代，高校马克思主义理论教育也应将马克思主义的学术话语体系转变为通俗的、生活化的语言和叙事，将理论内蕴的思想与高校学生的媒体生活紧密结合，通过技术转换，将之赋予到虚拟生活世界，从而加强学生对马克思主义理论的感官与体验，②隐性教育与显性教育相结合的理念，以"润物细无声"的间接、隐形的方式进行马克思主义理论教育活动，实现其生活化转向。

三、"互联网＋"条件下高校马克思主义理论教育的挑战与应对

"互联网＋"时代给高校马克思主义理论教育带来的挑战主要反映在教育主体、客体及教育环境三个层面，具体而言包括动摇教师的知识权威地位，"抹平"课堂教学的传统差序，淘汰陈旧的教育内容和方式方法。这些挑战不同程度地冲击高校的主流意识形态建设工作。

首先，对教育方式方法带来的挑战。"互联网＋"时代，高校马克思主义理论受教育者的主体性凸显，对教师的依赖性降低。互联网已成为他们获取信息、了解世界的主要渠道，并且通过网络平台高校学生可以自主选择学习的形式和内容，这致使教育者与教育对象之间的关系发生微妙变化，教育者不再是理论教育活动的知识权威，学生也渴望与教育者进行平等对话。这些变化，使得以往教师以课堂教学、单向灌输理论为主的教学方式面临挑战，迫切呼唤基于更贴近现实变化的思想政治

---

① 郭跃军、戈瑜珍:《论"互联网＋"条件下的马克思主义理论教育创新》,《南华大学学报（社会科学版)》2016 年第 10 期。

② 谭志敏、吴叶林:《略论新媒体环境下高校马克思主义大众化的实现路径》,《学校党建与思想教育》2014 年第 7 期。

理论课课堂改革。"互联网+"时代思想政治教育的中心将从教师转变为学生，"满堂灌"的知识灌输转变为翻转课堂的良性互动。① 可见，"互联网+"时代，灌输式的教学方式被颠覆，相应的开放式、自主式（个性化）、互动式、立体式的教育方法成为基本方式。从教师"教为中心"向学生"学为中心"的转变，蕴含着深刻的当今时代的教育教学革命。近年来，广大思想政治理论课教师改革创新、锐意进取，各种各样的教学方式方法手段不断推出，通过自觉的努力希望自己的课能讲得让学生喜欢和满意，应该说，这是非常值得肯定的。在纷繁的各种教学手段方式方法之下，我们认为形式总是为内容服务的，思想政治理论课教学还是应当回归课堂的本质，真正在教学内容上下功夫。当"器"与"物"已不再是新时代高校思想政治理论课建设的瓶颈问题之时，所有该具备的条件若均得以满足，我们能以什么样的水准告别"水课"之囧，让学生真心喜爱，无不叩问师者良心。"内容为王""思想制胜""关键在教师"诸此共识的形成，饱含全体同仁重归课堂本质、深耕教学内容的行动。而作为这份行动的一部分——在从教材体系向教学体系转化过程中教师必须增强教学的国际视野。因为在信息一体化时代学生眼界本已很开阔的背景下，教学内容及其思想是否具有彻底性、深刻性和导向性是课堂何以制胜的一个关键问题。总而言之，"互联网+"对马克思主义理论教育方式方法带来的挑战，需要我们加以研究并积极应对，不应该在满足和适应这种变化的过程中走向"盲目主义"，避免简单和片面化的做法。

其次，对部分马克思主义理论及意识形态带来的挑战。高校是社会思潮传播的重要场所，是各类价值观和意识形态汇聚的重要阵地。"互联网+"时代，各种错误思潮在网络自媒体上加速传播，呈现日常化、隐蔽化的特征，无形中增大了意识形态风险。"互联网+"是各方面信息与受众之间的直接对等融合，信息传播速度比以往任何时候都更

① 冯淑萍：《"互联网+"时代高校思想政治教育模式创新》，《思想教育研究》2017年第8期。

为便捷，互动性比基于 PC 的网络更为广泛，不同思想理论观点的交流越来越频繁，加上有关部门对于信息的管理能力的下降及相对滞后，西方错误价值观念借机乘势冲击也在所难免。错误思潮在高校传播渗透，无形中影响高校学生价值观及政治立场的选择偏好，使部分学生产生对马克思主义指导思想、劳动价值论、剩余价值学说、共产主义等理论的质疑。此外，互联网信息传播渠道的开放性及隐匿性，也对高校大学生道德修养方面带来消极影响，为其冲破道德底线打开了保护伞。"'互联网＋'打开的潘多拉盒子，它……诱使我们将人类本性中最邪恶、最不正常的一面暴露出来，让我们屈从于社会中最具有毁灭性的恶习，它腐蚀和破坏整个民族赖以生存的文化和价值观。"①

最后，对教育者自身的主导性提出的挑战。"互联网＋"时代，高校马克思主义理论教育与网络技术的结合给教育者带来各方面的影响。从传统视角来看，教育者处于高校马克思主义理论教育的权威地位，教师是中心，拥有着知识、能力等方面的绝对优势，课堂上教授的知识也经过教育者的严格筛选，可以根据教学纲要进行精细的设置，将知识灌输给学生。"互联网＋"时代的到来，智能手机、Wi-Fi 的使用，使得高校学生可以及时获取各类信息，教师不再是知识的主要来源，教师的知识权威受到挑战，教学活动也从教师"教"为中心向学生"学"为中心转变。同时，高校学生在"互联网＋"时代会接触各种各样的非马克思主义观点，加上我国当前社会发展存在的矛盾，使得教师讲授的观点受到质疑。此外，"互联网＋"时代，给高校马克思主义理论教育者提出了更高的网络信息素质方面的要求，但现实中，部分教育者由于缺少网络知识，不能很好地发挥"互联网＋"的巨大潜力。因此只有教育者与时俱进，才能实现其助力高校马克思主义理论教育的重大意义。

面对当前互联网的迅速发展，"我们必须科学认识网络传播规律，提高用网治网水平，推动互联网这个最大变量变成事业发展的最大增

---

① ［美］安德鲁·基恩：《网民的狂欢：关于互联网弊端的反思》，丁德良译，南海出版公司 2010 年版，第 159 页。

量"①。在"互联网+"的条件下，高校马克思主义理论教育须紧跟时代步伐，在改进中加强，在创新中发展。因为这不仅能够彰显高校教育的时代性，而且更是对提升高校马克思主义理论教育的实效性有着重要意义。关于"互联网+"条件下高校马克思主义理论教育应对策略的研究主要集中在以下方面：

第一，变革教育理念。面对"互联网+"时代高校马克思主义理论教育出现的新情况、新问题与新挑战，教育者教育理念的变革是提升高校马克思主义理论教育实效性的应有之义。教育者要树立以人为本的理念，尊重高校学生在马克思主义理论教育中的主体地位，根据学生的性格、偏好、需要确定教学内容与方式，形成以大学生体验为中心的教学设计，发挥学生的积极性与能动性。同时教育者应树立"互联网+"教学共同体观念，培养互联网思维和服务最终用户的理念，学会掌握并利用信息化技术和移动互联网技术去整合教育教学资源，建立师生在教学共同体中的共同发展愿景，共同促进教育教学走向数字化、信息化和智能化。②

第二，全面提升教育者素质。教育者在高校马克思主义理论教育活动中起着主导作用，是高校学生的指导者、组织者与管理者，高校教育者的各项素质对于马克思主义理论教育的效果至关重要。"教师是人类灵魂的工程师，承担着神圣使命，传道者自己首先要明道、信道"③，"互联网+"时代，各种社会思潮及诱惑增多，部分高校教师价值取向却深受西方消极文化的影响。因此，对教育者来说，首要的一点就是提升自身的理论教育素养，提高自身的理论水平及说服力，实现有针对性和时效性的舆论引导。其次，教师应根据"互联网+"时代的要求，变革教育方式，坚持理论灌输与隐性教育、情感教育相结合，理论学习与

---

① 《习近平新时代中国特色社会主义思想学习纲要》，学习出版社、人民出版社2019年版，第151页。

② 桑雷：《"互联网+"背景下教学共同体的演进与重构》，《高教探索》2016年第3期。

③ 《传道者首先要明道信道》，《光明日报》2016年12月12日。

生活实践相结合的教学方法。再次，教师要合理组织课堂教学，提高教学能力和组织协调能力。"互联网＋"时代，现代信息技术在高校马克思主义理论教育中的作用日益突出，由此，教师应充分利用现代化教学手段组织教育活动，拓展新的传播渠道，打通微信、微博等微载体的优势互补，创新学习交流平台，提升理论教育实效。最后，教师要提高网络语言的应用能力。语言是教育者与受教育者思想融通的主要媒介，熟悉和灵活运用网络语言，才能拉近与学生的距离，更加准确地把握学生的思想活动，利于教育活动的顺利开展。因此，"教育者不仅要熟悉青年人的网络语言体系，而且要适应青年人交流与沟通的方式，在网上与之'逐波斩浪'"①。

第三，变革教育方式方法。"互联网＋"时代，高校马克思主义理论教育不单单依托于传统的课堂教学，还衍生了微课、慕课、翻转课堂、手机课堂等"互联网＋教育"模式。我国高校的马克思主义理论教育，需要在方法上适应时代发展，包括开辟网络新媒体的"第三课堂"、鼓励课上利用手机进行教学互动、开展"慕课"、直播等方式的探索、完善红色教育网站、进行马克思主义理论专业的网络问卷和答疑等，通过高校马克思主义教育方法的"互联网＋"，努力提高马克思主义理论教育的实效性。此外，"互联网＋"时代，高校马克思主义理论教育要实现生活化，通过微博、微信、QQ等形式，将社会热点、时事观点等呈现给学生，激发学生对国家社会事务的参与热情，提高参与度。

第四，构建和谐的高校网络生态。高校马克思主义理论教育生态是一个系统，高校马克思主义理论教育的建设与优化也是个系统工程，从生态系统的角度来看，高校马克思主义理论教育生态的良性运行更需要马克思主义理论教育工作系统与组织内部、外部形成良好的能量供给关系。② 由此提升高校马克思主义理论教育实效性需要宏观中观微观各

---

① 王永和、杨红星：《试论马克思主义理论教育在网络领域的拓展》，《学校党建与思想教育》2014 年第 8 期。

② 郝亚芬：《高校马克思主义理论教育生态环境探讨》，《教育探索》2014 年第 11 期。

个方面的协同努力。从国家层面来看，需借助网络信息技术强劲推力把思想政治教育作为特殊的政治文化资源纳入国家整体政治文化资源体系中以规划管理和强化建设。① 从高校来看，网络监管与舆论引导必不可少。首先，制定相关规定和制度，规范学生上网行为，实现校园网络规范化管理。其次，学校道德教育至关重要，开设相关道德课程，引导学生遵循网络使用规范，鼓励老师指导学生正确运用网络技术，将价值观教育融入到教育活动中。从学生来看，自我教育在个人成长中也扮演了不可或缺的角色，它能够有效弥补外部教育的不足。只有训练学生积极进行自我认识、自我评价、自我调控，才能实现从"现实我"到"期望我"的自我成长与跨越。

四、"互联网+"条件下高校马克思主义理论教育的有效策略

马克思主义是我国立党立国的根本指导思想，是全党全国人民团结奋斗的共同思想基础。马克思主义理论教育作为高校思想政治教育的重要组成部分，对于提高大学生的思想政治素质，树立正确的世界观、人生观、价值观，促进大学生的全面发展具有十分重要的作用。当前国际国内社会形势发生的多重变化对马克思主义理论教育提出了挑战，如何在"互联网+"条件下用马克思主义引领多样化的社会思潮，提升高校马克思主义理论教育的有效性，已成为亟须解决的问题。

其一，创新课堂教学理念和方法，增强马克思主义理论教育的趣味性与吸引力。随着时代的发展，传统的教学理念和方法已不能适应教育的要求，必须坚持与时俱进，创新教学理念和方法，提升马克思主义理论教育的感染力和趣味性。为此须做到以下两个方面：第一，立足大学生的心理和思想特点，树立新的教学理念，满足学生实际需要。如今"90后""00后"大学生成为大学的主体力量，他们成长于中国跨世纪的二十年里，成长于经济腾飞的年代中，他们身上拥有属于自己本时代

---

① 李金：《"互联网+"背景下高校思想政治教育有效路径选择》，《学术论坛》2016 年第 3 期。

的特征，同时也体现着自身独特的个性。新一代大学生有着强烈的自主心理，同时集体感和责任意识也比较强，价值取向呈现多元化趋势。马克思主义理论教育必须有针对性地进行，树立学生主体地位，把握学生的心理和思想特点，选择适合当代大学生年龄、心理方面的内容，立足大学生关注的热点问题，将其和马克思主义理论教育有机结合，只有这样才能真正实现马克思主义理论教育的实际价值，让学生学有所用，满足学生实际需要，真正把马克思主义理论运用到实际生活和学习中才是教育的真实价值所在。第二，注重教学方法的创新，将理论和实践结合起来。社会实践是马克思主义理论教育的重要组成部分。马克思主义以改造世界为己任，马克思主义理论教育必须注重实践活动。高校思想政治课回归现实既是一种价值的回归，也是展示思想政治教育的生命力所在。高校教师不应该仅仅停留在传统理论知识的课堂教学上，还应组织学生开展多种多样的社会实践活动，如利用假期带领学生参观考察红色革命纪念馆，到商店、市场、农村进行走访调查，在结合所学理论知识的基础上，完成一定主题的调查报告，从而使广大师生能够接近现实生活，对现实生活有更感性的认识，以此将理论和实践有机结合起来，确保马克思主义理论的知行统一。如今各大高校每年暑期进行夏令营培训活动，来自全国不同地方的大学生聚集在一起，一方面和老师们共同探讨专业问题；另一方面参加各种社会实践，如下乡体验，走访革命老区，参观改革试验区和自贸区等。这些实践活动，深化了学生对于现实生活和国家政策的理解，同时也能够直观地增强情感体验，从而陶冶大学生的道德情操，真正做到"把思政小课堂同社会大课堂结合起来，教育引导学生立鸿鹄志，做奋斗者"①。

其二，注重教学手段的革新，使"科技理性"和"教育伦理"在实践中融合统一。现代信息科技的迅猛发展，特别是互联网的广泛应

---

① 《习近平主持召开学校思想政治理论课教师座谈会强调　用新时代中国特色社会主义思想铸魂育人　贯彻党的教育方针落实立德树人根本任务》，《人民日报》2019年3月19日。

用，使现代社会已进入信息网络时代。高等学校不再是封闭的"象牙塔"，网络时代的大学校园已"无处不网，无时不网，无人不网"。网络正改变着当代大学生的学习、生活方式，影响着大学生的价值观和人生观。面对这种新形势和新局面，教师应充分利用网络，将其作为马克思主义理论课教学强有力的手段，更有效地推进教学。具体来说应做到以下两个方面：第一，发挥网络的积极作用，将网络引入课堂。长期以来，高校大学生马克思主义理论教育一直以传统的课堂形式为主，给大学生留下了刻板、枯燥和无聊的印象，而互联网的应用将会从根本上改变这一现状。教师应提高自己应用网络的能力，运用多媒体辅助教学，通过设置多媒体上的图片、动画、声音，提高教学效果，激发学生学习的兴趣。例如，给本科生或硕士生上中国特色社会主义理论公共课，讲到中国从近代一直到改革开放以来发生的变化时，可以利用网络搜集每个时期的歌曲，讲到一个时期，就让同学们欣赏这一时期有代表性的歌曲。通过这些歌曲和生动的画面，一方面让同学们更加深入的了解当时的生活状况，通过今昔对比，感受到现在来之不易的幸福生活，加深对马克思主义理论的认同，对社会主义的热爱；另一方面这也能培养同学们的艺术情怀，促使他们全面发展，在寓教于乐中提高教师的马克思主义理论教学水平。第二，加大信息传播控制能力，坚持价值理性和技术理性的有机统一。当今互联网已经成为重要的思想舆论阵地和各种思潮汇集、交锋的新领域。在网络信息时代，如何充分利用互联网对大学生进行马克思主义理论教育，用积极健康的思想、文化占领网络阵地，防止和抵御消极、颓废、错误的思想和信息通过网络对大学生进行侵蚀和影响，已成为高校马克思主义理论教育面对的严峻课题。基于此，高校应加强信息的控制，积极抵制不良思想文化的影响，弘扬主旋律，打造和谐的校园文化。各类手机应用程序、网络论坛是目前最受大学生喜爱的新媒体形式，将其应用于教育中，能够迎合大学生的兴趣方向。利用新技术通过提供讲座、电视宣传片、话剧等形式，有效传递马克思主义理论，树立社会主义核心价值观，实现价值理性和技术理性的有效统一。同时还可以在各大高校建立一批马克思理论教育的专业网站，为高校教育资源补充网络资源的空白，与校报、广播、电视等传统宣传媒体统一起来，运用网络中的多元传播方式宣扬正确的马克思主义理论，提高马克思主义理论教育水平。

其三，坚持"外输内修"和"刚柔并济"，多渠道立体化提升教师和学生的综合素质。马克思指出："理论一经掌握群众，也会变成物质力量。理论只要说服人，就能掌握群众；而理论只要彻底，就能说服人。所谓彻底，就是抓住事物的根本。"① 马克思主义理论教育有效性的实现离不开广大学生对于其理论的把握和吸收。采用灌输式教学和灵活式教学相结合，全面提高教师和学生素质，刚柔并济，全面深化，以一种自觉的姿态构建人性化、理性化、规范化的高校马克思主义理论教育平台，为广大学生自觉走入与社会相结合的自由而全面发展之路提供通路。为此，第一，坚持主导性教学和灵活式教学相结合。高校马克思主义理论课是加强我国大学生马克思主流意识形态建设的重要阵地。社会主流的意识形态并不是自发产生的，需要灌输到社会成员的思想中去。任何一个国家的统治都是为了更好的维护本阶级的统治地位，所以统治者都会把本阶级的意识形态灌输到人们的头脑中去。正如美国政治学家奥勒姆指出："任何社会为了生存下去都必须成功的向社会成员灌输最适合于维持其制度的思想。"② 马克思主义作为一种外来思想引入中国，必须与中国实际相结合才能焕发出活力，但是对马克思主义的信仰并不是天然长在人们头脑中的，必须通过理论学习和教育才能深刻认识这些理论。因此，在高校马克思主义理论教育中，外在的理论灌输是必不可少的。同时课堂上也要采取讨论辩论式教学、时事专题对话教学等灵活方式，只有将两者有机统一起来，才能达到教育效果。通过强调教为学服务，通过教师的教学改革创新激发学生学习兴趣，将课堂教学过程变成师生合作探究、平等交流的过程。第二，加强教师和学生素质建设。

① 《马克思恩格斯选集》第 1 卷，人民出版社 2012 年版，第 9—10 页。
② ［美］安东尼·奥勒姆：《政治社会学导论》，董云虎、李云龙译，浙江人民出版社 1989 年版，第 6 页。

"传道者自己首先要明道、信道。高校教师要坚持教育者先受教育，努力成为先进思想文化的传播者、党执政的坚定支持者，更好担起学生健康成长指导者和引路人的责任。"① 一方面教师要提高自己的马克思主义理论素养，带领学生研读马克思主义经典著作。同时，面对现代社会的快速发展，社会思潮的多样存在，教师应该坚定自己的理想信念，做学生思想上的领路人，指引学生树立正确的世界观、人生观、价值观。另一方面对于学生自身而言，也要自觉提高思想修养，明辨是非，切实践行社会主义核心价值观，真正使之内化于心，外化于行，坚定马克思主义信念和共产主义信仰。

其四，营造良好社会氛围，创设高校马克思主义理论教育的良好生态。环境是影响马克思主义理论教育的重要因素之一，是马克思主义理论教育得以进行的外部条件，也是人的思想、品德形成和发展的客观基础。高校作为大学生学习、生活的主要场所，良好的校园环境对于他们的思想观念、价值取向和行为方式的形成有着重要的影响。因此，要创建有利于高校马克思主义理论课的校园环境，建设与之相适应的健康向上的学校环境，将市场经济导向和正确的道德导向协调起来，形成有利于现代化建设的共同理想、价值观念和道德规范。第一，加强校园舆论的引导。当今时代，随着网络及新技术的出现，舆论的力量是不可小觑的，具有传播范围广、速度快的特点，营造出一个发挥引领作用的健康向上的校园政治舆论环境非常必要。校园政治舆论的引导关键在于舆论内容的设置，宣传的理论内容应抓住学生的心理特点，在洞察他们思想、心理问题的基础上找出他们所关心的社会现实问题，并对这些问题进行积极解答。还要发挥校园的广播、图书馆、宣传栏、展板和校报等这些马克思主义理论课不可或缺的辅助设施的作用，加强把握舆论导向。第二，促进校园各项政治活动的开展。大学校园是丰富多彩的，不

---

① 《习近平主持召开学校思想政治理论课教师座谈会强调　用新时代中国特色社会主义思想铸魂育人　贯彻党的教育方针落实立德树人根本任务》，《人民日报》2019年3月19日。

应仅仅局限在课堂上的学习，要加强高校马克思主义理论教学的实效性，应促进马克思主义理论课校园文化的开展，比如每年举办两会知识竞赛、培训班、报告会及马克思主义理论课的暑假社会实践等，使学生走向前台，引导他们联系身边的事物、联系社会现实和国内外政治，畅所欲言。这样可以提高马克思主义理论与学生们的接触频率，拉近他们的距离，让学生们体会到马克思主义不是陈旧的，脱离现实生活的，可以加深对马克思主义的理解，培养他们与时俱进的精神，增强对理论知识的接受度。除此之外，还可以借助重大节日，如国庆节、建军节等，精心设计和组织各种主题教育活动，把有利于社会主义现代化的精神融入到大学生的生活中去。通过这些活动，使他们体会到祖国统一、民族团结的思想，构建出属于大学生自己的有特色的爱国主义精神，增强对党和国家的信任度，积极支持社会主义现代化事业，为马克思主义理论课的教学打下良好基础。

五、"互联网+"条件下高校马克思主义理论教育研究评析

"互联网+"条件下高校马克思主义理论教育不是简单的"马克思主义理论教育+互联网"的拼接，而是要形成基于新阶段的互联网思维、环境、信息、理念和技术等之下的整个马克思主义理论教育的新型实践形态。

(一) 现存问题

其一，当前研究尚未突出"互联网+"的实质内涵及其对高校马克思主义理论教育的变革性意义，缺乏深层学理的系统构筑。由于"互联网+"概念提出不久，对其理解更多限于产业经济学领域和技术形态视角，短期看，人们对于"互联网+"与高校马克思主义教育的关系问题并非饶有兴趣，而从事马克思主义理论教育的人员起初对"互联网+"又缺乏深入而全面的理解，一定意义上使得研究的缺位、错位现象客观存在。随着马克思主义理论教育者对"互联网+"认识的逐步清晰化，相关研究增多。但现有研究通常只涉及"互联网+"相关的一般性认知问题，核心部分仍然受困于如何在"互联网+"条件下更好的开展高校

马克思主义理论教育这一问题的整体性描述，缺乏对"互联网+"这一新的条件之下高校马克思主义理论教育的理念、本质、规律、方法等的提炼概括，并不能有效地透析"互联网+"时代下高校马克思主义理论教育与一般意义上基于网络的马克思主义理论教育之间的联系与区别，实际上"互联网+"的内涵、特征及对教育变革的价值阐释并不全面。虽然有许多学者对新形势下如何提高高校马克思主义理论教育有效性的对策进行了研究，但由于缺乏对"互联网+"的准确理解和精准定位，使得其研究结论同宏观上研究网络背景下加强和改进高校马克思主义理论教育的对策相类似，体现不出实质差异。

其二，研究成果较零散，研究不够系统和全面。通过文献梳理分析，当前"互联网+"高校马克思主义理论教育研究的研究主体呈现多样化、多层次特点，包括专家、学者、政府机构、教师、辅导员、学生等，但主要研究者还集中于硕士生、博士生群体，并且研究领域和聚焦点不同、专业背景各异，也使得研究成果相对较为零散。有关"互联网+"时代与一般网络时代的区别，以及"互联网+"条件下高校马克思主义理论教育理念变革与实践创新的成果整体偏少。如仅从国家、高校及教师、学生等层面笼统地分析"互联网+"给马克思主义理论教育带来的机遇、挑战及对策，不挖掘"互联网+"对社会发展的深刻变革意义，忽略"互联网+"时代教师、学生、管理者以及整个社会心理方面所出现的变化，特别是对高等教育的变革影响，这定然会使得所提出的对策建议缺乏针对性和实效性，研究的系统性、全面性也会相应地打上折扣。

（二）研究展望

高校马克思主义理论教育与"互联网+"的"融合"还不是"结合"，有其必然性，是顺应时代发展的必然要求，也是高等教育变革的自然逻辑。在已有研究进展的基础上，仍需在以下两个方面加强研究：

其一，应强化"互联网+"给高校马克思主义理论教育带来深层性变革的哲学思考。"互联网+"与高校马克思主义理论教育不应该只关注现实策略问题，更要从作为时代精华的哲学层面加以思考。首先，

"互联网+"作为科技发展的产物，必然会对高校马克思主义理论教育带来双面的影响，科学合理地分析"互联网+"对社会生活、人们的认知理念所带来的改变以及对教育本身带来的挑战与机遇，才能更清晰的认识当前高校马克思主义理论教育发展的境遇，从而更好提升其有效性。其次，"互联网+"是影响高校马克思主义理论教育的一个维度，但是在研究中还要重视政治、经济、文化等多方面多角度的影响，注重国家、社会、学校及家庭的良性互动，净化以党群干群关系为基本面的政治生态，优化有助于增进马克思主义认同的社会生态，从生态论的角度，探究影响马克思主义理论教育有效性生成的复杂因素，促进其更好的发展。

其二，应突出"互联网+"条件下与非"互联网+"条件下高校马克思主义理论教育的区别和联系。利用网络技术开展教育绝非实质意义上的"互联网+"条件下的教育。网络发展到"互联网+"阶段有其自身的特点和普遍性，正是这些特点和普遍性影响因素构成了当前高校马克思主义理论教育变革的前提条件，因此，应更加注重探究"互联网+"与一般互联网条件的区别，不能混淆"+互联网"与"互联网+"的区别，也不宜过分局限于将"互联网+"单纯当作高校马克思主义理论教育的时代背景来研究，从而忽略"互联网+"时代高校马克思主义理论教育本身遇到的新情况、新特点、新挑战与新机遇。可以预见，"互联网+"条件下高校马克思主义理论教育研究应该具有多学科的"跨界"意识及宽广开放的学术视野，熟悉教育教学技术的新业态及新趋势。

第二节　在引领多元社会思潮中增进马克思主义认同

追溯马克思主义产生、传播和发展的历史，我们可以清晰地看到，马克思主义之所以能够经受过种种责难和攻击之后仍然展现出顽强的生命力，之所以能够无论在西方还是东方都有着独特的理论魅力而不得不深受关注，其中一个很重要的原因，正在于马克思主义的产生、发展都是在同各种社会思潮的较量、批判、分析和甄别的过程中延续下来的。也正是经历了多重的挑战，马克思主义才能在今天依旧具有强劲的感召力和影响力。

一、多样错误思潮的争鸣与马克思主义的生命力

在马克思主义发展史上，有诸多思想流派对马克思主义进行过攻击。在其生命的途程中，每前进一步都经过了较量和战斗，一方面它要反击来自资产阶级阵营日趋频繁的攻击，另一方面也要进行来自马克思主义内部反马克思主义的错误思想的斗争。关于马克思主义生命力的争论比较典型的有两次，一次是马克思去世之后，另一次是 20 世纪 80 年代后期。东欧演变、苏联解体之后，西方一些反共势力喜形于色，嚷嚷 20 世纪末最伟大的事件是共产主义的彻底失败。回过头去看，特别是在 2008 年西方资本主义金融危机背景下，我们对马克思主义生命力的认识应该会更深刻、更全面。应当承认，马克思主义作为无产阶级和人类解放的学说，涉及对人类社会和资本主义社会规律性的探讨，是在不同现实实践中、在同各种思想的斗争中逐渐产生发展起来的。这一点，恩格斯 1845 年 1 月 20 日致马克思的信中说得非常清楚，他对马克思说："目前首先需要我们做的，就是写出几本较大的著作，以便给许许多多非常愿意干但自己又干不好的一知半解的人以一个必要的支点。"[1] 在马克思、恩格斯和列宁等经典作家的著作文本中，我们也可以看到有不少都是有针对性地批判当时有一定影响的错误言论和观点，最典型的比如《哲学的贫困》《共产主义者和卡尔·海因岑》《论蒲鲁东》《反杜林论》《怎么办？》等。

19 世纪三四十年代，当无产阶级作为一支独立的政治力量登上历史舞台的时候，形形色色的资产阶级和小资产阶级的社会主义思潮也纷至沓来，给工人运动带来了消极影响。在《共产党宣言》中，马克思和

---

[1] 《马克思恩格斯文集》第 10 卷，人民出版社 2009 年版，第 28 页。

恩格斯批判了标榜上"社会主义"标签的反动、保守的几种错误思潮。针对"真正的社会主义"和施蒂纳的无政府主义对德国工人运动带来的危害，马克思和恩格斯展开了剖析。就"真正的社会主义"的实质问题，马克思一针见血地指出，其是以莫泽斯·赫斯和卡尔·格律恩等人把德国哲学特别是黑格尔和费尔巴哈哲学同空想社会主义拼凑在一起形成的小资产阶级的反动的空想社会主义错误思潮。针对鲍威尔等青年黑格尔派的一些不同政见代表人物 1844 年至 1945 年在莱比锡创办《维干德季刊》杂志所作的公开攻击，马克思和恩格斯给予了积极回应，在批判青年黑格尔派的同时也彻底地清算了自己以前的信仰，阐述了自己创立的崭新世界观。

19 世纪 70—90 年代，在科学技术的推动下，资本主义相对处于发展上升时期，其社会经济结构发生了不少变化，特别是由于辛迪加、托拉斯等垄断组织的出现给人们产生了资本主义似乎已经演变成"有组织的"经济制度的假象，好像资本主义社会化大生产与生产资料的私人占有之间的矛盾"消失"了，不少人认为马克思主义关于资本主义历史趋势的理论"过时"了。于是，涌出一股马克思主义"过时论"的思潮。与此同时，资本主义和平时期存在的"合法斗争"使得一些工人阶级理论家鼓动"议会道路"，主张走"渐进"的手段向社会主义"进化"，进而演变成了一股修正主义思潮，淡化了无产阶级的革命意识。在恩格斯逝世后，这股修正马克思主义的思潮更加狂胜，第二国际内部产生了以伯恩施坦为代表的修正主义派别。在事关马克思主义历史命运的重大问题上，一些马克思主义理论家如倍倍尔、卢森堡等勇敢坚决地给予了剖析和批判，才最终得以坚持和巩固了马克思主义。

关于马克思主义发展所经历过的种种斗争，可以引证的例子其实很多，这里，我们不妨看看列宁是怎样对马克思主义发展所经历的斗争历程作出评述的。1908 年，列宁在《马克思主义和修正主义》一文中指出："就是在那些同工人阶级的斗争有联系而且主要在无产阶级中流传的学说中，马克思主义也不是一下子就巩固了自己的地位的。马克思主义在它存在的头半个世纪中（19 世纪 40 年代起）一直同那些与它根本敌对的理论进行斗争。在40年代前5年，马克思和恩格斯清算了站在哲学唯心主义立场上的激进青年黑格尔派。40年代末在经济学说方面进行了反对蒲鲁东主义的斗争。50年代完成了这个斗争，批判了在狂风暴雨的1848年显露过头角的党派和学说。60年代，斗争从一般的理论方面转移到更接近工人运动的方面：从国际中清除巴枯宁主义。70年代初在德国名噪一时的是蒲鲁东者米尔伯格，70年代末则是实证论者杜林。"① 对于马克思主义在种种错误思想体系斗争中所最终体现出来的真理性胜利，列宁无不充满了自信。他说："马克思主义已经绝对地战胜了工人运动中的其他一切思想体系。"②

马克思主义代表着先进的思想，作为指导无产阶级争取自身解放，取得最根本权利的思想武器，必然遭遇到来自要维系既成利益的资产阶级的敌视，资产阶级也必然采取种种思想理论上的争斗策略以颠覆和消解马克思主义。列宁指出："马克思的学说直接为教育和组织现代社会的先进阶级服务，指出这一阶级的任务，并且证明现代制度由于经济的发展必然要被新的制度所代替，因此这一学说在其生命的途程中每走一步都得经过战斗，这就不足为奇了。"③ 列宁同时还指出："无论是借驳斥社会主义来猎取名利的青年学者，或者是死抱住各种陈腐'体系'的遗教不放的龙钟老朽，都同样卖力地攻击马克思。马克思主义的发展、马克思主义思想在工人阶级中的传播和扎根，必然使资产阶级对马克思主义的这种攻击更加频繁，更加剧烈，而马克思主义每次被官方的科学'消灭'之后，却愈加巩固，愈加坚强，愈加生机勃勃了。"④ 可见，马克思主义理论发展道路从来就不是平坦的，而恰巧正是这不平坦的道路造就和锤炼了马克思主义的真理性品质，使得马克思主义在具有了批判性的同时也具有了科学性。

---

① 《列宁选集》第2卷，人民出版社1995年版，第2页。
② 《列宁选集》第2卷，人民出版社1995年版，第2页。
③ 《列宁选集》第2卷，人民出版社1995年版，第1页。
④ 《列宁选集》第2卷，人民出版社1995年版，第1页。

二、"没有哪一种思想受到过如此猛烈的攻击"

可以确信地说，在人类思想史上，没有哪一种社会思潮，像马克思主义遭受那么多方面的、长时间的猛烈攻击，那样粗暴或精巧的、露骨或隐蔽的歪曲和诋毁，具有那样曲折、艰辛和微妙的战斗经历；也没有哪一种思想理论，像马克思主义具有那样巨大的认识世界和改造世界的威力，那样广泛而深远的影响着亿万人民群众的思想和行动，那样经久不衰地焕发着革命的、批判的伟大精神和创造性的理论活力。

今天从全球范围来看，尽管共产主义运动仍然还是处于低潮，甚至可能仍将有一段长期的时间处于低潮，一些人不愿，或许从来就不曾有过放弃对马克思主义的指责和诋毁的打算，林林总总，对马克思主义的歪曲和批判总是不可避免的，这似乎也成了一种"规律"，但是，无论怎样来讨论和比较，马克思主义无疑是科学的，这一点，不少西方著名学者也不得不承认。曾说马克思主义存在"人学空场"的存在主义大师萨特也承认"马克思主义是不可超越的"①。苏东剧变之后，西方敌对势力叫嚣马克思主义、社会主义终结了，而一些研究哲学社会科学的西方学者对马克思主义仍然保持了自己独立的见解。法国后现代主义代表人物雅克·德里达认为："不去阅读而且反复阅读和讨论马克思——可以说也包括其他一些人——而且是超越学者式的'阅读'和'讨论'，将永远都是一个错误……不能没有马克思，没有对马克思的记忆，没有马克思的遗产，也就没有将来：无论如何得有某个马克思，得有他的才华，至少得有他的某种精神。"②美国学者弗雷德里克·詹姆逊在《论现实存在的马克思主义》一文中说："庆贺马克思主义死亡，正像庆贺资本主义取得最终胜利一样是不能自圆其说的。因为马克思主义是关于资本主义的唯一的科学。"③总之，赞颂马克思主义的例子还有很多。我们

---

① 徐崇温等：《萨特及其存在主义》，人民出版社1982年版，第17页。
② ［法］雅克·德里达：《马克思的幽灵——债务国家、哀悼活动和新国际》，何一译，中国人民大学出版社1999年版，第21页。
③ ［美］詹姆逊：《论现实存在的马克思主义》，见俞可平：《全球化时代的"马克思主义"》，中央编译出版社1998年版，第84—85页。

还是坚信邓小平说过的话："马克思主义是打不倒的，打不倒，并不是因为大本子多，而是因为马克思主义的真理颠扑不破。""世界上赞成马克思主义的人会多起来，因为马克思主义是科学。"①

令人欣慰的是，中国特色社会主义进入新时代，党的十九大用"三个意味着"，对中国特色社会主义进入新时代的重大意义作出高度概括。习近平指出："科学社会主义在中国的成功，对马克思主义、科学社会主义的意义，对世界社会主义的意义，是十分重大的。"②20世纪80年代末90年代初，苏联解体、苏共垮台、东欧剧变，世界社会主义遭受严重曲折。"社会主义失败论""马克思主义过时论""共产主义渺茫论""历史终结论"等一度甚嚣尘上，然而，中国顶住了巨大压力和挑战，在实践中牢牢坚持科学社会主义基本原则，又根据时代条件赋予其鲜明的中国特色，最终，中国特色社会主义取得了巨大成功，创造出令人惊叹的"中国奇迹"，坚守和捍卫了社会主义，谱写了社会主义发展的辉煌篇章，为历经磨难的社会主义注入强大生命力，在世界上重振了人们对社会主义的信心，也使得人们对马克思主义的理论魅力更为关注。

马克思主义同任何思想理论的建设发展一样，归根到底来源于实践，来源于实践经验的总结积累。"马克思主义不是书斋里的学问，而是为了改变人民历史命运而创立的，是在人民求解放的实践中形成的，也是在人民求解放的实践中丰富和发展的，为人民认识世界、改造世界提供了强大精神力量。"③但是，相同的实践有时往往会经过不同的人就会有不同的经验总结，同样的实践被人为错误的歪曲之后就会产生出错误的思想认识。这些错误的思想认识在社会上得以传播和蔓延就成了错误的社会思潮。一些进步思潮，一些在历史上对人们的认识起过作用的

---

① 《邓小平文选》第三卷，人民出版社1993年版，第382页。

② 《习近平谈治国理政》第三卷，外文出版社2020年版，第70页。

③ 习近平：《在纪念马克思诞辰200周年大会上的讲话》，《人民日报》2018年5月5日。

思潮，是马克思主义形成和发展的重要思想条件。

恩格斯曾在《社会主义从空想到科学的发展》中说，现代社会主义"同任何新的学说一样，它必须首先从已有的思想材料出发，虽然它的根子深深扎在物质的经济的事实中"①。由物质的、经济的事实中产生的新的学说，只有通过已有的思想材料、思想形式才能形成。从这个角度来看，马克思主义理论发展也必定同既有的思想理论体系相联系，其中还不乏错误的社会思潮。正像文化由于历史和现实原因，有先进文化、落后文化和腐朽文化一样，社会思潮也有各种不同的性质。对进步思潮当中合理的、有价值的成分加以吸收，可以更进一步丰富马克思主义的内容；对于错误思潮进行批判，无疑能够可以使马克思主义理论的逻辑更加缜密，论证更加深入，更能体现与时俱进的理论品质，也能够使马克思主义者获得锻炼。马克思主义在批判错误社会思潮的同时，也积极地起到了引领社会思潮的作用。

马克思主义作为社会主义社会的根本指导思想，正是在对各种社会思潮的甄别、研究和引领中确立并巩固、发展起来的。同各种错误社会思潮进行真理的较量，也正是马克思主义发展的规律。正如毛泽东指出的："马克思主义必须在斗争中才能发展，不但过去是这样，现在是这样，将来也必然还是这样。正确的东西总是在同错误的东西作斗争的过程中发展起来的。真的、善的、美的东西总是在同假的、恶的、丑的东西相比较而存在，相斗争而发展的。当着某一种错误的东西被人类普遍地抛弃，某一种真理被人类普遍地接受的时候，更加新的真理又在同新的错误意见作斗争。这种斗争永远不会完结。这是真理发展的规律，当然也是马克思主义发展的规律。"② 当前，在社会思潮的分析中把握和发展马克思主义要做好两个方面，一个是要揭"假"，一个是要纠"错"。

关于揭"假"，主要是要分清、破除对马克思主义教条式的理解，分清哪些是附加在马克思主义名下的错误观点。"马克思主义是科学而

---

① 《马克思恩格斯选集》第 3 卷，人民出版社 2012 年版，第 775 页。

② 《毛泽东文集》第七卷，人民出版社 1999 年版，第 230—231 页。

不是启示录，它没有也不可能提供有关当代问题的现场答案。自诩为包含一切问题答案的学说只能是神学，而不是科学。"① 要求马克思和恩格斯当时就要为我们今天的社会主义建设提供现成方案，未免也太苛刻了。在时代背景和社会环境发生极大变化的今天，立足于我国实际，我们不能把马克思和恩格斯仅仅在不同场合下所说过的个别语句单独割离开来当作今天我们社会建设的"要旨"，唯有与时俱进，发展社会主义、发展马克思主义，马克思主义才能焕发出永续的生命力。关于各种"非马"观点附加在马克思主义名下的问题，事实上，许多对马克思主义错误的理解，是在马克思主义的名下进行的，例如，"两个马克思问题""关于马克思和恩格斯对立问题""民主社会主义思潮中晚年恩格斯放弃革命斗争""人道主义与人性问题"等。这当中的一些情况甚至在马克思还在世的时候就曾经发生，针对当时伪装在马克思主义的名下的各种非马克思主义和反马克思主义的错误思潮，马克思勇于批评、斗争。在今天，要真正做到清晰甄别"是非马克思主义"，其实对马克思主义理论的学习和研究者提出了很高的要求，没有扎实的马克思主义理论功底包括掌握文本的功底，没有科学的思维方法，没有弄清社会历史发展的主线和脉络，是很难做到的。

关于纠"错"，其重点就是要帮助人们正确认识和对待马克思主义。当前，有人错误地认为，马克思主义的传播、发展，乃至扎根于今天的中国成为我们的立党立国之本，是因为在实践上很好地学习和坚持了列宁关于社会意识需要灌输的理论，所以马克思主义的生命力就是因为靠权力部门"灌输"。也有人说，马克思主义之所以能够存在到今天是因为我们一直以来把马克思主义当作根本指导思想来加以坚持，而不是把马克思主义放到与其他社会思想流派同一个"平等的"平台上供人们学习、选择和接受。对这些问题和看法，事实上是站不住脚的。马克思主义从来不是靠政治权威或者是单方面灌输的方式来获得民众的认同

---

① 李惠斌、叶汝贤主编：《马克思主义研究的基本问题》，社会科学文献出版社 2006 年版，第 240 页。

和信任的；马克思主义作为指导思想之所以长期坚持更不是先决条件地把其他所有"非马"的思想观念预先给予打压封闭。早在1881年，恩格斯曾说："马克思由于自己在理论上和实践上的成就已经赢得了这样的地位，各国工人运动的最优秀的人物都充分信任他。他们在紧要关头都要向他请教，而且总是发现他的建议是最好的……所以，并不是马克思把自己的意见，更谈不上把自己的意志强加于人，而是这些人自己来向他请教的。"①马克思主义是代表最广大人民群众根本利益的，"全心全意为人民服务"过去是、现在是、将来必定仍然是共产党人的最高人生目的。毛泽东强调并坚持把"全心全意为人民服务"作为共产党人的最高人生目的。邓小平强调"一切以人民利益作为每一个党员的最高准绳"②。江泽民指出："一切为了群众，一切相信群众，一切依靠群众。"③胡锦涛指出："坚持问政于民、问需于民、问计于民。"④中国特色社会主义进入新时代的今天，习近平强调"人民是历史的创造者，群众是真正的英雄，人民群众是我们力量的源泉"⑤，强调"牢记全心全意为人民服务的根本宗旨，以坚定的理想信念坚守初心，牢记人民对美好生活的向往就是我们的奋斗目标；以真挚的人民情怀滋养初心，时刻不忘我们党来自人民、根植人民，人民群众的支持和拥护是我们胜利前进的不竭力量源泉；以牢固的公仆意识践行初心，永远铭记人民是共产党人的衣食父母，共产党人是人民的勤务员，永远不能脱离群众、轻视群众、漠视群众疾苦"⑥。只要我们今天紧紧依靠人民，不忘初心、牢记使命，坚持权为民所用，利为民所谋，情为民所系，一切把群众的利益放到想问题

①　[德] 海因里希·格姆科夫等：《恩格斯传》，易廷镇、侯焕良译，生活·读书·新知三联书店1975年版，第418页。

②　《邓小平文选》第一卷，人民出版社1994年版，第257页。

③　《江泽民文选》第二卷，人民出版社2006年版，第45页。

④　《胡锦涛文选》第三卷，人民出版社2016年版，第166页。

⑤　《习近平谈治国理政》第一卷，外文出版社2018年版，第5页。

⑥　习近平：《在"不忘初心、牢记使命"主题教育工作会议上的讲话》，人民出版社2019年版，第6—7页。

办事情的根本出发点和立足点上，就不必担心马克思主义没有感召力和生命力的问题，马克思主义指导思想的地位也会很好地坚持和巩固下去。可以说，马克思主义的产生、发展和壮大，从来就不是马克思主义者"单边化"的事情，真正的马克思主义者永远是和人民群众在一起的。

在哲学社会科学研究中有一些值得高度重视的现象。对此，习近平曾强调指出："在对待坚持以马克思主义为指导问题上，绝大部分同志认识是清醒的、态度是坚定的。同时，也有一些同志对马克思主义理解不深、理解不透，在运用马克思主义立场、观点、方法上功力不足、高水平成果不多，在建设以马克思主义为指导的学科体系、学术体系、话语体系上功力不足、高水平成果不多。社会上也存在一些模糊甚至错误的认识。有的认为马克思主义已经过时，中国现在搞的不是马克思主义；有的说马克思主义只是一种意识形态说教，没有学术上的学理性和系统性。实际工作中，在有的领域中马克思主义被边缘化、空泛化、标签化，在一些学科中'失语'、教材中'失踪'、论坛上'失声'。这种状况必须引起我们高度重视。"[①] 现实中，一些文章研究的出发点不是去"发展"马克思主义而是要"解构"马克思主义，"解构"是"不苟传统"，是"敢于直面权威"，更是可嘉的"学术精神"。在一些人眼里，马克思主义从来是"有问题的"，他们总是试图在某些方面或某种意义上要"解构""分析""重新理解""超越"马克思主义，甚至于把不同于马克思主义的基本观点和看法视作"真正的学术"，凡是符合马克思主义立场和观点的在他们看来都不是学术，都是空话套话。也有的"马克思主义研究者"一再标榜自己的纯学术性和超党派性，他们通过关注马克思早期著作中的人本因素，进而夸大马克思思想的早期和晚期、马克思和恩格斯之间的差异，炮制了马克思理论中批判和科学的紧张，从而构造了"两个马克思"和"马恩对立论"，用马克思反对马克思主义。不管什么样的话语方式和什么样的研究范式，只有一条，哲学社会科

---

① 《习近平谈治国理政》第二卷，外文出版社 2017 年版，第 328—329 页。

学有没有所谓"价值中立"的学术研究？难道有意回避马克思主义就叫"价值中立"的"学术研究"？事实上，哲学社会科学本身就是具有很强的价值取向的，事实与价值或者是真理与价值，这两者从来是不能互为偏离的。

毛泽东曾指出："在我们国家里，马克思主义已经被大多数人承认为指导思想，那末，能不能对它加以批评呢？当然可以批评。马克思主义是一种科学真理，它是不怕批评的。如果马克思主义害怕批评，如果可以批评倒，那末马克思主义就没有用了。"① 看来，面对质问，一个真学、真信、真用的马克思主义者应当有理论自信和理论勇气，敢于和善于迎面质疑。当然，理论自信和理论勇气是建立在自身首先对马克思主义理论的深入学习、掌握和贯通理解之上的，同时也是建立在对中国特色社会主义信念和共产主义理想的坚定上的。马克思主义者只有彻底掌握理论，才能掌握"批判的武器"，达到以理服人。

当然，人们对待马克思主义的不同态度我们要一分为二地看。目前我国改革进入攻坚阶段，由于种种原因一部分群众的切身利益受到一定影响，于是把因政策调整改革所引起的一些暂时性不公现象也怪罪到马克思主义名下，认为问题是由马克思主义造成的。应该说，这是由于部分群众对我们改革的一些具体政策措施不理解，心里有不满情绪造成的，对此，一方面，我们要耐心、虚心、细心地做工作，切实维护群众的合法权益；另一方面，我们也要主动到群众中去，努力讲清楚"什么是马克思主义"。党的十九大报告强调要牢牢掌握意识形态工作领导权，就"必须推进马克思主义中国化时代化大众化"。

三、马克思主义的创新发展必须同错误思潮做斗争

马克思主义的创新发展，社会主义意识形态的巩固振兴，是一个需要不断与错误社会思潮作斗争的过程。保持马克思主义的鲜活生命力与社会主义的意识形态建设是同一的、一致的。新时代的今天，在坚持

---

① 《毛泽东文集》第七卷，人民出版社 1999 年版，第 231 页。

马克思主义基本原理与我国具体建设实践相结合中发展马克思主义、发展中国特色社会主义，必须要敢于、勇于、善于用马克思主义引领当代社会思潮，排除思想干扰，一心一意谋发展。

改革开放 40 多年来，不可否认也并不应当否认，一些顽固不化的西方敌对势力对中国的颠覆渗透采取了更为隐性的、"含情脉脉"的新方式，他们打着"民主""自由""人权"和"宗教"等旗号，披上"普世价值"的外衣，借题发挥，蓄意炒作，不断调整策略、变换手法、内外勾联。事实也在于，"只要我们坚持中国共产党领导、坚持社会主义制度，各种敌对势力对我西化分化的图谋就不会改变；我们离民族复兴目标越近、离世界舞台中央越近，敌对势力越会想方设法攻击抹黑中国道路、理论、制度、文化，加紧进行意识形态渗透、价值观渗透，加大策动'颜色革命'力度"①。与此同时，国内各种非马克思主义思潮也有所滋长，思想理论领域的噪音、杂音时有出现。正如敏锐的人们所看到的，当下中国各种社会思潮纷至沓来，力图导引和影响改革开放的进程。其间，苏东剧变后，世界社会主义运动陷入低潮，西方资产阶级政党弹冠相庆，与此相应，国内各种社会思潮跌宕起伏、争先恐后，极力表现。"现在，我国文化领域正在发生广泛而深刻的变革，社会文化生态更加复杂，马克思主义、非马克思主义甚至反马克思主义的思想观点同时存在，先进的和落后的相互交织，积极的和消极的相互影响，民族的和外来的相互碰撞，坚持以马克思主义统领多样化文化发展的重要性日益突出。"②

毛泽东说："凡是要推翻一个政权，总要先造舆论，总要先做意识形态方面的工作。革命的阶级是这样，反革命阶级也是这样。"③在全球化的今天，我们要时刻保持警醒，凡是要推翻一个政权、改变一种制

---

① 《习近平新时代中国特色社会主义思想三十讲》，学习出版社 2018 年版，第 216 页。

② 黄坤明：《坚持马克思主义在意识形态领域指导地位的根本制度》，《人民日报》2019 年 11 月 20 日。

③ 《建国以来毛泽东文稿》第 10 册，中央文献出版社 1996 年版，第 82 页。

度，就是要造成不利于这个政权和制度的舆论，包括否定这个政权的历史，"欲先灭其国，必先去其史"。在这一点上，我们要永远记取："东欧剧变和苏联解体，原因很多，但一个重要的原因是意识形态防线的崩溃，马克思主义一元化指导地位被多样化社会思潮逐步蚕食，马克思主义的声音则被西方思潮的声音压了下去，于是失去理论和舆论支撑的苏联大厦轰然倒塌了。这是令全世界为之震惊的前车之鉴。"① 习近平曾深刻指出："历史和现实都告诉我们，舆论的力量绝不能小觑。舆论导向正确是党和人民之福，舆论导向错误是党和人民之祸。好的舆论可以成为发展的'推进器'、民意的'晴雨表'、社会的'黏合剂'、道德的'风向标'，不好的舆论可以成为民众的'迷魂汤'、社会的'分离器'、杀人的'软刀子'、动乱的'催化剂'。"② 当前，在改革开放新的历史条件下，进一步推动马克思主义大众认同，做好社会主义意识形态工作，重点要做好以下三点：

首先，队伍是关键。任何国家要想增强自己的软实力，维系好自己的意识形态，都要首先搭建一支反应快、有深度、有远见、懂政策、能战斗的高素质理论工作队伍和新闻传播队伍。在这支队伍当中，具备扎实的马克思主义理论功底和素养是首要的。当前，如何保持这样一支队伍的可持续发展（后继有人）是重中之重。培养青年马克思主义者，给青年学习、接受和锤炼马克思主义理论及其品质的平台是我们有关部门要充分保障的。我们在青年思想教育效果上往往能看到这样一个事实："一位专家反复说不如十个青年齐来说"，可见，给有志于从事马克思主义事业的青年展露才华的机会是多么重要。

其次，平台是保障。传播思想掌握话语权必须要有平台，所谓平台也就是信息传播的载体。今天，"移动互联网已经成为信息传播主渠道。随着 5G、大数据、云计算、物联网、人工智能等技术不断发展，

---

① 张国祚：《论多样化社会思潮的引领》，《求是》2007 年第 14 期。

② 《习近平在党的新闻舆论工作座谈会上强调　坚持正确方向创新方法手段　提高新闻舆论传播力引导力》，《人民日报》2016 年 2 月 20 日。

移动媒体将进入加速发展新阶段。要坚持移动优先策略，建设好自己的移动传播平台，管好用好商业化、社会化的互联网平台，让主流媒体借助移动传播，牢牢占据舆论引导、思想引领、文化传承、服务人民的传播制高点"①。除了传统的报纸、杂志、图书、讲坛、电台外，微信、QQ、微博、各种新闻客户端等新媒体已经成为非常重要的传播平台。我们要善于整合这些资源，利用各自的特色与优势，充分发挥舆论导向性作用。要有意识地、旗帜鲜明地积极创建和开辟传播党的创新思想理论观点的平台，推动媒体融合发展，要统筹处理好传统媒体和新兴媒体、中央媒体和地方媒体、主流媒体和商业平台、大众化媒体和专业性媒体的关系，形成资源集约、结构合理、差异发展、协同高效的全媒体传播体系。有关马克思主义观点、立场和方法的出版物，要由政府有关部门大力扶持，加大发行量和传播普及面。这一点，推进马克思主义大众化，把"少数人研究马克思主义"变为"多数人理解马克思主义"应充分发挥好各种媒体的功能，增办多办一些马克思主义的通俗读物，而不是总以"研究"的姿态和面孔出现。

最后，制度是根本。在我国不断推进法治中国建设的进程中，社会思潮治理同整个意识形态建设，需要有制度的根本保障。党的十九届四中全会审议通过的《中共中央关于坚持和完善中国特色社会主义制度、推进国家治理体系和治理能力现代化若干重大问题的决定》，把坚持马克思主义在意识形态领域的指导地位作为一项根本制度。"这是我们党第一次把马克思主义在意识形态领域的指导地位作为一项根本制度明确提出来，是关系党和国家事业长远发展、关系我国文化前进方向和发展道路的重大制度创新，集中体现了我们党在领导文化建设长期实践中积累的成功经验和形成的方针原则，充分反映了以习近平同志为核心的党中央对社会主义文化建设规律的认识进入了一个新的境界。"② 可以

---

① 习近平：《加快推动媒体融合发展　构建全媒体传播格局》，《求是》2019 年第 6 期。

② 黄坤明：《坚持马克思主义在意识形态领域指导地位的根本制度》，《人民日报》2019 年 11 月 20 日。

说，这一制度建设的重大设计，使得全社会能够以强烈的根本制度意识和自觉的根本制度执行力认清在意识形态安全问题上存在的一系列各种误区，进而在坚持马克思主义在意识形态领域指导地位的实践路径上能够更稳健、更扎实、更有效。

总之，马克思主义的生命力是在与多样社会思潮的斗争中展现和延续下来的，今天坚持以马克思主义为指导思想，发展中国特色社会主义，必须要敢于、善于旗帜鲜明地研究、批判和引领各种社会思潮，要以自信、主动的心态去分辨和剖析对待马克思主义的不同态度，这也是符合社会主义意识形态建设规律的。

第三节　思想理论研究工作者与马克思主义认同

我国意识形态安全是总体国家安全的重要内容，是党和国家经济安全、金融安全、政治安全、国防安全、文化安全、生态安全、社会安全、网络安全等不可或缺的重要组成部分。在 2013 年召开的全国宣传思想工作会议上，习近平强调"经济建设是党的中心工作，意识形态工作是党的一项极端重要的工作"①。牢牢掌握意识形态工作领导权、管理权、话语权，是新的历史条件下做好意识形态工作的重大要求，是巩固马克思主义在意识形态领域的指导地位、巩固全党全国各族人民团结奋斗的共同思想基础的坚强保障。

社会主义意识形态工作的主导权是建立在领导权、管理权和话语权基础之上的。从宏观上来看，意识形态主导权的建设是一项长期的系统性工程。从微观上来看，主导权与意识形态建设主体的示范、引领、带动作用息息相关。当前，意识形态工作面临十分复杂的局面，特别是国内外敌对势力的渗透化和隐蔽化，网络的深度发展和信息的迅速传播，等等，使得我国当前社会主义意识形态建设更需要讲策略、讲方

---

① 《习近平谈治国理政》第一卷，外文出版社 2018 年版，第 153 页。

法、讲智慧，把工作做实、做细、做稳。现实中，不论高等学校还是科研院所，包括各级各地党校和机关，思想理论研究工作者无疑是社会主义意识形态建设的主体力量，发挥着重要的意识形态承载、引领、导向和示范作用。为此，本节重点关注并讨论思想理论研究工作人员自身的意识形态"异质性溢出效应"①问题。换言之，思想理论研究队伍中的不当言行所产生的消解、削弱，甚至影响到意识形态主导权话语权的巩固问题。

一、警惕思想理论研究队伍的"异质性溢出效应"

马克思主义是社会主义意识形态的旗帜和灵魂。从意识形态特殊性来看，其领导权不是仅仅靠行政命令实现的，意识形态相关的理论研究者、特别是有影响力的马克思主义理论专家学者，哲学社会科学领域的学术带头人，包括各级党校、行政学院、社会主义学院等单位机构从业人员，对意识形态领导权的建构与维系具有关键性的积极意义。这种积极意义表现为对马克思主义理论掌握大众发挥着导向性、引领性、示范性作用。特别是马克思主义理论研究学者，更是马克思主义意识形态建设的主体力量，也是马克思主义意识形态的身份"标示"。其一言一行，影响甚至攸关社会公众对待马克思主义的认知态度及直观判断。

总体来看，当前我国思想理论研究队伍的整体状况是积极向好的，是可信赖的。一大批理论工作者在多元、多样社会思潮的引领中发挥着重要作用。比如，马克思主义理论研究与建设工程的咨询委员会委员们，都是学术造诣精湛、理论功底深厚、学术威望极高的名师大家；"工程"的首席专家及成员也都是马克思主义理论研究方面的杰出和拔

---

① 这里笔者借用了经济学和公共组织行为学中的"溢出效应"概念，原义是指一个组织在进行某项活动时，不仅会产生活动所预期的效果，而且会对组织之外的人或社会产生的影响。本文用"异质性溢出效应"概念，用以指思想理论工作者在自身教学、研究和宣传活动中自觉或不自觉地对马克思主义意识形态建设所产生的负面的影响。特别是指具有思想理论工作者身份的人员本身的不当言论对马克思主义意识形态建设所产生的消极影响。

尖人才，享有非常高的学术声誉；许多青年马克思主义理论教学和研究者，也逐步成长为可堪重用、可委重任的专业人才。整支思想理论从业队伍在进一步繁荣发展哲学社会科学、巩固马克思主义在意识形态领域的指导地位等方面，发挥着极其重要的正面作用。这也对牢牢掌握意识形态工作的领导权起到了维系和发展的作用。

思想理论研究工作队伍中，与主流观点及意识形态建设要求不一致、不协调，甚至是背道而驰的，必定是极少数。如果说 20 世纪八九十年代后期总体上学者内部的异向化现象不足以成为一个"问题"，甚至还鲜有此种情况的话，那么，近些年实际上这种异向化、离心化的现象正渐渐随着改革开放的深度发展和社会个体意识的整体弹性的增强而成为一个值得注意的问题。当前，借助于互联网信息传播便捷化的优势，一些思想理论研究工作者不时地有意或无意地成为"牵制"马克思主义意识形态建设的异质性力量，不经意间成为消解和曲解主流意识形态的"帮手"。正是极少数有着特定身份和特定职业的思想理论工作者，其有意或无意的所谓"独到见解"和"一家之言"，或"马克思主义经典著作没读几本，一知半解就哇啦哇啦发表意见"①，很大程度上对主流意识形态建设造成了潜在负面效应。可以说，社会主义意识形态的主导权、领导权、管理权和话语权，无论哪一种"权"，都需要哲学社会科学工作者的自珍自重。这是要求，更是责任。

二、作为意识形态建设主力：思想理论研究工作者的特性

知识分子群体是文化传承创新和意识形态建设的主力，这不仅因为知识分子从过程来说，是主流价值观的生产者、传播者和维护者，而且从结果来说还是认同者、承载者和践行者。我国广大知识分子群众中，从事马克思主义理论研究、教学和宣传的专业人员，更是这一主力中的绝对主力。当前，对知识分子群体来说，仍然是增进和维系意识形态工作领导权的主要力量。有学者从社会主义核心价值观的角度做过调

①　习近平：《在哲学社会科学工作座谈会上的讲话》，人民出版社 2016 年版，第 12 页。

研，认为"就认同现状来看，呈现出整体上基本认同和个体上局部保留的分化性。就整体而言，尽管知识分子阶层对当代中国主导价值观的认同感和接受度较以往有所下降，但整体上呈现出基本认可的良好态势"，"高达71.97%的人认同党和政府强调的社会主义核心价值观"①。这充分表明，知识分子群体的主流价值观与社会主义意识形态建设的现实需要是高度一致的。

作为知识分子群体中的重要构成部分，思想理论工作者或马克思主义理论研究者有知识分子群体的一般特性，即作为学者的属性，也有其独特性，即作为意识形态工作者的属性。其在意识形态领导权方面的这种"双重特性"体现在以下方面：

一是社会公众通常对马克思主义理论研究者有着更高的社会性角色期待。一般来说，公众会期待知识分子应该有更多的社会担当，即公共性的一面。但公众对马克思主义理论研究者的角色期待，其实还要更高。这种社会性角色期待，正是马克思主义理论研究者本身的职业性质及身份所决定的。马克思主义是我们党的指导思想，在马克思主义中国化的历史进程中，党的许多理论创新成果成为马克思主义理论的重要组成部分，极大开拓了马克思主义在中国发展的新境界。这些理论创新成果，也是中国特色社会主义发展的重要指针，必定成为党和政府制定各项方针政策的依据。研究和宣传马克思主义理论的人员常常被公众赋予更高的相应的道德、政治素养、忠诚度等方面的要求，自然，也应承担着更高的社会性角色。

二是马克思主义理论研究者本身有着政治性方面的行为及影响的内在规定性。马克思主义理论研究者虽然大多是学者身份，但由于马克思主义理论本身的学术性与政治性，其实从事马克思主义研究与教学的人员还得兼顾政治性方面的影响，体现政治性方面的职责及应然要求。

三是相比正面观点而言，其负面观点的放大效应更为明显。有意思的是，马克思主义理论研究者的正面积极观点，有时所直接引致的正

---

① 孟轲：《论社会主义核心价值观的认同主体》，《马克思主义研究》2015年第4期。

效应，相比其消极负面观点所引起的负效应，在社会影响程度上更显式微。也就是说，马克思主义理论研究者有时作出的与自身身份不相符的"出格言论"，比同样的言论出于非马克思主义理论研究者之口，其社会负面效应往往会更大。这是由社会心理的一般特点所决定的。近年来，一些党校和高校的马克思主义理论研究者的错误观点、不当言论，之所以引起不小的社会影响，背后的主要影响机理正在于此。

总之，思想理论工作者或马克思主义理论研究者从来都不是单一的学者身份，更主要的是主流意识形态秉持者的身份。正因为如此，马克思主义理论研究人员的言行，本身对社会就具有一定的影响力。为此，马克思主义理论研究人员更应谨言慎行，自觉做主流意识形态的建设者。

三、强化思想理论研究队伍的意识形态引领作用

大量事实和现象已经说明，意识形态的领导权问题不可能仅仅依靠行政机关，比如教育部门等，以行政命令的方式来进行。在战略化、系统化的理念思维之下，突出相对作为非行政命令的思想理论工作者的"高势位"引领，发挥其理论优势、专业优势、方法优势等，对于促进意识形态建设的文化化、学术化、生活化、隐蔽化，具有不言而喻的效果。这一过程中，既要进一步加强整支思想理论专家队伍的建设，又要及时注意和规避队伍中的"假马克思主义者"的不良影响。从主要策略上，应该做到以下五方面：

一是要进一步加强马克思主义理论队伍的建设。习近平在全国学校思想政治理论课教师座谈会上指出："办好思想政治理论课关键在教师，关键在发挥教师的积极性、主动性、创造性。"[1] 没有一支高素质的马克思主义理论研究和宣传队伍，马克思主义指导地位的巩固必定是不

---

[1] 《习近平主持召开学校思想政治理论课教师座谈会强调　用新时代中国特色社会主义思想铸魂育人　贯彻党的教育方针落实立德树人根本任务》，《人民日报》2019年3月19日。

可能的。当前，意识形态工作领导权的实现和进一步巩固，迫切需要加强这一队伍建设。从全国范围来看，"为适应国家各项重大战略的需求、加强党的思想理论建设和提升思想政治理论课教学效果的要求，马克思主义理论学科在过去的建设中较为注重学科布点的数量。到2018年，一级学科博士学位授权点发展到80个，一级学科硕士学位授权点发展到273个"①。但欣欣向荣的背后实际上是"内涵"的不足，怎样充分发挥马克思主义理论学科的领航作用，这是马克思主义理论学科发展中最大的瓶颈。同时，与意识形态建设的现实需求相比，当前马克思主义理论人才仍然需要源源不断地补充。因此，出于意识形态工作这一极端重要的工作的现实，这支队伍的建设一定要有短期、中期和长期的规划，要有战略思维、战斗观念和系统理念。首先，应建立和完善马克思主义理论研究人员的类似的"档案制度"，依托计算机网络，进行系统化规范化管理，充分了解整个"家底"。其次，要建立和健全相应的奖惩机制。对常常言行与自身身份不相符合的人员可以采取劝退、辞退、转岗，甚至直接开除等方式，充分保障队伍的纯洁性。最后，要加强对研究人员本身的教育。马克思主义理论研究者虽然具有一定的理论功底，但理论创新和实践创新永无止境，也需要提升、需要不断的自我教育。因此，组织业务方面的培训和事业使命感、责任感方面的教育，都不可偏废。应该建立全国范围内的马克思主义理论研究人员的学习制度，以党校、社科院和重点高校为依托，建立马克思主义理论研究人员的轮训制度，类似于中央党校的干部研修班，以保障持续、动态地加强这支队伍的建设。

二是要着重培育马克思主义理论研究队伍的责任心、使命感和忠诚度。马克思和恩格斯之所以能够创立一整套关于无产阶级和全人类解放的科学，是因为他们对广大劳苦大众的解放事业有着无比忠诚和责任。在中国特色社会主义新时代，要巩固马克思主义在意识形态领域的

---

① 张雷声、顾钰民等：《新时代马克思主义理论学科建设（笔谈）》，《理论与改革》2019年第3期。

指导地位，迫切需要强化马克思主义理论从业人员的事业忠诚度、责任心和使命感。

三是要加强青年马克思主义理论工作者的培养。年龄结构相对不合理、中青年群体中领军性、杰出性和拔尖人才相对缺乏，是当前马克思主义理论学科队伍的总体现状。要保证事业后继有人，就迫切需要加强青年马克思主义理论研究人才的培养，搭好学术梯队。首先，要动员和鼓励老前辈、老专家对青年人的教导与帮扶，以"传帮带"的方式尽快培养更多青年人才，充实队伍。其次，要围绕熟读、通读和精读马克思主义经典作家文本的要求，积极组织青年马克思主义理论研究人员读"一手文献"，强化马克思主义理论的基本功，夯实理论基础。再次，要引导青年马克思主义理论研究人员强化基层观点和服务意识，深入生产实践第一线，充分了解社情民意，努力把教书育人和社会实践服务结合起来。最后，要继续加大对青年马克思主义理论研究人才的扶持力度，出台相应的资助计划，把重点骨干培养与普遍水平提高结合起来，优中选优，能中选能，使优秀人才能够脱颖而出。

四是要敢于对队伍中的错误思想观点进行批判性的思想斗争。对一些非马克思主义、假马克思主义的观点，特别是反马克思主义的观点，要实行最为彻底的决裂，并敢于有针对性的批判。在大是大非、政治原则问题上，要旗帜鲜明，敢抓敢管，发声亮剑，当"战士"不当"绅士"，坚决反对和抵制各种错误观点，切实做到守土有责、守土负责、守土尽责，把意识形态工作主导权、领导权牢牢抓在手里。

五是要强化马克思主义理论研究队伍在意识形态工作方面的策略意识和方法智慧。对不少专职从事马克思主义理论研究的专家学者来说，在思想认识上可能很少地将自己工作划定为意识形态工作，或者说自身所肩负的意识形态工作方面的职责，所以，有时可能忽视意识形态工作方面的策略和方法的考究，这是可以理解的。然而事实上，从事马克思主义理论研究和教学工作，不考虑意识形态工作方面的领导权、管理权和话语权问题，本身研究和教学工作也会面临许多意想不到的"难题"。因此，马克思主义理论研究者自身的角色和职责的定位非常重要。

在清晰定位的基础上，进一步思考和探索意识形态工作过程的具体策略和有效方法，也就是能体现工作智慧的方面，就显得尤为重要了。近些年来，"张维为现象""张召忠现象""周小平现象"能够引发公众关注，产生良好的正面效果，其实里面有不少好的经验和智慧蕴藏其中。比如，张维为通过国际大视野的比较，用鲜明犀利的语言风格，蕴含深厚的民族自豪感，直击人们心里关注的问题的最焦点——中国强大后会怎样、中国政治制度究竟如何、西方政治制度是否都很好，以及中国道路问题等，产生了非常好的传播效果。又如，军事评论员张召忠，他以专业的军事和国防战略知识为基础，以国内外军事事件为依据，对国际军事动向和各国政治意图进行评论，引发了人们关注国防的热潮。他善于抓住重要契机，及时引导舆论方向，采用平民话语，以理服人，利用现代媒体及时快速回应，这是他的有效做法。再如，网络舆论场中的周小平，他用人们熟悉的民意表现形式，通过互联网平台来表达强烈的国家认同感和家国情怀，带来巨大的影响。充分挖掘资源，整合各方力量，把握好互联网的舆论导向，创新载体，贴近普通人的现实生活，重点抓住青年群体，这是他能够取得成功的有益经验。可以说，意识形态工作领导权的掌控，在网络时代和民众权利意识普遍觉醒的今天，讲求策略和方法方面的智慧，显得越发关键。

诚然，正如 2016 年 5 月 17 日习近平在哲学社会科学工作座谈会上指出的："我国哲学社会科学领域还存在一些亟待解决的问题。比如，哲学社会科学发展战略还不十分明确，学科体系、学术体系、话语体系建设水平总体不高，学术原创能力还不强；哲学社会科学训练培养教育体系不健全，学术评价体系不够科学，管理体制和运行机制还不完善；人才队伍总体素质亟待提高，学风方面问题还比较突出，等等。总的看，我国哲学社会科学还处于有数量缺质量、有专家缺大师的状况，作用没有充分发挥出来。"[1] 马克思主义经历时间洗礼越发旺盛的生命力，及其对当代中国重大的指导作用，亟待我们马克思主义理论研究者充分

---

[1] 习近平：《在哲学社会科学工作座谈会上的讲话》，人民出版社 2016 年版，第 7 页。

地将其彰显出来。

第四节　在优化社会生态中提升马克思主义理论教育有效性

高校马克思主义理论教育，既有一般知识性教育的特点，又有价值性教育的特性，决定了其教育有效性的生成不完全依赖于理论知识逻辑的"彻底"。随着我国对外开放的大门越开越大，主流价值观建设和思想政治教育也相应地需要具有全局性、前瞻性和国际性视野，这就要求我们需用一种系统、发展、动态的眼光来考察马克思主义理论教育全过程，这种整体性、动态性的研究实际上采用的就是一种社会生态视角。而且马克思主义大众传播及其认同接受的有效化，本身就是一种社会生态系统之属性的平衡稳定状态，其教育有效性的生成离不开社会生态系统的内外相济，以及不同社会生态"子系统"的合力支撑。

一、社会生态与当代中国马克思主义理论教育的内在关联

"什么是马克思主义，如何对待马克思主义"在当代中国是一个理论问题，更是一个实践问题。如何在社会快速转型发展，以及人们价值选择多元的时代走出对马克思主义的曲解、错解、偏解甚至故意歪解之"迷途"，具有重大而深远的理论与现实意义。社会生态理论及其方法为探讨这一问题提供了有益的启示。

从社会生态理论来看，当代中国马克思主义的有效认同问题与当代中国的整个社会生态直接相关。马克思主义大众传播及其认同接受的有效化，本身就是一种具有类似社会生态系统之属性的平衡稳定状态。一方面，马克思主义理论宣传、教育和研究的组织机构具有类似于社会生态系统主体的"相征"，其职能作用的良好发挥与外部社会系统之间存在着物质、能量与信息"三流"的交互关系；另一方面，公共权力、大众传媒、网络话语、社会心理、生活方式、文化环境、政策制度等对

马克思主义认同与理论认知产生着重要影响。社会生态与马克思主义理论教育之间有着互动的内在关系。一方面，社会生态是马克思主义理论教育的天然"土壤"，任何教育活动都既依系于其而存在，又深植于其而发生，更托借于其而可能，同时当代中国社会生态本身的复杂性对高校马克思主义理论教育造成了深刻影响；另一方面，马克思主义理论教育对当代中国社会生态的和谐发展有着重要促进作用，对社会生态系统良性运行起着积极促进作用。

兼具知识性与价值性于一体的当代中国马克思主义理论教育，既要遵循教育的一般规律，又要以鲜明的价值立场导向为具体特色。这种特殊性，决定了马克思主义理论教育活动无法脱离社会生态的影响。主要原因在于：

一是马克思主义理论蕴含的价值立场、理论观点的根本特性。虽然任何社会理论都具有价值立场导向，但马克思主义是诞生在西欧，且异于西方资本主义世界的主流思想意识形态，因而对其漠视、挤压甚至反对，自然是西方资产阶级统治之下的"常态"。在全球化纵深发展以及中西文化交流空前扩大的今天，人们对思想理论和价值观念的认同接受更愿意选取那些具有世界性意义"指标"作为参照系，比如福利状况、民主权利、社会平等、人均寿命、就业机会，甚至每平米房价、结婚成本、同款车型价格、一部苹果手机和同款特斯拉电车价格等。在现如今的开放时代，"世界对比"使得人们对理论与价值的认知评价不单满足于其理论"彻底"——逻辑自洽，更需要价值"正当"——人本关怀。

二是日常生活中人的认识活动的自然"直观"与理论本身的"抽象"之间的客观分离。人们的思维惯常于现实地直观把握，但马克思主义理论本身的抽象性特别是关于未来社会理想的分析，使得一些人常常纠结于"脚下的事物"与"理想社会"的反差。而"在低水平的基础上进行经济建设本来就是一件令人沮丧的艰巨任务。普通百姓们恐怕不会乖乖地忍受创业过程中的各种艰难困苦"，"就好像你应邀去参加一个聚会，到了地方才发现不但要亲自烤蛋糕、酿啤酒，还得打地基、铺地板，几乎玩的时间都没了"①。进入社会主义制度但因其在"初级阶段"而不能充分体验先进社会制度的足够优越性，恰巧又相比西方发达国家数百年的文明成就，因而误认为"理论具有粉饰性"，这也使得"现实的个人"对马克思主义失去浓厚兴趣。只有中国特色社会主义的不断发展完善，综合国力的提升与幸福生活的实现，在不断改变中西现实差距的同时，才会使马克思主义认知最为普遍地走出"高山里的洼地"。

三是马克思主义理论面临的"多元化""附名化"甚至"污名化"挑战。比如，在日常生活中，主流媒体对马克思主义及其中国化理论的大力宣传似乎仍难与人们对马克思主义的准确理解相同步一致。大众认知层面至少对"马克思主义指导"的理解存在多种层次，如"作为中国共产党的指导思想""作为社会主义国家政治生活的指导思想""作为党员和某些公民的个人信仰""作为我国学术领域的主流思想""作为普通民众的思想意识"等。如何去定位和理解马克思主义指导思想，民众理解"多样化"的背后可能是理论宣传工作的错位。当人们理解不了什么是马克思主义之时，马克思主义在部分人心里俨然成了"不可捉摸之物"，理解的多样化、多元化，恐怕就成了现实。再比如，反马克思主义者也坚信"堡垒最易从内部攻破"，将错误观点、虚假观点附加于马克思和马克思主义名下，制造真假马克思，使得马克思主义理论宣传教育面临"难辨雌雄"之困。可见，外部性的复杂因素，已使马克思主义理论教育绝非高校所能完全掌控，更需要有大战略。把握其内在关系，是提升我国马克思主义理论教育与宣传的层次性、针对性的前提。也正因此，马克思主义理论宣传教育完全难于一般性的知识文化教育。在当代中国，马克思主义理论宣传教育是否有实效，并不能简单、表面地看教育对象一时听闻马克思主义时的态度表情。在全面深化改革的当下，利益调整不可避免。一部分人的利益在此过程中不同程度地受到一定的损害，同时党和政府作为马克思主义的代言人，那么这部分人所认为的

---

① [英]特里·伊格尔顿：《马克思为什么是对的》，李杨、任文科等译，新星出版社2011年版，第21—22页。

"施政效果不佳"就会转化为对马克思主义真理性的质疑。

故而，从社会生态视角来看，马克思主义理论教育"合力"形成的实质就是整个教育生态系统平衡协调。以高校为例，马克思主义理论教育"微"生态系统的内外相济，实质是高校系统与其他社会系统之间物质、能量与信息不断地交换互补过程。它既是在生态观视野下对高校马克思主义理论教育"小环境"与社会"大环境"辩证统一关系的另一种诠释，又是高校价值观教育有效性保障的生态要求。

二、社会生态整体改善促进高校马克思主义理论教育有效生成

高校马克思主义理论教育生态系统属于整个马克思主义意识形态生态系统的子系统，它同社会生态系统之间存在着非常紧密的关系。"微"生态系统的内外相济，离不开以下系统的支撑。

（一）作为社会化"容器"的社会系统

社会是共同生活的个体通过各种各样关系联合起来的集合。严复曾把"社会"一词的英文译为"群"，指向社会的关系性本质。有关学校与社会的关系，美国学者杜威认为："使学校生机勃勃，社会的作用正如学校的作用一样重要。因为在一个社会里学校被看作孤立的机构，或被看作一种必须的惯例，那么尽管有最灵巧的教学方法，学校大体上将保持原状。"[1] 言下之意，学校自身功能的发挥与社会同学校之间良好的相互关系是密切相关的。作为人的社会性关系"总和体"，社会与人的存在发展高度统一，人的存在构成社会，社会的发展变化改变人，同样改变人的思想政治道德观念。严格说来，高校马克思主义理论教育系统本身就是社会系统，只不过是在功能、能动主体及其性质上有不同的界分，其对马克思主义理论教育有效性有着极为密切的联系。[2]

---

[1] ［美］约翰·杜威：《学校与社会》，赵祥麟等译，人民教育出版社 2004 年版，第303 页。

[2] 杨增崇：《思想政治教育生态分析引论》，中国社会科学出版社 2015 年版，第222 页。

首先，社会的专业化分工与职业化程度的加深，在使得教育功能发生改变的同时，也改变着学校德育与智育的实际地位关系，对人的思想道德素质尤其是政治素质也构成了不同程度的忽略。

早在 20 世纪中叶，西方马克思主义法兰克福学派代表人物霍克海默尔就提出，反对把大学退化成职业教育的斗争是注定要失败的。在就业导向下一些大学生往往会把考级考证置于首位，学习动机表现出较强的现实功利性，一定程度上影响了对思想政治理论课的学习热情。从宏观上讲，社会分工带来的人们对学校职责和功能的定位认识更多是把培养教育人的任务交给了学校，但教育培养人仅仅依靠学校实际上又是有客观限度的，社会教育与学校教育只有协同联动形成合力，才能更好地提升学校立德树人的效果。从这个意义上来讲，优化社会生态，加强社会治理进而构建全社会的立体化育人格局，真正实现"大思政"和"一体化"格局，对进一步推进高校马克思主义理论教育至关重要。

其次，不良社会"段子"和被包装过的错误观点的民间传播，或多或少地"蚕食"着主流价值观念。"近些年，国内外有些舆论提出中国现在搞的究竟还是不是社会主义的疑问，有人说是'资本社会主义'，还有人干脆说是'国家资本主义'、'新官僚资本主义'"①，还有一些被刻意加工过的所谓"真相""揭秘"等。这些不良信息通过网络平台肆意传播，给大学生的理性认知造成负面影响，也直接影响了思想政治理论课课堂教学的实际效果。"一些社会思潮之所以在青年大学生中有市场，一个重要的原因是大学生缺乏必要的社会实践活动，仅凭个人在狭小圈子里的感受和道听途说的社会思潮的只言片语，就以为这些东西很深刻、很有哲理。要改变这种状况，还应将大学生的理论学习同社会实践紧密结合起来。"②

再次，社会商业气息向校园的过度延伸不同程度地带来消极影响。

---

① 《习近平新时代中国特色社会主义思想三十讲》，学习出版社 2018 年版，第 27 页。
② 蒋庆哲、张冠军：《思想政治教育与校园社会思潮》，《高校理论战线》2010 年第 6 期。

"浓厚的商业化气息近年来也开始浸润着高校这一培养社会各项事业的未来接班人和建设者的'净土'。"① 大多数高校校园不是集中在人口相对密集的市区，就是集中在新开发建设的新区，这使得不同的商业经营环境与大学校园之间存在着高密度的耦合关系，不同性质的各个投资主体也都在以"三贴近"的方式想方设法地围绕大学生们的乐趣、喜好和生活特征从事各式各样规模不等、品质各异的商业活动，这些都在滋生着某些独特的"亚文化"语境。同时，近些年一些 P2P 网络借贷平台不断向高校拓展业务，在迅速发展的同时也暴露出很多问题，有的甚至造成了不良后果。社会商业气息过度延伸至校园所带来的某些掩藏着消解意志、紊乱心灵的潜在效应，是学校思想政治教育工作者需要认真对待的一项课题。因此，促使社会系统与学校马克思主义理论教育系统实现内外相济，对于促进教育对象的思想政治品德素质形成发展包括教育者本身的再受教育，都是十分重要的。

最后，从意识形态特殊性来看，其领导权不是仅仅靠行政命令实现的，意识形态领域的相关人员，特别是有影响力的马克思主义理论研究者、哲学社会科学领域的学者，包括党校、行政学院、社会主义学院等单位机构从业人员，对意识形态领导权的建构与维系具有积极意义，对马克思主义理论掌握大众发挥着导向性、引领性、示范性作用。对于党校来说，习近平强调指出："党校不是世外桃源，党校学员来自西面八方，听到的、看到的问题很多，意识形态领域的许多重大问题都会在党校汇聚。"② 为此，党校教师必须加强对各种错误思潮和观点进行引导，积极解疑释惑，做好党的创新理论的宣传阐释工作，增强意识形态斗争的自觉性，"把党的旗帜亮出来，而且要让党的旗帜在各级党校上空高高飘扬"③。对于高校哲学社会科学工作者来说，面对着莘莘学子，其言行对大学生的价值观产生着潜在影响，甚至对全社会主流意

---

① 邱柏生：《高校思想政治教育的生态分析》，上海人民出版社 2009 年版，第 296 页。

② 《习近平谈治国理政》第二卷，外文出版社 2017 年版，第 327 页。

③ 《习近平谈治国理政》第二卷，外文出版社 2017 年版，第 326 页。

识形态的影响也不可小觑。现实中,一些在全社会引发舆论漩涡的思想观点,很多都是个别教师的不当言行引起的。为此,广大哲学社会科学工作者应自觉坚持以马克思主义为指导,自觉把中国特色社会主义理论体系贯穿到教学与研究的全过程,转化为清醒的理论认识、坚定的政治信念和科学的思维方法。当代中国社会发展现实实践可谓方兴未艾,哲学社会科学工作者在见证和参与当代中国伟大时代变革过程中的价值选择和情怀立场至关重要。"如果社会主义中国的哲学社会科学工作者没有服务意识,无视广大人民的根本利益,无视中国特色社会主义建设事业的需要,只是单纯满足个人的需要,这样的哲学社会科学工作者,可以说'有你不多,无你不少'。"① 此外,要着力于制度化和法治化建设,通过坚持和完善马克思主义在意识形态领域指导地位的根本制度,健全各项法律法规,强化和保障主流价值观念和社会舆论能够得到切实维护和尊重。

(二)作为利益调整的经济系统

马克思曾说:"思想一旦离开利益,就会使自己出丑。"② 毛泽东早在1934年就说过:"一切群众的实际生活问题,都是我们应注意的问题。假如我们对这些问题注意了,解决了,满足了群众的需要,我们就真正成了群众生活的组织者,群众就会真正围绕在我们的周围,热烈地拥护我们。"③ 马克思主义理论教育虽然是解决人的思想觉悟和心理、价值观念的问题,但与个人的现实利益关系是非常密切的。当前,我国社会改革发展进入了关键时期。社会体制和秩序尚处于交替转轨的过程中,传统体制中一些不合理因素还没有完全剔除,新的体制又尚未建立和健全,这就产生了一些不合理、不规范的社会现象。这些不合理不规范的现象在影响着社会公平公正的同时,也触动了不同群体的利益关系,这对人的思想观念的影响是深远的。

---

① 陈先达:《马克思主义十五讲》,人民出版社2016年版,第54页。

② 《马克思恩格斯全集》第2卷,人民出版社2005年版,第103页。

③ 《毛泽东思想年编(1912—1975)》,中央文献出版社2011年版,第70页。

"思想的绝对性并不能通过某人拥有一个一般原则的保证来达到，也不可能靠（通常是某人自己）给一些特别有限的观点贴上超党派和权威性的标签来达到。"① 任何时候，思想上的认同和信守，都离不开日常生活的现实体验，离不开现实物质需要的满足。现实地看，人们正当合理物质利益诉求的满足和保障情况同人们对国家公共权力运作及社会主流价值观念的认同情况直接相关。经济发展和人们生活水平的普遍提升，必定会带来人们对现实体验的更多满足感，对政府执政理念和政策主张的认同感。从这个意义上讲，发展仍然是当代中国的第一要务，发展中出现的问题只能通过发展来解决，人们思想道德素质的现状和国家、社会的基本要求之间的矛盾也必将伴随着国家的发展和社会的全面进步而逐步得到解决，这是一个历史性的问题。

马克思指出，"思想、观念、意识的生产最初是直接与人们的物质活动，与人们的物质交往，与现实生活的语言交织在一起的"，"发展着自己的物质生产和物质交往的人们，在改变自己的这个现实的同时也改变着自己的思维和思维的产物"②。物质生活和物质交往的改善，必定会带来人们思想观念意识的改善。为此，稳步加快经济社会发展，不断改善民生，增加国民福祉，解决好人民群众最关心最直接最现实的利益问题，让人们感受到社会主义制度的优越性，对于增强人们对党和政府工作的满意度信任感，提升社会主义意识形态吸引力凝聚力是至关重要的。可见，高校马克思主义理论课教育教学有效性的生成，离不开整个利益调整的经济系统的改善。

（三）作为教化功能支撑的家庭系统

家庭不仅是社会的细胞，基本社会生活的单位，也是一所教化育人的"微学校"。家庭个体第一个也是不可超越的"环境单元"。一般来说，家庭除了具有繁衍遗传的社会基本功能外，还有生产消费功能、抚

---

① ［德］卡尔·曼海姆：《意识形态与乌托邦》，黎鸣、李书崇译，商务印书馆 2007 年版，第 44 页。

② 《马克思恩格斯选集》第 1 卷，人民出版社 2012 年版，第 151—152 页。

养赡养功能、教育功能等。家庭对子女的影响方式是多维的，其教育功能融合在日常生活场景之中，并且具有先在性，这些都是任何专门性教育机构所不能比拟的。从这个意义上讲，家庭教育是终身教育。但现实是，家庭所承载的教育功能实际上越来越出现分化直至弱化的事实。美国教育家布鲁纳认为："为了传播知识和作为胜任工作的模范，教师必须自由地教、自由地学。对于能够获得这种自由的手段，我们注意得不够。显然，我们忽略了受教育者的家长的作用。在各种各样的学校里，利用家长做那些牵掣教授的半职业性工作的计划，试验得很成功。家长的确能够协助管理学习室，协助看例行测验的卷子，协助准备实验室材料，协助做学校所需要的例行工作。结果，就可以使教师腾出手来教，来研究。如果教师也进行学习，教学便会出现新的质量。"[1] 雅斯贝尔斯曾说过："在人的存在和生成中（以人的年龄、教养与素质差别为区分），教育环境不可或缺，因为这种环境能影响一个人一生的价值定向和爱的方式的生成。"[2] 杜威认为："一个人的活动和别人的活动联系起来，他就有一个社会环境。"[3]

当前，我们遇到的近乎尴尬的境地是：我们其实早已经越来越肯定且自信地发现，影响大学生马克思主义理论教育有效性的因素越来越突出地集中在学校之外的社会环境上，但我们却又不能不在学校这一似乎有限的系统场域内寻求"治病救人"的良方。因为似乎学校这一相对独立的系统还远远不能做到对外部社会生态施以"左右"乃至调控的地步。教育部《关于加强家庭教育工作的指导意见》也指出，"一些家庭出现了重智轻德、重知轻能、过分宠爱、过高要求等现象，影响了孩子的健康成长和全面发展"。需要"不断加强家庭教育工作，进一步明

---

① ［美］杰罗姆·S.布鲁纳：《教育过程》，邵瑞珍译，文化教育出版社1982年版，第98页。

② ［德］卡尔·雅斯贝尔斯：《什么是教育》，邹进译，生活·读书·新知三联书店1991年版，第1页。

③ ［美］约翰·杜威：《民主主义与教育》，王承绪译，人民教育出版社1990年版，第14页。

确家长在家庭教育中的主体责任，充分发挥学校在家庭教育中的重要作用，加快形成家庭教育社会支持网络，推动家庭、学校、社会密切配合，共同培养德智体美劳全面发展的社会主义建设者和接班人"①。

（四）作为引领示范的政治系统

我国政治系统的顶层设计集"良政"和"良德"一体，是政策制定执行与道德示范引领功能的承载主体。好的政治系统对马克思主义的大众化认同实际上具有最直接的促进效果，而政治系统要好，就是要有好的政治生态。

习近平在2014年中共中央政治局第十六次集体学习时提出"政治生态"的概念，与之与"从政环境"一并提出来，形象化地要求"政治生态也要山清水秀"。刘云山在出席中央党校2015年春季学期第二批进修班开学典礼并讲话时也指出，各级领导干部是营造良好政治生态的"关键少数"，要坚持以身作则、当好表率，以信念、人格、实干立身，坚守共产党人的政治理想和精神家园，带头践行社会主义核心价值观，敢于担当、积极作为，以模范行为引领党风政风。刘云山强调建设良好政治生态，应该"人人是环境，个个是生态"。每一名党员领导干部都应当在思想上、作风上、精神上进一步强起来。尤其是作为营造良好政治生态的"关键少数"，领导干部更应该以身作则、当好表率，以信念、人格、实干立身，坚守共产党人的政治理想和精神家园，以模范行为引领党风政风，为实现政治生态"山清水秀"贡献光和热。这也是关于社会生态对社会主义核心价值观培育和践行、建设社会主义意识形态的重要意义的直接表达。

（五）作为青年聚集的网络系统

网络现已成为现实生活的重要延伸，是青年人日常生活的重要场域，也表现着青年人的生活方式。"互联网＋"时代马克思主义理论教育的有效性提升更需要深刻认识网络本身及其引起的社会生活方式、生

---

① 《教育部关于加强家庭教育工作的指导意见》，见 http://finance.chinanews.com/gn/2015/10-20/7578749.shtml.

产方式和交往方式的变化。网络的发展，使得意识形态工作面临许多复杂的局面。网络的深度发展和信息流通的便捷化等，使得我国当前社会主义意识形态建设更需要讲策略、讲方法、讲智慧，把工作做实做细做稳。马克思主义理论教育一方面需要探索其在网络之中的存在可能及其方式，另一方面要竭力减少网络所带来的负面效应。为此，应通过互联网平台来表达强烈的国家认同感和家国情怀以营造良好社会氛围。应充分挖掘资源，整合各方力量，把握好互联网的舆论导向。应通过载体创新，贴近普通人的现实生活，来重点抓住青年群体。可以说，意识形态工作主导权的掌控，在网络时代和民众权利意识普遍觉醒的今天，讲求策略和方法方面的智慧，越发显得关键。同时，还必须增强互联网治理的法治困难，建立网络综合治理体系，完善网络信息服务、网络安全保护、网络社会管理等方面的法律法规，确保互联网在法治轨道上健康运行。

正如《关于深化新时代学校思想政治理论课改革创新的若干意见》中所指出的，在看到当下思政课建设取得显著成效的同时，也要看到"面对新形势新任务新挑战，有的地方和学校对思政课重要性认识还不够到位，课堂教学效果还需提升，教材内容不够鲜活，教师选配和培养工作存在短板，体制机制有待完善，评价和支持体系有待健全，大中小学思政课一体化建设需要深化，民办学校、中外合作办学思政课建设相对薄弱，各类课程同思政课建设的协同效应有待增强，学校、家庭、社会协同推动思政课建设的合力没有完全形成，全党全社会关心支持思政课建设的氛围不够浓厚"[1]。这一"合力"的形成所需要的正是社会生态系统思维。只有以系统、协同和创新、发展的理念看待并研究问题，马克思主义理论教育及其整个意识形态建设才能在今天真正生成实效。高校马克思主义理论教育有效性的取得是一个在整体系统论内部求解的问题，并不是一个单纯教学论的问题。只有实现了校内的课堂与课外、校

---

① 《中办、国办印发〈意见〉　深化新时代学校思想政治理论课改革创新》，《人民日报》2019 年 8 月 15 日。

内与校外不同系统之间的"内外相济",改变"两张皮",我们马克思主义认同和信仰才能在现实中觅寻到可依系的"根"。

诚然,党的十八大以来,以习近平同志为核心的党中央以巨大的政治勇气和强烈的责任担当,统揽全局,团结带领全国各族人民凝心聚力排除万难,为实现中华民族伟大复兴的中国梦而拼搏奋斗,中华民族迎来了从站起来、富起来到强起来的伟大飞跃,迎来了实现中华民族伟大复兴的光明前景。随着我国综合国力的稳步提升,社会的全面进步,人们美好生活的逐步实现,这必定使我们更加坚定对中国特色社会主义的信念和对马克思主义、共产主义的信仰,犹如"石坚丹赤"。这一信仰的力量也必将化为中国进一步推进全社会乃至世界发展的磅礴之势。

参 考 文 献

一、文献著作

[1]《马克思恩格斯选集》第 1—4 卷，人民出版社 2012 年版。

[2]《列宁选集》第 1—4 卷，人民出版社 1995 年版。

[3]《毛泽东选集》第一至四卷，人民出版社 2009 年版。

[4]《邓小平文选》第一至三卷，人民出版社 1994、1993 年版。

[5]《邓小平思想年编（1975—1997)》，中央文献出版社 2011 年版。

[6]《江泽民文选》第一至三卷，人民出版社 2006 年版。

[7]《习近平谈治国理政》第一卷，外文出版社 2018 年版。

[8]《习近平谈治国理政》第二卷，外文出版社 2017 年版。

[9]《习近平新时代中国特色社会主义思想学习纲要》，学习出版社、人民出版社 2019 年版。

[10]《习近平新时代中国特色社会主义思想三十讲》，学习出版社 2018 年版。

[11]《习近平总书记系列重要讲话读本（2016 年版)》，学习出版社、人民出版社 2016 年版。

[12] 习近平：《决胜全面建成小康社会　夺取新时代中国特色社会主义伟大胜利——在中国共产党第十九次全国代表大会上的报告》，人民出版社 2017 年版。

[13] 习近平：《在纪念马克思诞辰 200 周年大会上的讲话》，人民出版社 2018 年版。

[14] 习近平：《在哲学社会科学工作座谈会上的讲话》，人民出版社 2016 年版。

[15] 习近平:《在庆祝中国共产党成立 95 周年大会上的讲话》,人民出版社 2016 年版。

[16]《十八大以来重要文献选编》(下),中央文献出版社 2018 年版。

[17]《习近平关于党风廉政建设和反腐败斗争论述摘编》,中央文献出版社、中国方正出版社 2015 年版。

[18]《习近平关于全面依法治国论述摘编》,中央文献出版社 2015 年版。

[19] 中共中央马克思恩格斯列宁斯大林著作编译局编:《回忆马克思》,人民出版社 2005 年版。

[20] 陈先达:《马克思主义基础理论若干重大问题研究》,经济科学出版社 2009 年版。

[21] 陶德麟等:《当代中国马克思主义若干重大理论与现实问题》,人民出版社 2012 年版。

[22] 夏美武:《当代中国政治生态建设研究》,中国社会科学出版社 2014 年版。

[23] 金建方:《社会生态通论》,南开大学出版社 2012 年版。

[24] 刘京希:《政治生态论》,山东大学出版社 2007 年版。

[25] 吴恩远:《苏联历史几个争论焦点的真相》,社会科学文献出版社 2013 年版。

[26] 王春英:《转型中的俄罗斯道德教育》,人民出版社 2015 年版。

[27] 夏美武:《当代中国政治生态建设研究》,中国社会科学出版社 2014 年版。

[28] 金建方:《社会生态通论》,南开大学出版社 2012 年版。

[29] 闻一:《俄罗斯通史》,上海社会科学院出版社 2013 年版。

[30]《国际共产主义运动史》,人民出版社 2012 年版。

[31] 朱小蔓:《当代俄罗斯教育理论思潮》,教育科学出版社 2009 年版。

[32] 肖甦:《俄罗斯普通教育变革探讨》,广东教育出版社 2008

年版。

[33] 王瑞荪:《比较思想政治教育学》,高等教育出版社 2001 年版。

[34] 叶海涛:《社会生态、生态社会与马克思主义》,江苏人民出版社 2013 年版。

[35] 王雨辰:《生态学马克思主义与后发国家生态文明理论研究》,人民出版社 2017 年版。

[36] 杨珺:《自然的伦理:马克思的生态学思想及其当代价值》,山西经济出版社 2017 年版。

[37] 莫放春:《马克思的生态学与生态学马克思主义研究》,人民出版社 2018 年版。

[38] 徐民华:《马克思主义生态思想研究》,中国社会科学出版社 2012 年版。

[39] 梅荣政:《用马克思主义引领社会思潮》,武汉大学出版社 2008 年版。

[40] 唐昆雄:《马克思主义与社会主义核心价值体系研究》,中国社会科学出版社 2010 年版。

[41] 周新城:《围绕改革问题马克思主义同反马克思主义的斗争》,中国社会科学出版社 2010 年版。

[42] 苏志宏:《马克思主义大众化的公民认同研究》,中国社会科学出版社 2017 年版。

[43] 陈茂荣:《马克思主义视野的"民族认同"问题研究》,中国社会科学出版社 2014 年版。

[44] 教育部社会科学研究与思想政治工作司组编:《现代西方社会思潮概论》,高等教育出版社 2001 年版。

[45] 王娟:《社会思潮与大学生主流意识形态认同》,天津人民出版社 2017 年版。

[46] 郭双丽:《当代俄罗斯社会思潮研究》,人民出版社 2017 年版。

[47] 周穗明等:《现代化:历史、理论与反思》,中国广播电视出版社 2002 年版。

[48] 樊浩：《伦理精神的价值生态》，中国社会科学出版社 2001 年版。

[49] 吴林富：《教育生态管理》，天津教育出版社 2006 年版。

[50] 范国睿：《教育生态学》，人民教育出版社 2000 年版。

[51] 杨国荣：《科学的形上之维》，上海人民出版社 1999 年版。

[52] 渠敬东：《缺席与断裂》，上海人民出版社 1999 年版。

[53] [英] 特里·伊格尔顿：《马克思为什么是对的》，李杨、任文科、郑义译，新星出版社 2011 年版。

[54] [英] 戴维·麦克莱伦：《马克思传》，王珍译，中国人民大学出版社 2008 年版。

[55] [德] 海因里希·格姆科夫等：《马克思传》，易廷镇、侯焕良译，人民出版社 2000 年版。

[56] [美] 罗伯特·L.海尔布隆纳：《马克思主义支持与反对》，马林梅译，东方出版社 2014 年版。

[57] [美] 大卫·雷·格里芬：《后现代精神》，王成兵译，中央编译出版社 2011 年版。

[58] [德] 马克斯·韦伯：《非正当性的支配——城市的类型学》，简惠美译，广西师范大学出版社 2005 年版。

[59] [美] 马歇尔·伯曼：《一切坚固的东西都烟消云散了》，徐大建、张辑译，商务印书馆 2003 年版。

[60] [德] 斐迪南·滕尼斯：《共同体与社会》，林荣远译，商务印书馆 1999 年版。

[61] [德] 萨克塞：《生态哲学》，文韬、佩云译，东方出版社 1991 年版。

[62] [美] 亨廷顿：《变化社会中的政治秩序》，王冠华译，生活·读书·新知三联书店 1989 年版。

[63] [美] 詹姆斯·奥康纳：《自然的理由：生态学马克思主义研究》，唐正东、臧佩洪译，南京大学出版社 2003 年版。

[64] [俄] 普京：《普京文集（2002—2008)》，张树华、李俊升译，

中国社会科学出版社 2008 年版。

[65] [法] 雅克·德里达:《马克思的幽灵——债务国家、哀悼活动和新国际》,何一译,中国人民大学出版社 1999 年版。

[66] [德] 海因里希·伯尔:《伯尔文论》,袁志英、李毅等译,生活·读书·新知三联书店 1996 年版。

[67] [美] 杰里尔·A.罗赛蒂:《美国对外政策的政治学》,周启明译,世界知识出版社 1996 年版。

[68] [俄] 雷日科夫:《大国悲剧:苏联解体的前后因果》,徐昌翰译,新华出版社 2010 年版。

[69] [美] 罗素·邓肯:《龙与鹰——中美政治的文化比较》,胡宗锋译,陕西师范大学出版社 2014 年版。

[70] [美] 迈克尔·海姆:《从界面到网络空间》,金吾伦、刘钢译,上海科技教育出版社 2000 年版。

[71] [法] 阿塔利:《卡尔·马克思》,刘成富、陈钥、陈蕊译,上海人民出版社 2010 年版。

[72] [美] 胡克:《对卡尔·马克思的理解》,徐崇温译,重庆出版社 1989 年版。

[73] [美] 约书亚·克兰兹兰:《魅力攻势:看中国的软实力如何改变世界》,陈平译,中央编译出版社 2014 年版。

[74] [澳] 马克林:《我看中国:1949 年以来中国在西方的形象》,张勇先、吴迪译,中国人民大学出版社 2013 年版。

二、报刊文章

[1] 陈先达:《论马克思主义理论教员的专业与信仰》,《中国高校社会科学》2013 年第 4 期。

[2] 刘建军:《马克思主义为什么"行"》,《思想理论教育导刊》2019 年第 10 期。

[3] 刘建军:《论马克思主义理论研究及其基本特征》,《马克思主义理论学科研究》2018 年第 5 期。

[4] 张峰：《坚持马克思主义批判性提升主流意识形态对社会思潮的引领》，《思想教育研究》2016年第6期。

[5] 艾四林：《科学总结思政课建设长期形成的成功经验》，《思想理论教育导刊》2019年第5期。

[6] 艾四林：《以更强的自信办好思政课》，《高校马克思主义理论研究》2019年第1期。

[7] 王金平：《马克思主义大众化如何引领社会思潮》，《人民论坛》2014年第17期。

[8] 佘双好：《当代社会思潮的内涵、特征及其研究意义》，《学校党建与思想教育》2011年第19期。

[9] 李晓光：《用发展的马克思主义引领当代西方社会思潮研究》，《当代世界与社会主义》2011年第2期。

[10] 郇庆治：《生态马克思主义的中国化：意涵、进路及其限度》，《中国地质大学学报（社会科学版)》2019年第19期。

[11] 郇庆治：《社会主义生态文明的政治哲学基础：方法论视角》，《社会科学辑刊》2017年第1期。

[12] 张晓惠：《生态马克思主义与中国的绿色发展》，《理论视野》2018年第10期。

[13] 陈先达：《论坚持马克思主义意识形态的指导地位》，《马克思主义与现实》2011年第6期。

[14] 刘建军：《马克思究竟有多伟大——对习近平总书记三个相关提法的辨析和把握》，《北京教育（德育)》2019年第2期。

[15] 杨峻岭、吴潜涛：《全面理解马克思恩格斯共产主义的科学内涵》，《马克思主义研究》2018年第4期。

[16] 杨威：《以马克思主义理性分析并科学引领社会思潮》，《思想教育研究》2012年第4期。

[17] 杨增崟：《当前社会思潮研究的突出特点及方法论问题思考》，《思想教育研究》2017年第11期。

[18] 何畏：《生态问题的研究范式及其类型划分》，《马克思主义研

究》2017 年第 1 期。

[19] 董济杰：《〈1844 年经济学哲学手稿〉中的马克思主义生态美学思想解读》，《学术论坛》2016 年第 5 期。

[20] 李忠友：《生态学马克思主义视域下社会主义生态文明探析》，《北方论丛》2016 年第 3 期。

[21] 曾文、张耀灿：《论思想政治教育政治价值的生态建设》，《马克思主义研究》2016 年第 1 期。

[22] 顾钰民：《生态危机根源与治理的马克思主义观》，《毛泽东邓小平理论研究》2015 年第 1 期。

[23] 董强：《马克思主义生态观研究综述》，《当代世界与社会主义》2013 年第 6 期。

[24] 曾长秋、杨尚昆：《马克思精神品格的当代昭示》，《学术论坛》2015 年第 8 期。

[25] 刘同舫：《德里达对马克思精神的捍卫与解构实质》，《理论探索》2012 年第 3 期。

[26] 巨慧慧：《苏共领导人对马克思主义文化范式的误读》，《学术交流》2017 年第 6 期。

[27] 徐元宫：《习近平总书记关于苏共亡党苏联解体原因的重要论述及其现实意义》，《毛泽东邓小平理论研究》2019 年第 9 期。

[28] 吴玉军、刘娟娟：《国家认同视域下的苏联解体原因探析及启示》，《南通大学学报（社会科学版）》2018 年第 5 期。

[29] 郭丽双、崔立颖：《重塑历史观与价值观：俄罗斯高校思想政治教育的理性回归及启示》，《马克思主义与现实》2018 年第 2 期。

[30] 卢坤：《苏联解体：不同意识形态的解读及其影响》，《社会主义研究》2016 年第 5 期。

[31] 郭丽双、崔立颖：《苏联核心价值观的裂变与启示》，《毛泽东邓小平理论研究》2013 年第 10 期。

[32] 张宏毅：《美国对苏政策中意识形态因素及其在苏联解体过程中的作用》，《世界历史》2008 年第 4 期。

[33] 陈丹:《美国电影对我国青年价值观的影响及其教育引导》,《思想理论教育导刊》2019 年第 2 期。

[34] 刘相涛:《"五四"时期马克思主义中国化生发逻辑的主体维度——从个体觉醒到群体认同》,《广西社会科学》2019 年第 10 期。

[35] 靳丽静、赵海月:《马克思主义信仰:从认知、认同到践行》,《人民论坛·学术前沿》2019 年第 13 期。

[36] 周银珍:《新中国马克思主义话语权生成逻辑》,《湖南社会科学》2019 年第 3 期。

[37] 董琦琦:《生态学马克思主义的身份认同考辨》,《山西大学学报(哲学社会科学版)》2018 年第 3 期。

[38] 梁树发:《马克思主义者身份认同与马克思主义发展主体意识自觉》,《马克思主义理论学科研究》2018 年第 3 期。

[39] 王晓丽、巫茜子:《以"四个自信"培育高校马克思主义认同》,《思想理论教育导刊》2018 年第 4 期。

[40] 陈付龙、胡志平:《马克思主义意识形态认同:中国政治认同本原性基础》,《江苏行政学院学报》2018 年第 1 期。

[41] 袁芳:《90 后大学生马克思主义认同机制研究》,《中国高等教育》2017 年第 21 期。

[42] 林春玲、吴立明:《关于增进大学生马克思主义信仰认同的几点思考》,《思想理论教育导刊》2017 年第 3 期。

[43] 冯宏良:《信仰、认同与话语权——马克思主义大众化研究的三个重要维度》,《教学与研究》2014 年第 6 期。

[44] 李崇富:《马克思主义国家观和国家认同问题》,《中国社会科学》2013 年第 9 期。

[45] 赵司空:《论文化认同与中国化的马克思主义》,《马克思主义研究》2012 年第 11 期。

[46] 谢加书、李怡:《群众对马克思主义的接收、理解和认同研究》,《思想教育研究》2012 年第 3 期。

[47] 刘书林:《教育引导学生树立社会主义和共产主义理想信念》,

《思想理论教育》2019 年第 4 期。

[48] 刘魁、徐俊：《全球化、民族认同与马克思主义信仰中国化》，《学术论坛》2010 年第 3 期。

[49] 杨增崟：《新时代社会主义核心价值观国际传播的三个基本问题论析》，《社会主义核心价值观研究》2019 年第 1 期。

[50] 姚崇：《高校教师社会主义核心价值观的心理认同逻辑及其建设路径》，《西北师大学报（社会科学版）》2019 年第 4 期。

[51] 王英杰、张朝彬、张舵：《文化自信与社会主义核心价值观认同机制构建》，《重庆社会科学》2019 年第 5 期。

[52] 刘占奎、岳冬青：《网络时代大学生社会主义核心价值观文化认同探析》，《马克思主义与现实》2019 年第 1 期。

[53] 成长春、张廷干、汤荣光：《意识形态自觉与价值理性认同》，《中国社会科学》2018 年第 2 期。

[54] 王管：《社会主义核心价值观认同教育的实践进路》，《思想理论教育导刊》2017 年第 8 期。

[55] 柳礼泉、陈方芳：《日常生活视阈下社会主义核心价值观认同研究述评》，《思想政治教育研究》2017 年第 1 期。

[56] 黄一玲、焦连志、程世勇：《网络文化"泛娱乐化"背景下的社会主义核心价值观认同培育》，《湖北社会科学》2016 年第 11 期。

[57] 王恒兵：《践行社会主义核心价值观推进马克思主义大众化》，《人民论坛》2015 年第 14 期。

[58] 杨兴林：《社会主义核心价值观大众认同的内涵、挑战与抉择》，《中共浙江省委党校学报》2015 年第 2 期。

[59] 梁红军：《基于价值认同的公民社会主义核心价值观培育》，《湘潭大学学报（哲学社会科学版）》2014 年第 6 期。

[60] 张桂芳：《马克思主义社会意识理论与社会主义核心价值观》，《人民论坛》2014 年第 32 期。

[61] 孙舒景、吴倬：《马克思主义意识形态观对培育社会主义核心价值观的启示》，《思想理论教育》2014 年第 6 期。

[62] 罗迪：《文化认同视角下的大学生社会主义核心价值观教育》，《思想教育研究》2014 年第 2 期。

[63] 张智：《当代中国社会主义的价值自觉——社会主义核心价值观研究回顾与前瞻》，《教学与研究》2013 年第 10 期。

[64] 田毅鹏、徐春丽：《新时期中国城乡"社会样态"的变迁与治理转型》，《中国特色社会主义研究》2015 年第 2 期。

[65] 王小章：《"乡土中国"及其终结：费孝通"乡土中国"理论再认识——兼谈整体社会形态视野下的新型城镇化》，《山东社会科学》2015 年第 2 期。

[66] 王学俭、张哲：《互通与契合：公民社会与社会生态空间关联研究》，《西北师大学报（社会科学版）》2014 年第 5 期。

[67] 卢岚：《社会结构转型与思想政治教育的变革》，《安徽师范大学学报（人文社会科学版）》2014 年第 1 期。

[68] 杨增崇：《生态观对思想政治教育研究的启示》，《思想教育研究》2013 年第 1 期。

[69] 曾文、张耀灿：《论思想政治教育政治价值的生态建设》，《马克思主义研究》2016 年第 1 期。

[70] 蓝江：《以社会网络群体为对象的思想政治教育》，《教学与研究》2015 年第 3 期。

[71] 田辉：《当代中国社会思潮的定位问题析论》，《理论导刊》2013 年第 10 期。

[72] 董杰：《思想政治教育情境与思想政治教育环境三论》，《湖北社会科学》2012 年第 3 期。

[73] 萧功秦：《困境之礁上的思想水花——当代中国六大社会思潮析论》，《社会科学论坛》2010 年第 8 期。

[74] 刘建军：《当代中国政治思潮：根源与演进》，《江苏行政学院学报》2009 年第 4 期。

[75] 陈文旭：《习近平"共同价值"思想的哲学解读与现实路径》，《湖南大学学报（社会科学版）》2018 年第 5 期。

[76] 刘勇：《增强当代中国主流价值观话语权面临的挑战与对策研究》，《马克思主义研究》2017 年第 7 期。

[77] 张泽一：《马克思主义意识形态领导权的实现》，《湖湘论坛》2017 年第 1 期。

[78] 蒋建国、许珍：《美国利益集团对媒体话语权的影响与控制》，《马克思主义研究》2016 年第 5 期。

[79] 王立新：《戈尔巴乔夫时期的社会思潮失控与苏联剧变》，《南京社会科学》2015 年第 2 期。

[80] 孔德永：《当代我国主流意识形态认同建构的有效途径》，《马克思主义研究》2012 年第 6 期。

[81] 陈联俊：《网络社会中群体意识的发生与引导》，《政治学研究》2010 年第 2 期。

[82] 杨增崇：《苏联解体前后青年价值观教育的实践反思与历史启示》，《高校马克思主义理论研究》2019 年第 1 期。

[83] 熊若愚：《全面净化党内政治生态思想述要》，《毛泽东思想研究》2017 年第 1 期。

[84] 李金哲：《中共党史上三次净化党内政治生态的理论与实践述论》，《理论导刊》2017 年第 4 期。

[85] 黄蓉生：《全面从严治党与政治生态构建的有机统一——学习习近平总书记"从严治党""政治生态"重要论述体会》，《政治学研究》2016 年第 5 期。

[86] 刘先春、单豪杰、柳宝军：《新时期优化党内政治生态若干问题研究——学习习近平总书记关于净化政治生态的重要论述》，《思想理论教育导刊》2016 年第 12 期。

[87] 褚尔康、赵宇霞：《党内监督与政治生态》，《毛泽东邓小平理论研究》2016 年第 1 期。

[88] 李义天：《政治生态与政治生活的未来——兼论青年干部与政治生态的辩证关系》，《中国青年社会科学》2016 年第 4 期。

[89] 艾鹤：《必须逐步形成从严治党的社会生态环境》，《毛泽东邓

小平理论研究》2016年第12期。

[90] 郝宇青:《"政治生态"的内涵解读》,《探索与争鸣》2015年第11期。

[91] 牛君、季正聚:《试析政治生态治理与重构的路径》,《中共中央党校学报》2015年第4期。

[92] 郭文亮:《全面从严治党视域下政党政治生态建设新思考》,《思想理论教育》2017年第1期。

[93] 闫志民:《形成中国风格中国气派的话语体系》,《求是》2015年第8期。

[94] 何毅亭:《党内政治生态也要山清水秀——学习习近平总书记关于净化政治生态的重要思想》,《学习时报》2016年7月14日。

[95] 姜洁:《净化政治生态,巩固"不敢腐"氛围——2016年党风廉政建设和反腐败工作综述》,《人民日报》2017年1月4日。

[96] 张亚勇:《打造廉洁的社会生态》,《人民日报》2016年12月1日。

[97] 徐晨光、郝涛:《营造良好的政治生态要注重"三性"》,《光明日报》2016年5月25日。

后　记

在本书即将付梓之际，终于可以稍松口气，因为从最初有此成书之想法到后续大致围绕此主题写作，前后已经历时近五年之久。对当代中国的马克思主义认同及马克思主义理论教育予以"生态化"的理解一直是我尝试思考的论题。尽管自己学识浅薄在很多学理深层认识上不甚清明，但这种意识和思维始终贯穿如一。近年来本人撰写了不少相关文章，但实际上大体都贯穿着一个核心主题，那就是怎样从更为体现动态性、系统性、关联性、共生性的生态视角来审视当代中国的马克思主义认同与理论教育问题，所围绕的都是"马克思主义认同的社会生态分析视角"这一主旨。本书中的部分章节也是此前发表过的文章，这里需要向学界同仁和各位读者坦诚说明。

本书的出版得益于北京师范大学马克思主义理论学科出版基金的资助，是马克思主义学院对理论研究与宣传教育成果持续扶持的结果。我首先衷心感谢学院院长王树荫教授、书记张润枝教授等领导一直以来对我的关心和支持。借此机会，我要向学院全体老师致以最诚挚的谢意和最崇高的敬意！你们的关心、包容和帮助使得我能克服自身的诸种障碍而更能获得一种执业上的"自由"，免于"一叶障目"和"孤陋寡闻"。我每每想及在职业生涯中将长期与各位优秀的同事共事，便油然而生一种幸运与幸福之感。

由衷感谢博士导师清华大学张再兴教授和硕士导师中南大学曾长秋教授，两位先生严谨、踏实、精业的治学精神和质朴、谦逊、仁厚的人生态度是我一生的宝贵精神财富。正是在求学生涯中有了两位导师的指导我才能觅得一个长期可为乐的兴趣点，也是学术生长点。我也要借此机会，感谢学术道路上对我寄予诸多关心和帮助的诸位教授，他们是北京师范大学学术委员会主任韩震教授，北京大学马克思主义学院孙熙国教授，清华大学马克思主义学院艾四林教授、吴潜涛教授、刘书林教授、赵甲明教授、吴倬教授、蔡乐苏教授、肖贵清教授、王雯姝教授、李成旺教授、朱安东副教授、何建宇副教授、张瑜副教授、冯务中副教授、王贵贤副教授等等。诸位师长的教导和支持让我受益无穷，使得我在学术的道路上能够稳步前行。

前前后后这五年来，研究生李敏敏、吕璇、袁凤娇、杜成敏、于利花、王晓晓、吴晓瑞、张佼佼、张明达、王阿慧和2019级本科生李琳涵帮助我顺利出版本书做了不少工作。他们从最初帮我整理素材，到最后校对书稿和核对注释，时间紧迫之下主动做了许多工作，在此表示感谢。他们中三位同学已经毕业，都走上了政治课教师的岗位。我常常和学生说，"我和你们也是一起成长"，我更愿意是大家的同行人，而不是单向的指导者。在同大家的交流讨论中我也受益良多。遇上好学生，也是我的幸运。

最后特别感谢我的家人，你们对我的支持、包容和鼓励是我一生的不竭动力。两边父母和妻子邓晖操持家务含辛茹苦，为家庭付出了很多，唯有奋力求索方以回报。此书付梓之时恰逢儿子杨滒塾三周岁生日，愿以此书作为一份特殊的礼物留念。没有什么比当我敲着键盘小杨树跑进来嚷着要看"车宝四兄弟"或"画个小汽车"此刻这种小小的讨嫌和温情的依赖更能令我感受到人生的"美妙不已"的了。

由于本人才疏学浅，书中尚有不少疏漏，恳请学界同仁批评指正。本书只是一个阶段性学术总结，更是一个学术新起点。在未有穷期的学术道路上，我坚信"厚积才能薄发""唯勤方能补拙"，且为自我砥砺！

杨增岽

2019 年 12 月 20 日于北京师范大学主楼

责任编辑：吴广庆

封面设计：徐　晖

图书在版编目（CIP）数据

社会生态视角下当代中国马克思主义认同研究/杨增崟 著.—北京：

人民出版社,2020.10

ISBN 978－7－01－022137－3

Ⅰ.①社…　Ⅱ.①杨…　Ⅲ.①马克思主义-发展-研究-中国　Ⅳ.①D61

中国版本图书馆 CIP 数据核字（2020）第 086222 号

社会生态视角下当代中国马克思主义认同研究

SHEHUI SHENGTAI SHIJIAOXIA DANGDAI ZHONGGUO MAKESIZHUYI RENTONG YANJIU

杨增崟　著

人民出版社 出版发行

（100706　北京市东城区隆福寺街 99 号）

中煤（北京）印务有限公司印刷　新华书店经销

2020 年 10 月第 1 版　2020 年 10 月北京第 1 次印刷

开本:710 毫米×1000 毫米 1/16　印张:20.25

字数:295 千字

ISBN 978－7－01－022137－3　定价:69.00 元

邮购地址 100706　北京市东城区隆福寺街 99 号

人民东方图书销售中心　电话 (010)65250042　65289539

版权所有·侵权必究

凡购买本社图书,如有印制质量问题,我社负责调换。

服务电话:(010)65250042